理性的悖谬与潜能

阿多诺辩证法研究

谢永康◎著

THE PARADOX AND POTENTIALITY OF REASON

Researches on Adorno's Dialectic

上海人民出版社

国家社科基金重点项目（编号：19AZX003）、
重大项目（编号：20&ZD034）资助

目录

序言　辩证批判的主体性基础

在完成了关于阿多诺否定辩证法的博士论文之后，尽管我花了很大一部分时间和精力去研习德国古典哲学，但对阿多诺哲学的思考和写作却从未停止。在博士论文的写作过程中，我常感叹于阿多诺哲学与德国古典哲学的深刻渊源，又不免为自己仍不能精通后者而遗憾。我至今仍然相信，深入探讨德国古典哲学，必定会给阿多诺哲学甚至整个马克思主义辩证法传统的研究打开广阔的视野，至少对德国古典哲学研究的深入程度，直接决定着阿多诺辩证法研究的深度。在某种意义上说，马克思主义的辩证法乃是德国古典哲学的“小学生”和传承者。过去这十余年的研习和思考，不仅使得我对德国古典哲学的核心问题和基本结构有了更为深刻的把握，同时也更加确定了阿多诺辩证法甚至整个马克思主义哲学与近代哲学精神的内在关联。

所以我很自然地尝试将马克思主义哲学体系建构和阿多诺辩证法研究这两个板块的问题与重新阐释近代主体性哲学精神的努力关联起来。无论对阿多诺还是对整个马克思主义哲学，重新阐释近代以来的哲学精神，都是一个值得严肃对待的致思方向。就阿多诺的辩证法而言，哈贝马斯等人的批评在很大程度上是有效的，我们从启蒙辩证法和否定辩证法中的确很难直接引导出肯定的结论，但这是否意味着必然要走向主体间性的哲学范式，是否必须重新发现阿多诺哲学中的“社会”要素，则仍然是个开放的问题。如果将阿多诺哲学与重新解释的近代哲学精神连接的话，我们仍然是有望进一步发掘理性批判的潜能的。这一思路不仅可以避免哈贝马斯范式转型的论证困难，而且恰恰应和了马克思哲学的基本精神，因为作为哲学的马克思学说，其早期著作中的思想资源始终是不可绕开的。当然，这相较于20世纪的哲学进展和各种对传统哲学的批判而言显得不无保守，更强调与近代哲学精神之间的连续性；但如果我们不再期待激进的范式转型，那么回过头来重新考虑马克思哲学传统与近代哲学之间的连续性就是一个更加合理的进路。

就此我提出“人类学哲学作为第一哲学”观点，认为马克思的哲学革命并非激进的范式转型，而是对近代哲学的辩证超越，也就是将近代主体性哲学推进到人类学哲学，将形而上学主体转化为人类学主体。其实，近代哲学中本就存在着一条与主体形而上学相对的人类学哲学线索，除了霍布斯、卢梭、赫尔德、费尔巴哈等人之外，斯宾诺莎、康德、费希特和黑格尔等人的哲学中也有重要的人类学哲学部分，这一线索与主体形而上学的建构形成了紧张之势，马克思哲学正是这一线索的延伸。由于人类学相对于形而上学的经验性面向，这一传统有着先天的唯物主义倾向和可能性，马克思的唯物主义正可以从这个角度来理解。如果说主体哲学的核心问题乃是形而上学层面的自我意识及其结构的问题，那么人类学哲学的核心问题正是这个自我意识结构的物质经验性维度，并且这一维度理当能够替代形而上学的第一哲学功能。在笔者看来，阿多诺的否定辩证法和启蒙辩证法正与这一思路遥相呼应，因为这种第一哲学功能正是阿多诺哲学本身蕴含的可能性，也是哈贝马斯等人批评第一代批判理论所缺乏的规范性基础。因此，展开否定辩证法中的“思辨”内涵，也就是展开批判理论的规范性基础，就是对哈贝马斯等人的正面回应。在这个方向上，这本小书只是笔者所作的一点初步工作。

收入本书的论文分为三部分，上篇的主体内容是启蒙辩证法，作者力图关联近现代德国哲学，展示出启蒙辩证法的理性批判潜力；中篇聚焦否定辩证法，试图在阿多诺与康德、黑格尔和海德格尔等思想家的争辩中呈现形而上学经验的内涵；下篇主要探讨阿多诺社会批判的诸多主题，以图补充《否定辩证法》的三个“模式”，更全面地展示否定辩证法的经验内涵。另外，笔者近几年的理论工作集中在阿多诺哲学文献的翻译和注释，这也是笔者的阿多诺辩证法研究的成果，与本书的立论紧密相关，所以特挑选三个具有代表性的译文片段作为附录。本书各部分的写作和翻译得到许多同仁的帮助和支持，在此一并表示衷心感谢！

另外，要特别感谢我的妻子曾贞和两个儿子。这十多年虽然学术建树有限，但生活却十分充实。还要感谢上海人民出版社的于力平和毛衍沁两位老师，不仅是因为他们让本书得以出版，而且也因为我们之间十分值得期待的合作。

谢永康

2022年12月

上篇

启蒙理性三论

启蒙辩证法与理性批判的潜能

哈贝马斯曾把《启蒙辩证法》视为霍克海默和阿多诺“最悲观的著作”，因为它“简化”了“现代性的图景”，低估了资产阶级文化的“理性潜能”和合理内容[1]；“工具理性批判坚持的依然是工具理性本身所依赖的模式”[2]，其结果必定是理性的自我放弃，从而这种批判理论进路也就失去了其肯定的基础。这一判断可以说是哈贝马斯在批判理论传统内部进行“范式转型”的根据，也成为法兰克福学派“第三代”的基本共识和理论起点。然而需要指出的是，尽管“否定”是第一代批判理论的核心主题，但它并不必然导致对

[1] 参见哈贝马斯：《现代性的哲学话语》，曹卫东译，译林出版社 2004 年版，第 122、137 页。

[2] 哈贝马斯：《交往行为理论》，第一卷，曹卫东译，上海人民出版社 2004 年版，第 372 页。“工具理性批判”（Kritik der instrumentellen Vernunft）是 A. 施密特（Alfred Schmidt）用以翻译霍克海默的英文著作《理性之蚀》(Eclipse of Reason）的德文标题。此著作收录了霍克海默在《启蒙辩证法》完成之后不久（1944 年 2 月至 5 月）在哥伦比亚大学做的五个演讲，其内容虽不能完全覆盖《启蒙辩证法》，却是后者包含的主要哲学问题的简明概括，被视为《启蒙辩证法》的一份“具有霍克海默色彩的纲要”。参见 Rolf Wiggershaus, *Die Frankfurter Schule: Geschichte, Theoretische Entwicklung, Politische Bedeutung*, Carl Hanser Verlag 1986, S. 384；以及王凤才：《〈工具理性批判〉与〈理性之蚀〉关系考》，载《国外社会科学》2014 年第 5 期。

启蒙理性的彻底悲观态度。霍克海默和阿多诺在《启蒙辩证法》的“前言”中曾明确说，“这里对启蒙所做的批判，应该为一种肯定的（positiven）启蒙概念做准备，以将其从盲目统治的纠缠中解救出来”[1]。在《启蒙辩证法》完成之后，霍克海默和阿多诺紧接着讨论写作另一本关于辩证法的著作，其主题正是“启蒙的拯救”，正是概念对自身“抽象性”的超越。[2]尽管这最终成为一个“未完成的规划”，但其纲领是明确的，即通过彻底的自我批判来释放启蒙理性的潜能。鉴于哈贝马斯范式转型论证的内在问题，我们仍有必要认真考虑启蒙辩证法本来的意图，一种拯救性批判路径的可能性仍是敞开的。

显然，在当前的理论背景下主张启蒙辩证法的理性潜力，首先必须回应以哈贝马斯为代表的否定性判断，而更重要的则是打开这种拯救性批判模式的内在结构，并为其找到一个稳固的逻辑基点。当然，这必定会在一定程度上超出霍克海默和阿多诺的工作，但却不是断裂性的范式转型，而是其逻辑的连续性延展。本文将表明，哈贝马斯的论证策略乃是引入韦伯的合理性理论来对工具理性批判进行评判，而这无异于将启蒙辩证法预先限制在一个意义贫乏的框架之内，从而过滤掉了其丰富内涵和批判潜力（一）；而一旦走出韦伯的框架，便可以打开一个更为广阔的论域，并在不同的层面上（知性文化批判和绝对理性的元批判）与近代以来的理性批判传统展开对话，并借此呈现启蒙辩证法的立体结构（二、三）；最后本文将表明，工具理性批判的使命在于立足于一个适当的主体性概念，克

[1] Max Horkheimer, Theodor W. Adorno, *Dialektik der Aufklärung: Philosophische Fragmente*, Suhrkamp Verlag 2003, S. 19.

[2] Max Horkheimer, Rettung der Aufklärung. Diskussionen über eine geplante Schrift zur Dialektik(mit Theodor W. Adorno), in: *Gesammelte Schriften*, Bd. 12, S. Fischer Verlag 1985, S. 601.

服近代理性批判的分裂，在一种人类学哲学的层面上建立批判的理性与主体自身持存的统一（四）。

一、工具理性与目的合理性

哈贝马斯对启蒙辩证法的解释策略在于，突出“西方马克思主义传统中的马克斯·韦伯”，将工具理性批判限定为一种“从韦伯那里接受过来的物化批判”，即一种对“作为物化的合理化”的批判。而这一解释策略的关键又在于，将工具理性与韦伯的目的合理性（Zweckrationalität）直接等同起来，作为与价值合理性（Wertrationalität）相对的一个“类型”；而在霍克海默和阿多诺那里，工具理性之外并无一个类似“价值合理性”的立足点，从而工具理性批判就被判定为单纯的否定，必然导致一个悲观的结局，至多是向交往范式转型的一个“前奏”。[1] 按照施耐德巴赫（Herbert Schnädelbach）的说法，韦伯的合理性理论其实已经标志着一种宽泛意义上的“范式转型”的完成：20 世纪的理论家们纷纷抛弃近代形而上学的理性（Vernunft）概念，转而探讨具体科学领域和生活领域中的诸合理性（Rationalitäten）问题。[2] 这样哈贝马斯的解释策略又可以概括为，通过以目的合理性来替换工具理性概念，将启蒙辩证法置于一个给定的“新范式”中，而其与这个“新范式”不相兼容的批判方式和立足点，自然就被当作“旧时代”的残余过滤掉。哈贝马斯这个 20 世纪 80 年代初提出的解释策略及其结论很快获得思想界的肯定，至今仍主导着我们对启蒙辩证法和工具理性批判的

[1] 关于哈贝马斯工具理性批判的解释和批评，参见哈贝马斯：《交往行为理论》第一卷，曹卫东译，第 326—348 页。

[2] Herbert Schnädelbach, *Grundwissen Philosophie: Vernunft*, Reclam Verlag 2007, S. 130–131.

理解。[1]

应该说，哈贝马斯的解释抓住了启蒙辩证法的一个显著的方面，但这种“依托”于韦伯的策略，其理论说服力却是成问题的。因为，将工具理性等同于目的合理性，首先意味着将这一概念的丰富内涵简单化，其与传统哲学，尤其是德国古典哲学之间的紧密关联也被忽略，而后者却正是工具理性批判最为重要的思想资源。事实上，在霍克海默和阿多诺的文本中，“工具理性”这一概念包含着多重维度，并因语境不同而被表达为“主观理性”(subjektive Vernunft)、“自身持存的理性”(selbsterhaltende Vernunft)、“计算的理性”(kalkulierende Vernunft)、“异化了的理性”(entfremdete Vernunft)、“形式主义的理性”(formalistische Vernunft)，等等；而韦伯的目的合理性概念则只能覆盖其中计算和形式主义的方面。韦伯说：“谁若根据目的、手段和附带后果来作他的行为的取向，而且同时既把手段与目的，也把目的与附带后果，以及最后把各种可能的目的相比较，做出合乎理性的权衡，这就是目的合乎理性的行为。”[2] 行为中的“合乎理性”，并非意味着其源于一个形而上学的理性，而是合乎形式的可计算性。而工具理性概念中主体、异化和自身持存等要素，表明其处于一个主体形而上学的论域之中。换言之，这两个概念在含义上的不对称，反映出工具理性批判与合理性理论框架之间的不对称。合理性理论本质上是描述性的，它通过对社会行为结构的分析，得出描述社会结构和历史趋势的框架；而工具理性批判则旨在

[1] 例如托尼森（M. Theunissen）在 1981 年就认为哈贝马斯提出来一种取代霍克海默和阿多诺的“否定主义”的“规范主义”社会理论，或者说“另一种批判”理论。参见 Michael Theunissen, *Kritische Theorie der Gesellschaft: 2 Studien*, Walter de Gruyter 1981, S. 55。霍耐特也认为，启蒙辩证法的社会诊断是基于一个含混的自然统治概念，并因为固执于这个模型而忽略了“社会的”(Soziale) 要素，而哈贝马斯的交往行为理论则可以理解为社会的“重新发现”。参见霍耐特：《权力的批判：批判社会理论反思的几个阶段》，童建挺译，上海人民出版社 2012 年版。

[2] 马克斯·韦伯：《经济与社会》上，林荣远译，商务印书馆 1997 年版，第 57 页。

寻找这种社会结构和历史趋势的形而上根据，以图对现存状态进行改变，因而它一开始就是批判性的。所以霍克海默说，他的问题框架与韦伯仅仅是在“一定程度上类似”，韦伯过分地依赖于“主观主义的倾向”，从而尽管他描述了“客观理性向主观理性过渡的社会方面”[1]，却显然无法揭示这个过渡的实质，也无法呈现其完整意义。总之，虽然启蒙辩证法采纳了韦伯合理性理论的某些要素，但是其批判性运作却绝不依赖于韦伯的理论框架，其所预期的肯定的启蒙概念，也不可能像哈贝马斯那样从一个韦伯式的理论中得出。所以，在今天的理论语境下，要准确理解启蒙辩证法的潜力，首先需要让工具理性这个概念从韦伯式的解释中走出来。

首先，工具理性的确是实现特定目的的单纯手段，但它有一个确定的、唯一的“最终目的”，即主体“自身持存（Selbsterhaltung）的兴趣”[2]，而目的合理性则不过是一种意义悬空的计算，并不包含目的的确定内容。可见，“目的—手段”结构对二者的意义迥然不同。目的合理性强调目的和预期对合理性权衡的决定作用，但目的本身却无法计算；即使其也包含了合理地设定目的这个环节，被设定的目的也只有在作为手段服务于下一级目的时才有意义，最终目的本身仍处于无穷倒退的悬空状态。[3] 因此，目的合理性仅仅需要一个任意的目的，或者说它与目的本身漠不相关，这样作为手段的计算程序就被分割出来，成为“中立”的合理性。目的与手段的漠不相关，构成了韦伯的“意义丧失”主题：目的合理性可

[1] Max Horkeimer, *Zur Kritik der instrumentellen Vernunft*, in: *Gesammelte Schriften*, Bd. 6, S. Fischer Verlag 1991, S. 29.

[2] Ibid., S. 26.

[3] Ibid., S. 29. 约翰纳斯·罗贝克（Johannes Rohbeck）认为这两个概念的差异在于霍克海默未考虑到目的合理性概念中合理设置目的的维度，因此只是磨平了的目的合理性概念。而事实上霍克海默已经表明了这个合理设置目的本身只有服务于下一层级的目的才是可以理解的，因而最终并不能提供合理的目的。参阅 Johannes Rohbeck, *Technologische Urteilskraft: Zu einer Ethik technischen Handelns*, Suhrkamp Verlag 1993, S. 128–129。

以告诉我们“如何”掌控生命，却不能告诉我们“是否应该”掌控生命。[1] 而与此不同的是，工具理性内在地关联着一个具有确定内容的“最终目的”，即主体的自身持存。虽然工具理性也是“合理”的手段，遵循着形式性程序，但它的目的是唯一且充实的，或者说目的的内容内在地属于这一概念；也正是由于这种内在关系，对目的本身的探讨也就成为工具理性批判的一部分，甚至核心部分。因此可以说，工具理性批判的重点并非抽象的计算程序，而是承载着这些程序的主体，也就是自身持存这个“西方文明的真正原则”[2]。所以哈贝马斯将工具理性批判的主题归纳为韦伯的“意义丧失”是不准确的，它毋宁说是一种“负”意义，是自身持存内在的缺失。

其次，工具理性作为主体的“抽象能力”，必须通过主体而得到解释，因此它是一种“异化的理性”，而不是“无主体”的匿名程序，也非无法溯源的最终事实。目的合理性是韦伯描述社会现实的理论手段（理想型），它可以接近其欲呈现的社会事实，却无法探究其根据，不能提供学理上的解释。因此在韦伯那里，目的合理性就表现为社会中不可抗拒的盲目力量，理论上不可透析的“客观”事实。而工具理性概念则指示出了这种盲目程序的主体性根源。按照霍克海默和阿多诺的判断，随着主体性原则的确立，自我“升华为先验主体和逻辑主体”，并“构成理性这个行动立法机关的基准点”，而随着这一过程的深入，主体的自身持存就迫使“不得不按技术装置来塑造自己肉体和灵魂的个体进行自我外化”，主体“被自动的秩序机制的愈加平稳的运转所取代”，最终“挥发为所谓中立的游戏规

[1] 马克斯·韦伯：《学术与政治》，冯克利译，生活·读书·新知三联书店 2005 年版，第 35 页。

[2] Max Horkheimer, Theodor W. Adorno, *Dialektik der Aufklärung: Philosophische Fragmente*, S. 46.

则的逻辑”[1]，而这实质上就是主体的“自身放弃”(Selbstverzicht)。这构成了启蒙辩证法的基本内容。据此，韦伯所描述的祛魅世界，本质上不过是主体自身持存的一种客观化的效果。当然，按照黑格尔—马克思哲学传统，异化和工具化本身就是一个与人类本质相关的“问题”，“问题”的克服也应当在这个本质中探寻路径。

最后，作为一种形式主义的理性，工具理性的对立面却不是价值合理性，而是形而上学的“客观理性”。霍克海默说，客观理性“不仅是个体精神的力量，而且也是客观世界中的力量”；在客观理性的视野下，对人类行为的探讨也就不会“聚焦在行为与目标的协调上，而是聚焦在最高的善、人类尊严问题和最终目的的实现上”[2]。这的确接近韦伯那种直接服务于伦理和宗教信念而“不计后果”的价值合理性，但霍克海默旨在强调这种合理性的根据，也就是柏拉图、斯宾诺莎等人的客观理性体系。应该说，形式理性本身是内涵在客观理性体系之中的，不过理性的主观化使得其形式的方面凸显出来，这一过程不仅扼杀了“形而上学和客观的理性概念本身”，也扼杀了形式理性自身“权力的源泉”[3]。价值合理性概念其实也正是理性主观化的结果。因为，与计算权衡相对，“不计后果”本身也仅仅是一类行为的“形式”，它可以随意运用于不同的价值，甚至是从传统形而上学看来“非理性”的价值。就此看来，价值合理性终究是主观的和“功能性的”[4]。当然，启蒙辩证法不可能主张回到客观理性体系，但我们不难推知，工具理性批判的出路绝不是任

[1] Max Horkheimer, Theodor W. Adorno, *Dialektik der Aufklärung: Philosophische Fragmente*, S. 46–47.

[2] Max Horkeimer, *Zur Kritik der instrumentellen Vernunft*, in: *Gesammelte Schriften*, Bd. 6, S. 28.

[3] Ibid., S. 39.

[4] 霍克海默承认形式性与主观性是两个不同的概念，但指出理性主观化过程的确伴随着一个形式化的过程。Max Horkeimer, *Zur Kritik der instrumentellen Vernunft*, in: *Gesammelte Schriften*, Bd. 6, S. 30.

何意义上的价值合理性。

以上三点表明，工具理性并不等于目的合理性，工具理性批判也远远超出了合理性理论的框架。然而不可否认的是，霍克海默和阿多诺从思想史上接受下来的各种哲学元素，在“启蒙辩证法”这个“哲学片段”中无法获得系统、连续的阐述。这不仅给我们完整地掌握工具理性概念造成困难，也使得工具理性批判的运作逻辑显得含混不清。就此而言，哈贝马斯将工具理性简化为意义贫乏的目的合理性，的确获得了某种方法上的便利，因为韦伯的合理性类型学提供了一个简明的框架：目的合理性本身是盲目的，其扩张所带来的恶果需要由价值合理性来规范和校正。据此，哈贝马斯就将工具理性问题“转写”为两种行为类型和两个社会领域（系统与生活世界）之间的外在关系问题，即生活世界的“殖民化”问题，从而也就将韦伯的描述性框架转换为一个批判性框架。但是这一转换的困难也显而易见：目的合理性作为价值中立的权衡和计算，本身并不存在价值问题，从而目的合理性批判就无异于尝试对一种价值中立的对象进行价值评判。这种外在批判所导致的，往往是如“科学是把双刃剑”之类的流俗论断，其实质却是回避真实的批判对象，因为被批判者早已作为一种古怪的事实被接受了。若以这个框架来分析启蒙辩证法，则批判就被转换为在工具理性之外寻找适当的价值立足点的问题；启蒙辩证法恰恰在这个方面建树甚少，因为工具理性本身并不是价值中立的，霍克海默和阿多诺也“缺少足够灵活的概念来归纳被工具理性摧毁的一切”，而交往合理性则被认为正面表达出了他们欲表达却无法表达的内容，如“模仿”“星丛”等[1]。哈贝马斯的这个结论看似合理，却出自一个成问题的前提。由于批

[1] 哈贝马斯：《交往行为理论》第一卷，曹卫东译，第 373 页。

判框架的不同，哈贝马斯的交往概念也并不能真正容纳“模仿”和“星丛”的内涵，尤其是缺失了主客体之间的维度，而如果不能容纳客体的内容，则只能像韦伯的合理性概念一样局限在主观性的范围之内。

其实，从不同合理性类型间的外在关系无法得出真正的批判，根本原因正在于，批判本质上乃是理性主体的一种自身关涉行动，它要求批判对象与批判者之间内在相关，唯此其有效性才能得到保证。如黑格尔所说，真的反驳应该深入对手的内部，而非在对手“以外的地方去攻击它，在它不在的地方去主张权利”[1]。这种内在关系只有在一种主体性哲学的框架内才是可能的。就此而言，工具理性概念中的主体性维度，正可以为这样批判的运作提供了一个立体空间，或者说，工具理性概念本身已经隐含着自我超越的可能性。事实上，我们通常理解的工具理性仅仅对应着近代理性概念中的一个有限部分，理性主观化过程还有另一个重要成果，即“批判的理性”（kritisierende Vernunft）取代了客观理性。如前所述，启蒙对古代客观理性体系的批判，实际上拆除了其自身权力的源泉。这一危机（Krisis）使得主体理性不得不通过一种自我认识和自我检查来确立自身的地位，而这正是理性的批判（Kritik）。康德首次明确了主体理性与批判之间的内在关联：批判作为理性的自我认识使得纯粹理性得以保持，唯有理性自我批判能使形而上学走上一条科学的道路。[2] 其代表作《纯粹理性批判》，可以同时被解读为对纯粹理性的批判和纯粹理性所进行的批判，理性既是批判的对象，也是批判的主体和根据，或者说，批判的理性与理性的批判同属一体。若就此来重新理解工具理性批判，那么它显然就不可能是对一个意义贫乏

[1] 参见黑格尔：《逻辑学》下卷，杨一之译，商务印书馆 1981 年版，第 244 页。
[2] 康德：《纯粹理性批判》，邓晓芒译，杨祖陶校，人民出版社 2004 年版，第 19 页。

的合理性工具的单纯否定，其中必定隐含着与工具理性的本质内在相关的超越性立足点。或者说，工具理性批判若是有效的，那么我们需要从这个概念中展开一种批判的理性。基于这样一个批判观念，我们就已走出了韦伯式的解释框架，从而也就不会像哈贝马斯那样宣布工具理性批判潜力的枯竭，因为价值合理性或者交往合理性才是一个缺乏“灵活性”的概念，无法内在地给出一个批判的理性，也没有给出工具理性自身本质和根据的可能。因此，为了准确理解和评价工具理性批判的意图，我们有必要重新突出和展开其近代哲学背景。事实上，如果我们将工具理性批判与康德、席勒和黑格尔等人的理性批判联系起来，就不难发现其启蒙拯救的计划本身也就是古典时代理性主义的一个未竟的计划。

二、启蒙辩证法与知性文化批判

要进一步了解近代理性批判，就不得不首先考虑其基本问题结构，即理性与知性（Verstand）的区分，而这又源于古希腊哲学中努斯（Nous）与逻各斯（Logos）的区分。[1] 在宇宙论层面上，逻各斯被视为宇宙运行的规律和秩序（赫拉克利特），努斯则是这个秩序的第一原理（阿那克萨哥拉），而从柏拉图开始，这二者又相应地被视为两种从属于宇宙的人类特殊能力：逻各斯是从前提或原理出发而得出结论的概念思维，因而是推论性（diskursive）和分析性的能力，但自身却不包含前提或原理；而努斯作为认知的原理，必定不是推论性的，而只能是综合性和“直觉性的”(intuitive) 洞见。值得注

[1] 关于这对概念的一般规定和历史演变，可参阅 Vernunft, Verstand, in: *Historische Wörterbuch der Philosophie*, Bd. 11, Schwabe Verlag 2001, S. 747–863。

意的是，这种区分并不像韦伯的诸合理性之间的那种外在分别，而仅仅是广义理性内部的不同层次之分。康德对此作了概括："知性尽管可以是借助于规则使诸现象统一的能力，而理性则是使知性规则统一于原则之下的能力。所以理性从来都不是直接针对着经验或任何一个对象，而是针对着知性，为的是通过概念赋予杂多的知性知识以先天的统一性，这种统一性可以叫作理性的统一性，它具有与知性所能达到的那种统一性完全不同的种类。"[1] 可见，理性的独特性并非平行于知性的独特性，而在于其统摄知性或者自身关涉的特性。理性自身维持的统一体对应着哲学对人的古老规定："理性的动物"(animale rationale)，它的理性涉及对象（知性），同时也必定涉及自身（狭义理性）。[2] 以这一框架为参照，工具理性可以被理解为知性及其运用，而目的合理性则不过对应着其中去主体化了的形式性要素。

康德认为纯粹理性应该是一个有机整体，其中"每个环节都是为着所有其他环节，所有环节又都是为着一个环节而存在"[3]。但这个有机体并非一个现存事实，可以一览无遗，相反它始终是一个混乱的"战场"。而要获得理性不同部分之间的一致，必须由理性按照自身的原则进行一个"试验"，这便是理性的自我批判。在其中理性就像化学家一样，先将知识划分为关于现象的知识和关于物自身的知识，又在辩证法论中使两者一致起来。[4] 康德又说，理性的批判意味着承担理性"自我认识的任务，并委任一个法庭"，以区分和处理理性的合法与不合法的要求，明确其各部分有效性的界限。[5] 尽

[1] 康德：《纯粹理性批判》，邓晓芒译，杨祖陶校，第 263 页。
[2] Hans Michael Baumgartner, *Endliche Vernunft: Zur Verständigung der Philosophie über sich selbst*, Bouvier Verlag 1991, S. 152.
[3] 康德：《纯粹理性批判》，邓晓芒译，杨祖陶校，第 18 页。
[4] 同上书，第 17 页。
[5] 同上书，第 3 页。

管批判并非理性的学理本身，但已经勾勒出了其整体轮廓。在这个意义上说，通过批判性的自我认识，理性实现了统一性的自我确证，从而使得科学的形而上学成为可能，自此它就“只和原则以及它给自己的原则所规定的界限打交道”[1]。批判作为理性的自我认识和自我思考，其意义不仅限于认识领域，而且开展出了重要的实践成果。具体而言，理性批判内在地关联着康德的启蒙观念，构成了启蒙的驱动力和标准[2]：“启蒙运动就是人类脱离自己所加之于自己的不成熟状态”，不经过他人引导而能自由地“运用自己的知性”[3]，这种自由就意味着由自身的理性来引导知性的运用。这一观念已超出了之前的启蒙运动，因为它不再聚焦于宗教迷信与科学知识的对立，也不再一味地追求知识堆积和自然开发，而是着眼于人类理性自身内在结构的统一。这不仅是为启蒙运动辩护，而且也已隐含了对启蒙运动的反省。如果说之前启蒙运动的主旨在于彰显人类知性，那么康德则强调理性对知性的统摄和引导。

从康德启蒙观念的批判性动机中我们已经不难窥见启蒙理性的内在“危机”，即知性与理性、自由之间的不相协调。知性及其现实运用被突出为一个文化事实，而如何统摄和引导这一领域则成了问题。在理性主观化的前提下，唯有批判是解决这一问题的途径。康德曾说，自由的人“不仅仅是机器而已”[4]，其针对的已不仅是政治权威，也隐含着对早期启蒙者的批判。所以就我们不难理解，席勒按照康德哲学的“原则”，开展出一种对知性启蒙的批判：近代文

[1] 康德：《纯粹理性批判》，邓晓芒译，杨祖陶校，第 19 页。

[2] 如赫费指出，康德那里“启蒙的动力不仅关系道德，而且在最内在的层次上关涉批判”，“批判的时代”同时也是“启蒙的时代”。参见 Otfried Höffe, *Kants Kritik der praktischen Vernunft. Eine Philosophie der Freiheit*, Verlag C. H. Beck 2012, S. 21–22。

[3] 参见康德：《历史理性批判文集》，何兆武译，商务印书馆 1990 年版，第 22 页。译文有改动。

[4] 康德：《历史理性批判文集》，何兆武译，第 31 页。

明的“形式得之于区分一切的知性”，而这个文明的形式却给近代人带来“创伤”，因为知性要把握一个对象，“就必须先破坏这个对象”，“正如化学家一样，哲学家也只有通过分解才得到化合”[1]。值得注意的是，席勒并未像康德那样强调知性给出统一性的能力，反而突出这种统一对分裂的依赖。随着知性在科学和社会中的实现，“人的天性的内在联系就要被撕裂开来，一种破坏性的纷争就要分裂本来处于和谐状态的人的各种力量”[2]。知性启蒙带来的创伤，导致了现代人的“粗野”。我们在黑格尔的著作中也不难找到类似的判断：知性的分解力量是“一切势力中最惊人和最伟大的，或者甚至可以说是绝对的势力”[3]。然而知性也是一种否定和死亡的势力，知性启蒙的后果呈现出一幅支离破碎、毫无生气的画面：“美变成了物，小树变成了木材，图画变成了物”，而“如果理想之物不是在完全地理解的实在中而被接受，作为木块和石头——成了虚构物，与它的任何关系都表现为空洞的游戏，或者表现为对客体的依赖，表现为迷信”[4]。雅可比（Friedrich Heinrich Jacobi）将这种知性的统治描述为宇宙的“祛魅”：鉴于近代知性科学所取得的成果，人不再“在上天的庄严和崇高面前跪拜”，他只“震惊于人类的知性……这个知性能够通过科学结束奇迹，剥夺掉天国的诸神，让宇宙祛魅”[5]。事实上，雅可比的描述可以说已是20世纪“世界祛魅”的预见[6]，不过雅可比将其解读为知性的效果，内在于理性—知性的框架。

[1] 席勒：《审美教育书简》，冯至、范大灿译，上海人民出版社2003年版，第15页。
[2] 同上书，第46—47页。
[3] 黑格尔：《精神现象学》上，贺麟、王玖兴译，商务印书馆1979年版，第21页。
[4] Hegel, Glauben und Wissen, in: *Jenaer Schriften 1801–1807, Werke 2*, Suhrkamp Verlag 1986, S. 289, 290.
[5] Friedrich Heinrich Jacobi, *Werke.* Bd. 2,1. Meiner Verlag 2004, S. 399.
[6] Walter Jaeschke, Der Zauber der Entzauberung, in: *Hegel Jahrbuch. Glauben und Wissen*(zweiter Teil), Akademie Verlag 2004, S. 13.

黑格尔等人所揭示的，已是一种“启蒙辩证法”[1]。霍克海默和阿多诺说：“知识就是权力，无论是对造物的奴役，还是对世界统治者的唯命是从，它都毫无节制。”[2]不过霍克海默和阿多诺并不像黑格尔等人那样将知性启蒙仅仅理解为近代现象，而是将其扩展到整个西方文明史，从古希腊神话到实证主义。早在神话之中，知性就以众神之名掌管着世界；进而哲学的概念和范畴也取代了众神，“神话中鬼神丛生的歧义性统统都升华为存在论上诸本质性的纯粹形式。最终，通过柏拉图的理念，奥林匹斯山上家族制的诸神也被哲学的逻各斯所把握。然而启蒙却在柏拉图和亚里士多德的形而上学遗产中重新发现了这些古老的势力，并对普遍概念的真理诉求盲目尊崇”[3]。知性的普遍性必然是通过抽象和形式化而实现的，这一过程在实证主义中发挥到了极致，也最为凝练地概括了启蒙的原则：“对启蒙而言，不能被还原为数字的，最终就是不能被还原为‘一’（Eins）的东西，都变成了假象，……从巴门尼德到罗素，统一性始终是一句口令，顽固地坚持摧毁诸神和多质。”[4]启蒙者的抽象工具在理论上将自然变成可重复的过程，并且自身也不可避免地被卷入这个过程之中，从而“获得自由的人最终变成了黑格尔称为启蒙之结果的‘群氓’”[5]。显然，启蒙辩证法可以被视为古典时代知性文化批判的一个连续性扩展，其中当然包含着韦伯合理性理论所描述的内容，但正如霍克海默指出的，后者不过是理性主观化的一个显著

[1] 伯恩斯坦（J. M. Bernstein）曾指出“启蒙辩证法”就是《精神现象学》“启蒙”一章的“极端化和普遍化”。但他未注意到合理性与工具理性之间在理论框架上的区分，也未注意到自身持存在工具理性的解释模式中的重要性。见 J. M. Bernstein, Negative Dialectic as Fate, in: *Cambridge Companions. Adorno*, Cambridge University Press, 2006, pp. 19–30。

[2] Max Horkheimer, Theodor W. Adorno, *Dialektik der Aufklärung: Philosophische Fragmente*, S. 20.

[3] Ibid., S. 22.

[4] Ibid., S. 24.

[5] Ibid., S. 29.

方面，知性文化的一个侧面。

按照康德的批判原则，知性文化的问题也应该在理性的范围内得到克服。霍克海默曾比喻说，工具理性是一架失控的飞机，那么批判的任务就应当是找回理性这个操控者。席勒说："理性本身固然不会同这种与它的武器相对抗的粗野势力直接进行战斗"，但"理性却从战士中间选拔出最合适的人来"对抗野蛮。[1] 席勒挑选出的是感性能力，他试图通过审美教育来治疗知性带来的创伤。然而，尽管席勒从康德那里获取了批判的原则和形式，但是对于他从知性中解读出的文化和实践内容，已不能在康德体系中找到现成的批判手段。所以，席勒并未在这一维度上提出真正的理性自我认识，而只是将知性启蒙描述为一个历史性的事实，却无法阐明其学理上的根据，从而无法对之做出真正的批判。就效果而言，席勒的批判与雅可比和韦伯对世界祛魅的解释相去不远。按照耶施克（Walter Jaeschke）的说法，雅可比和韦伯都为祛魅提供了一种"合理性历史的解释"："'祛魅'是一个最终的东西——最终是一条意识历史上的死胡同，它导向'铁笼'而无出路，无论是'优美的灵魂'还是'绝对主体'都会在其支柱和墙壁上被擦伤。"[2] 这种解释实质上乃是将近代知性科学认定为一个文化事实，而无法透视其本质，因此不能算作理性的自我认识和自我批判。

不过，沿着席勒的方向，我们可以在黑格尔那里得出更加彻底的内在批判。黑格尔的批判立足于对知性文化的一种"主体性历史的解释"，因为他"虽然将'祛魅'理解为一种必然的东西，但

[1] 席勒：《审美教育书简》，冯至、范大灿译，第 46—47 页。

[2] Walter Jaeschke, Der Zauber der Entzauberung, in: *Hegel Jahrbuch. Glauben und Wissen*(zweiter Teil), S. 13. 需要指出的是，雅可比与韦伯的理论框架是不同的，下文将会表明，雅可比将理性信仰化，提出知性和理性之间存在跳跃，从而构成了对席勒和黑格尔的批判路径的元批判，这对理解启蒙辩证法也有重要意义。

首先是将其理解为主体性历史的一个有待超越的阶段”[1]。这个历史阶段的主导原理就是主体性。无论是知性启蒙的功绩还是其严重后果，均出于这一原理。黑格尔表明，主体理性通过对抗古代信仰和客观理性而获得独立，但这一过程并未带来客观真理，毋宁说是知性出于自身的原则构造出了自身的对应物（知性物），而无条件的存在则作为“自在之物”而被排斥到遥不可及的彼岸，所以从根本上说，启蒙的结果是虚无的。而虚无的知性由于对实在的渴望而必定要逃离自身，从而将知性和知性物绝对化，构成一个祛魅的世界体系，或者说“启蒙的非存在由于其意识到自身而成为了体系”[2]。然而知性体系因其有限性而必然处于分裂之中，如精神与物质、灵魂与肉体、信仰与理智、自由与必然，等等。黑格尔认为这些分裂构成了知性文化的基本结构，同时也直接得出了哲学的需要和兴趣：“分裂是哲学需要的源泉”，“当联合的力量在人的生命中消失，对立丧失了它们的生动的联系和相互作用，获得独立性时，哲学的需要产生了”，“对变得如此坚固的对立加以扬弃是理性的唯一兴趣。”[3]当然，对分裂的扬弃并非逃避分裂，而是要通过更高的理性力量将其维持在自身之内，或者说将知性的“死亡”力量维持在自身之内：“精神的生活不是害怕死亡而幸免于蹂躏的生活，而是敢于承当死亡并在死亡中得以自存的生活。精神只当它在绝对的支离破碎中能保全自身时才赢得它的真实性”，因为唯此才能将“否定的东西转化为存在”。[4] 黑格尔通过辩证法的运作，将否定的知性转化为思辨理性。这个思辨理性并不是某个脱离了知性，处于其彼岸的东西，毋宁说

[1] Walter Jaeschke, Der Zauber der Entzauberung, in: *Hegel Jahrbuch. Glauben und Wissen*(zweiter Teil), S. 13.

[2] Hegel, Glauben und Wissen, in: *Werke 2. Jenaer Schriften 1801–1807*, S. 289.

[3] 黑格尔：《费希特与谢林哲学体系的差别》，宋祖良、程志明译，商务印书馆 1994 年版，第 10 页。

[4] 黑格尔：《精神现象学》上，贺麟、王玖兴译，第 21 页。

是知性自我否定过程的总体和结局。这样，尽管黑格尔批判的知性文化中包括康德哲学，然而不能不说他彻底贯彻了康德的自我批判原则，思辨的体系也可以被视为一个批判的体系。

工具理性概念的主体性向度已表明，霍克海默和阿多诺也采取了一种主体性历史的解释进路。不过，启蒙辩证法试图将主体性的根源追溯到“整个西方文明的真正原则（Maxime）”，即“自身持存”。霍克海默和阿多诺通过对奥德修斯的神话的阐释，在人类学层面上揭示资产阶级主体发生过程中理性与统治的相互缠绕，而工具理性则正在其中扮演着关键的角色：奥德修斯在自然的威胁和诱惑面前为了自身的持存而采取了理性的手段，这种手段不仅作用于自然，也作用于人类主体本身，包括奥德修斯和他的奴隶；正如束缚奥德修斯的四肢和堵塞奴隶的感官一样，工具理性这个抽象的力量成为了文明的逻辑，贯穿技术、经济和政治。[1] 但工具理性批判更多地揭示了工具理性统治的必然性，甚至宿命性，以及其体现的主体性悖论，而没有像黑格尔那样从这种解释中展开一个超越知性文化的方案。在 20 世纪哲学的语境下，提出一个绝对主体来保证知性文化批判的有效性显然已不可能，因此霍克海默和阿多诺从未考虑将工具理性批判诉诸一个能够统摄一切的思辨理性。然而霍克海默还是将工具理性批判的肯定性结果设想为某种“客观理性”的实现：工具理性的克服有赖于“社会整体的工作，需要历史性的活动”，而一种理想的“社会状态的产生，同时也是客观真理与工具思想的分裂在当前可能错失的理性概念的实现”[2]。在此我们就不难看出，工具理性批判与从康德到黑格尔的知性文化批判共享着相同的结构，

[1] Max Horkheimer, Theodor W. Adorno, *Dialektik der Aufklärung: Philosophische Fragmente*, S. 49–51.

[2] Max Horkeimer, Zum Begriff der Vernunft, in: *Gesammelte Schriften*, Bd. 7, S. Fischer Verlag 1991, S. 34.

不过并未像黑格尔那样得出一个肯定、系统的结论，只是预期一个类似的结局。就此我们至少可以说，工具理性批判的“兴趣”仍是某种“思辨”和肯定的东西。

三、思辨理性的“元批判”

事实上，霍克海默和阿多诺无法采取黑格尔的思辨理性方案，正是因为后者本身已成为工具理性批判的重要对象，或者说启蒙辩证法不仅是一种知性文化批判，而且还包含着对这种批判的“元批判”(Metakritik)。当然，“元批判”这一概念本身也源于德国古典哲学，就形式而言，它意味着康德之后的更加彻底的理性批判，或者“对批判的批判”[1]；在此我们不妨将其规定为对知性批判的批判：知性批判并未获得真正的理性立足点，其结果仍不过是一个有待超越的知性体系。可以说，元批判实质上乃是一种二阶的知性批判。在这一层面上，批判呈现出了两个相互缠绕的方向：首先，黑格尔体系作为康德自我批判观念的彻底化，已可视为一种元批判的成果，其核心逻辑是基于理性与知性之间的连续性，得出一个肯定、科学的思辨理性；其次是雅可比的神秘主义和叔本华的非理性主义，其策略是将整个内在批判判定为知性，进而基于知性与另一种更高能力（信仰或意志）之间的异质性，获得一个外在于知性的立足点。[2]这两个方向在德国古典哲学中相互缠绕，错综复杂：在黑格尔看来，

[1] “元批判”(Metakritik）这一概念最初为哈曼（Johann Georg Hamann）和赫尔德等人使用，表示对纯粹理性及其批判的语言条件的分析，后来泛指对批判的批判或者更彻底的批判。参阅 Kurt Röttgers, *Kritik und Praxis. Zur Geschichte des Kritikbegriffs von Kant bis Marx*, Walter de Gruyter 1975, S. 105–114。

[2] 叔本华与雅可比哲学之间并无连续的传承性，但就二者基于坚持康德哲学中现象与物自身的区分得出知性与一种更高能力的断裂来说，是一致的。

康德和雅可比均是知性哲学的代表；而雅可比对康德的批判，也包含着对黑格尔的可能的批判，叔本华的首要批判对象则正是黑格尔。启蒙辩证法纠缠于这两条元批判路径之间。作为启蒙的启蒙，其出发点显然是理性主义的，并且也预期一个理性主义的结局，但在其对康德和黑格尔的批判中，叔本华的思想要素发挥了不可忽视的影响，最终似乎得出了非理性的结论，难以摆脱悲观主义的嫌疑。这样就不难理解，启蒙辩证法呈现给我们的是一个极端强烈的张力结构。

元批判所揭示的康德哲学对知性的依赖，在席勒那里已有所表达。如前所述，康德曾将批判的工作比作化学家的综合方法，而席勒正将这个方法视为知性工作的典型：化学家的实验“使真理在知性面前显现，又在感觉面前把真理隐藏”，因为“如果知性想要把握内感的对象，就必须先破坏这个对象”。[1] 由此我们不难引申出这样的结论，即康德的知性批判仍依赖于知性自身的方式，而真的理性却始终隐而不显。雅可比直接将批判哲学指认为一个将“理性变成知性”的计划：“理性应该有权在自在之物中获得绝对者，但却得不到这个权利，因为知性本身拥有真实和实际的权利拒绝所有这些要求”，理性若是可理解的，就“不能够放弃知性，它只能够关涉到知性，并且只能借助于知性的经验运用而中介出来，尽管知性只是将无条件者作为矛盾来理解。……知性拥有真正的主权，离开其合理性，则不可能有有效性”。[2] 在雅可比看来，知性这种有限的认识能力垄断了可理解的领域，因此理性要么依附于知性，最终变成一个有限的知性体系，要么固执于绝对之物，脱离知性并成为一个“荒谬”的要求。雅可比认为真正的哲学属于后者，它只能采取异于知

[1] 席勒：《审美教育书简》，冯至、范大灿译，第 46—47 页。
[2] Friedrich Heinrich Jacobi, *Werke*, Bd. 2, 1, S. 272–273.

性的信仰的方式。雅可比对康德哲学的论断启发了德国唯心主义。[1]在黑格尔看来，尽管康德确立了自我批判的原则，又将其限定在主观的范围之内；在康德的“知性形式的演绎之中，思辨的原则，主体与客体的同一，得到了最确定的表达”，但这个形式上的同一又处于与物自身的对立之中。这无异于“把知性当作理性来对待”，同时也就“把理性当作知性来对待”[2]。这种“理性只能提供知识的批判，而不能提供关于无限者的理论”[3]。

显然，黑格尔和雅可比的元批判采取的是同一个知性批判结构，其目标均在于得出真正无条件的理性。而如何从这一结构引出绝对理性，二者却选取了迥异，甚至对立的路径。在黑格尔看来，雅可比的洞见在于揭示了知性体系仅仅对于有限事物有效这一事实，而他将理性移入信仰，则与康德将自在之物排除在知性范围之外的做法无异，因为信仰这种直接知识也不过是一个“枯燥的抽象物”罢了。[4]雅可比与黑格尔的根本分歧在于其“坚持孤立的直接知识，排斥任何中介性”，从而也就是主张知性与理性之间“非此即彼”，不可沟通。在此意义上，雅可比脱离了康德的批判原则，因为这里理性虽也被规定为高于知性的能力，但由于其与知性之间彻底的异质性，理性对知性的统摄成为不可能。在黑格尔看来，这不过是知性哲学的另一种形式。然而从雅可比对知性哲学的论断中，我们也不难找到对黑格尔哲学的潜在批评，因为雅可比的对手并非只是康德，而是由康德的理性批判所开展出来的“一切可能的哲学”。黑格尔认为，思辨理性的具体性和肯定性在于其拥有确定的内容，因为它是知性的“某些规定的否定，而这些被否定的规定也包含在结果中”，

[1] 参见亨利希：《在康德与黑格尔之间》，乐小军译，商务印书馆2013年版，第174、190页。
[2] 黑格尔：《费希特与谢林哲学体系的差别》，宋祖良、程志明译，第2页。
[3] 黑格尔：《小逻辑》，贺麟译，商务印书馆1980年版，第141页。
[4] 同上书，第156页。

从而也就“不是直接的虚无”。[1] 也就是说，思辨理性的内容不外乎是各种特殊规定及其否定，在这一意义上黑格尔辩证法也可以说是“彻底的怀疑论”，不过它将否定的总体转化为一个肯定的总体。按照雅可比的标准，这一转化如果是连续的，那么思辨理性就沦为了知性，如果是不连续的，那么它本质上还是一种“飞跃”(Sprung)，与雅可比的信仰无异了。这种可能的批评被阿多诺突出出来，在他看来，将知性的否定维持为一个总体的“否定之否定”，本质上正是一种知性：“否定之否定与肯定性的等同是同一化的核心，这种形式的原则获得了它最纯粹的形式。借此，一种反辩证法的原则在辩证法的最核心处占了优势，即那种在数学上的负负得正的传统逻辑。这个原则是从黑格尔异常反感的数学中借来的。”[2] 照此理解，黑格尔的思辨理性作为肯定的结果，终究依赖于一个合理性程序。这种被绝对化了的知性，最终使黑格尔“陷入了神话学”[3]。

如果说雅可比的彻底批判逼近了理性的边界，那么真正跨过这一边界的是叔本华。叔本华通过一个术语学考察，表明康德以来对理性和知性的区分，恰恰颠倒了二者本来的顺序。叔本华认为“理性”从来就指借助于“反思和概念的思维和思考能力”，是把“人与动物区别开来的能力”，因此正是康德和黑格尔等人所谓的知性；而他们的理性，则是“虚构”出的一种“直接的、形而上学的认识能力，它能够从事物本身和事物的关系中直接把握事物和世界”[4]。叔本华认为这种错位背后掩藏着深刻的唯心主义动机：“他们为自己的

[1]　黑格尔：《小逻辑》，贺麟译，第 181—182 页。

[2]　Theodor W. Adorno, *Negative Dialektik*, in: *Gesammelte Schriften*, Bd. 6, Suhrkamp Verlag, 2003 S. 161.

[3]　Max Horkheimer, Theodor W. Adorno, *Dialektik der Aufklärung: Philosophische Fragmente*, S. 41. 应该说，阿多诺对黑格尔的批判是复杂的，一方面他将黑格尔那种程序性的逻辑批判为知性，同时又强调黑格尔逻辑的总体性与其涵盖的物质性内容不可分离，从而也代表着某种真正的思辨的可能性。关于阿多诺对黑格尔唯心主义的唯物论解释，可参阅本书第二部分的“经验的客观内涵”一文。

[4]　叔本华：《充足理由律的四重根》，陈晓希译，商务印书馆 1996 年版，第 115 页。

杜撰和捏造而需要理性那个地盘和名称，或者更确切和更坦率地说，是为了完全虚构的能力而要求理性的地盘和名称。”[1] 所以叔本华发现康德“对于理性也从没作过一次正式的充分的规定，而只是每次视上下文的需要而做出一些不完备的、不正确的说明”，而我们不难发现，这些说明又总是与知性的判断、推理等功能混淆不清。[2] 对于黑格尔的辩证逻辑，叔本华则直接斥之为“厚颜无耻”的骗子的凭空捏造。[3] 这意味着，黑格尔将知性的否定翻转为肯定这一决定性环节在叔本华看来无异于纯粹的欺骗，而如此一来，黑格尔辩证法剩下的就只有知性以及对知性的否定了。

当然，叔本华的批判并非要将康德和黑格尔等人的知性—理性框架简单地颠倒过来，而是旨在否定作为原理的理性，并引入对原理的另一种规定，即意志。叔本华提供的是一个本体论框架：“意志作为自在之物，构成人的内在、真实和不可毁坏的本质：但是它本身是无意识的。因为意识只能通过理智而发生，理智不过是我们的本质的一个偶性：因为它是人脑的一种功能。”[4] 因此，意志对于理性而言是具有优先性的。这种本体论上的关系支撑着一种实践上的功能性关系。在叔本华看来，作为偶性的理智乃是服务于意志的工具：“人类所企图达到的，与动物的目标无异：给养和繁衍”，人类与动物的区别只在于，其拥有理智这个非凡的工具，因为它“在本质上是一种运用的方面最广、服务的目的最多的工具”[5]。叔本华以一种“客观的”论证方式将知性的意义限制在有限的领域，并将其与意志的关系固化为一种功能性关系，从而知性与人类更为根本的

[1] 叔本华：《充足理由律的四重根》，陈晓希译，第 115 页。
[2] 叔本华：《作为意志和表象的世界》，石冲白译，商务印书馆 1982 年版，第 588—589 页。译文有改动。
[3] 叔本华：《充足理由律的四重根》，陈晓希译，第 117 页。
[4] Athur Schopenhauer, *Die Welt als Wille und Vorstellung*, Bd. 2, Reclam Verlag 2005, S. 263.
[5] Ibid., S. 366.

存在部分和能力的内在联系被切断，代之以一种外在关系。意志虽然优先于理性，但是我们却不能从意志出发对理性做出内在的认识和规定。不过这种外在关系，恰好提供了走出黑格尔的连续性体系的一个支点。

按照施耐德巴赫的判断，叔本华这种理性观念对“工具理性批判”的影响，甚至要多于马克思。[1]虽然工具理性属于一个主体的历史，但是这个主体性的内容显然已经超出了纯粹自我意识的范围。在霍克海默和阿多诺看来，近代理性的统摄力的确使得主体性成为可能，“但与此同时，理性也构成了计算思维的机关，这种思维为了自身持存的目的而预置世界，并且除了将由单纯的感官材料所构成的对象预备为压迫的质料之外，别无其他功能。把普遍与特殊、概念个案从外部协调起来的图型法（Schematismus）的真实本性，最终在实际科学中被表明为工业社会的旨趣”[2]。可见理性在此不仅是计算的知性，而且这种计算是服务于自身持存的：“自身持存是科学的构造原则，是范畴表的灵魂。”[3]霍克海默将这种盲目的自身持存回溯到霍布斯，从而获得了一种更加激进的社会批判力量，因为在霍布斯这里，工具理性程序直接服务于资产阶级的自利原则：“个人必须遭受统治。应该理解，全体的生命是其自身生命的必需条件。出于理性的洞见，反抗的感受和本能应该得到掌控。只有冲动的抑制才使得人们之间的合作成为可能。抑制最初来自外界，现在应该由自身的意识来设定。”[4]这样自身持存就成为工具理性之外的某种作为基本事实却又不可理解的冲动，成为统治根源。我们还不能说，

[1]　Herbert Schnädelbach, *Grundwissen Philosophie: Vernunft*, Reclam Verlag 2007, S. 118.

[2]　Max Horkheimer, Theodor W. Adorno, *Dialektik der Aufklärung: Philosophische Fragmente*, S. 102–103.

[3]　Ibid., S. 106.

[4]　Max Horkheimer, Vernunft und Selbsterhaltung, in: *Gesammelte Schriften*, Bd. 5, S. Fischer Verlag 1987, S. 325.

霍克海默和阿多诺像叔本华和霍布斯那样，认定盲目的自身持存为考察理性的出发点，但毫无疑问的是，他们已经发现并不得不承认这一领域的真实存在，并基于这个事实而不得不面对迄今为止的理性内在批判的失败。所以，就有学者将启蒙辩证法视为理性的失败主义和悲观主义，甚至将其视作后现代主义的先驱。

就此看来，施耐德巴赫揭示出启蒙辩证法与叔本华理性批判的关联，虽有助于我们从韦伯的合理性框架中走出来，却将立足点落到了主体性内部的非理性存在上，从而也就导向更为悲观的结论。但不能不说这的确是启蒙辩证法隐含着的一种可能性，正如叔本华所展开的乃是德国古典哲学发展的一种内在可能性一样。若停留于此，我们就不得不接受一个与批判理论的基本意图完全相反的结局，从而从另一个角度认同哈贝马斯的论断。然而如霍克海默所说，批判理论不仅仅是德国唯心主义的后代，而且是哲学本身的传人，而启蒙和批判才是它从古典时代继承下来的、不可剔除的思想基因，其目标正如霍克海默所期望的那样，乃是一种克服分裂的、适当的理性观念的出现。雅可比和叔本华看似提供了最为彻底的理性批判，但其实质恰使得理性批判本身成为不可能，因为其最终立足点和论证结构，都无法提供真正的理性自我认识。无论在雅可比还是叔本华那里，均维持着现象与物自身之间的鸿沟，以分别支撑着知性与理性或者理性与意志之间的分裂。基于此，知性批判便无异于宣布别样的真理，并且这个真理相对于知性而言乃是荒谬或者盲目的。其结果是康德提出的理性自我认识成为不可能，知性批判不能够真正得出知性的本质，而仅仅是从外部标定其界限，从而将知性缩减为一个丧失批判潜力的概念。这个效果与韦伯合理性框架下的外在批判殊途同归。所以，尽管雅可比和叔本华都将理性和知性理解为主体的两种能力，但是却无法基于这个主体而实现二者的沟通和统一，从而也就无法达成康德提出的理性的内在一致。在这个意义上，只有主张理性与知性的内在统一性，或者说理性对于知性的统摄，理性的批判才是可能的，而这正是黑格尔等人的理性主义的核心。

四、自身持存与理性批判的潜力

德国古典哲学中理性元批判的两种要素同时驱动着启蒙辩证法：黑格尔的思辨理性最终被揭示为神话化了的知性，从而应当引导知性自我否定的理性力量便被抽空，“自我批判”的“自我”成为问题；工具理性与自身持存的关联被揭示出来，在逻辑上已经隐含着一个代替思辨理性支撑其批判的主体概念，然而这个主体的肯定性内容没有被充分挖掘出来，以至于霍克海默和阿多诺对自身持存的理解过度靠近叔本华的模式，往往使读者轻易地越过启蒙辩证法内在批判的立场，滑向理性范围之外。笔者认为，这种两难处境构成了启蒙辩证法的深层本质。启蒙辩证法通常被简洁地表述为：“神话已然是启蒙，而启蒙却倒退成了神话”，或者说，启蒙“所追寻的目标向来是祛除人们的恐惧，并将他们指定为主人。但彻底启蒙了的世界，却焕发出凯旋的灾祸（triumphalen Unheil）迹象”。[1] 然而这不过揭示了知性启蒙的内在悖论，并且是席勒和黑格尔等人那里早已形成的见解。霍克海默和阿多诺真正面临的难题，其实是古典时代理性批判遗留下来的矛盾，如何解决这一矛盾才是启蒙辩证法的核心和原创性所在。阿多诺曾说，“即使在拒绝了唯心主义之后，哲学也不能放弃思辨。当然，这是一种比黑格尔那种过于肯定的思辨

[1] Max Horkheimer, Theodor W. Adorno, *Dialektik der Aufklärung: Philosophische Fragmente*, S. 16, 19.

更为宽泛的意义上的思辨”[1]。这种思辨不仅应当祛除黑格尔的“过于肯定”的成分，而且还必须将元批判的成果都容纳进来，这样才可实现思辨理性的拯救，也才能使霍克海默所预期的新理性形态成为可能。当然，正如哈贝马斯所批评的，霍克海默和阿多诺并没有找到表达这种新理性的适当方式，但这并不妨碍我们沿着启蒙辩证法的逻辑去寻求其正面表达。

我们可以把启蒙辩证法的内在张力结构归纳为批判的理性与自身持存之间的紧张，事实上也正是近代精神中最为根本的两个要素之间的紧张。自启蒙运动以来，批判就成为时代精神的标志，工具理性批判则可视为这个精神的当代继承者；同时霍克海默和阿多诺也认为，自身持存这个主观理性的“最终目的”，实乃整个西方文明的“真正原则”，至少按照后来布鲁门伯格（Hans Blumenberg）和亨利希（Dieter Henrich）等人的研究，乃是“近代思想的原理”[2]。其实我们并不难从逻辑上推论二者的统一：无论是作为自我认识的批判，还是自身持存，均是一种自我关涉行动，应该属于一个统一的主体。这种统一在近代思想的内部从未被明确地主题化，在德国古典哲学“终结”之后则演变成不可调和的对立，并集中体现在启蒙辩证法之中。所以，工具理性批判最终的任务乃是寻找一个肯定的立足点，将近代哲学精神中两个基本元素真正统一起来。亨利希关于自我意识与自身持存相互蕴含的观点，已经包含着类似的意图，但他并未明确将自身持存与批判传统联系起来考虑，从而也未能指明哈贝马斯的范式转型对批判传统本身的背离。[3] 而如果要坚持康德提出的自我批判构想，那么就必须在古典哲学终结之后重构批判的理性与

[1] Theodor W. Adorno, *Negative Dialektik*, S. 27.
[2] Dieter Henrich, *Selbstverhältnisse*, Reclam Verlag 1982, S. 94.
[3] Ibid., S. 94.

自身持存的统一。当然，这是一项艰巨的工作，我们在此只能基于问题史提出一个初步纲领：理性的自我批判属于形而上学，但如果其对象扩展到文化和社会层面，那么批判必定也是一种人类学意义上的行为，一种人类自我审查和清理的行为；自身持存一开始便有其理性形而上学维度，并非仅仅是一个人类学概念，那么它应该能够提供自我认识和自我审查的动力和尺度，这恰恰是理性的所在，而非盲目的冲动。

（一）在宽泛的意义上，康德的批判可以理解为主体理性的一种需要，即形而上学在理性的“危机”中为维持自身而不得不采取的自我认识行动。如前所述，黑格尔将这种需要表达为一种“哲学的需要”，也就是由知性的分裂直接产生出的扬弃知性的要求。所以批判已然是自身持存，黑格尔甚至说理性必需的条件乃是“在死亡中得以自存”，在“绝对的支离破碎”中“保全自身”。然而在黑格尔那里，这并非批判的充分根据，还必需一个目的论模型的支撑：“理性乃是有目的的行动。”[1] 按照这个模型，目的同时是本质和动力，有限的意识就其本性而言已经具备了真理的抽象概念，并在其引导下超出自身，走上科学的道路，直至真理实现。在这个过程中，作为目的的真理不仅决定了运动的方向，也是任何特定阶段的意识形态据以检查自身的比照“尺度”，而知性文化批判不过是理性行动的一个正当其时（an der Zeit）的环节。在黑格尔看来，只有这个闭合的目的论循环才使理性的自我批判得到保证。而如果前面所述的元批判是有效的，那么我们就有必要重新考虑黑格尔的“哲学的需要”的地位，因为思辨理性的坍塌使得知性批判只能在自身之内寻找根据和尺度。阿多诺正是因此而提出了“哲学的可能性”的

[1]　黑格尔：《精神现象学》上，贺麟、王玖兴译，第 21 页。

问题："在黑格尔哲学崩溃之后，哲学到底还是不是可能的，以及如何可能，正如康德在批判了唯理论之后追问形而上学的可能性那样。"[1] 在他看来，当代哲学的出路只可能是"严厉的自我批判"，而这种自我批判本身仍要面对如何可能的问题。像马克思一样，霍克海默和阿多诺试图拯救出黑格尔哲学的批判性内核，即规定了的否定（bestimmte Negation）。这意味着退回到"哲学的需要"的环节，由知性文化的事实直接得出批判的动力和尺度，而不再求助于已被判定为知性的否定之否定。

阿多诺将知性文化的事实表述为自身持存导致的自我毁灭："第二自然蔑视人的想象力，因为这想象力从人类邪恶中引出了现实的地狱。我们的形而上学的能力瘫痪了，因为实际的事件破坏了思辨的形而上学思想与经验相协调的基础"，"奥斯威辛证实了纯粹同一性即死亡这个哲学论断。"[2] 奥斯威辛这个事实给人造成了"切肤之感"，并"将一个新的绝对命令（neuer kategorischer Imperativ）强加给处于不自由状态中的人们：要着眼于奥斯威辛不再重复，类似的事件不再发生来安排他们的思维和行动"[3]。阿多诺从一个极端的文化事实，甚至是从人们关于这一事实的极端否定性经验得出批判的动力和方向，这显然是一个与黑格尔的思辨理性相对立的方案，即一种"坦率的唯物主义"的解释方案。的确这个新的绝对命令是不能违抗的，其绝对有效性来自内容，而非像在康德那里一样来自纯粹形式。因此我们暂且可以说，新的绝对命令代表了工具理性批判中的"形而上学经验"，指向一种新的思辨理性。但这种新的绝对命令必须面对两个方面的问题：一是批判是否只能基于"奥斯维辛"这样的极端经验，在通常的状态下批判是如何可能的；二是自我毁

[1] Theodor W. Adorno, *Negative Dialektik*, S. 16.
[2] Ibid., S. 355. 以及本书第 194—195 页。
[3] Ibid., S. 358. 以及本书第 198 页。

灭的经验可否作为批判的最终根据，否定性经验在逻辑上的对立面应该是什么。也许否定性经验为批判提供了最直接的动力，但却无法覆盖这个批判行动的全部意义。

事实上，启蒙辩证法所呈现的否定性经验，无论是“反犹主义”的极端经验还是“文化工业”的日常经验，均处于与其肯定的对立面（自身持存）的意义不对称之中。如果说文化事实中的否定性经验是确定的，那么与其对立的自身持存却始终游移不定，包含着多重可能。我们不妨将启蒙辩证法的逻辑转写为：人类出于自身持存而运用工具理性，然而工具理性的运用却带来了自我毁灭。我们通常将第一个自我，也就是自身持存的自我与自然统治对等起来，或者直接将其理解为一种盲目冲动，而后一个自我，也就是被毁灭的自我，则被赋予更加丰富的内涵，因为被毁灭的是主体的自主性、健全的想象力和感知能力的完整性，等等。这些内容已不再是一个空洞的自我或盲目冲动。这种意义上的不对称折射出，在否定性经验产生之时，已然存在一个肯定性的领域，而阿多诺能提出新的绝对命令，已确凿地表明这一领域无法被工具理性的自我毁灭完全覆盖。然而这一领域在启蒙辩证法中从未得到阐明，以至于霍克海默和阿多诺在讨论启蒙辩证法的拯救性主题时仍纠缠于这样的问题：“人们在多大程度上进行了自身持存，以及这个自身持存在多大程度上是疯狂的？”[1]这一问题表明，自我和自身持存的概念中还包含着工具理性批判尚未穷尽的领域，而这恰恰可能是批判性潜力的来源，或者说一种新的思辨理性的立足点。

（二）霍克海默和阿多诺借斯宾诺莎的论断将自身持存指认为“整个西方文明的真正原则”，然而随即又将这一概念引出了斯宾诺

[1]　Max Horkheimer, Rettung der Aufklärung. Diskussionen über eine geplante Schrift zur Dialektik(mit Theodor W. Adorno), in: *Gesammelte Schriften*, Bd. 12, S. 597.

莎的语境，转入与工具理性的功能性关系之中，最终被理解为一种盲目冲动。但不可忽视的是，自身持存在斯宾诺莎那里还关联着一个客观理性的维度，批判性地对应着知性的形式化过程。斯宾诺莎说："每一个自在的事物莫不努力保持其存在。因为个体事物是由某种一定的形式来表示神的属性的样式，这就是说，个体事物乃是由某种一定的形式来表示神之所以为神的力量的事物。且没有东西具有自己毁灭自己或自己取消自己的存在之理。反之，如果一切事物莫不反抗凡足以取消其存在的东西。"[1] 在此，有限存在物从属于一个客观的理性实体，从而自身持存便具有形而上学的理性根据，并作为有限存在物的"本质"。因此说自身持存乃是德性的首要根据，不单纯意味着对事物善恶的判断来自其与自身持存目标的功能性关系，更在于这个德性本身有其客观理性的内容，将这种功能性关系统摄于自身之下。如前所述，客观理性乃是工具理性批判的参照，那么我们就有必要认真考虑自身持存的形而上学维度，即它内含着理性的动力，而非盲目的冲动。

当然，工具理性批判所面对的乃是理性的主观化过程，即理性"前所未有地彻底被归结到了其工具的意义上。理性主义形而上学的命题消逝了，留下的是着眼于目的的行为"[2]。从而斯宾诺莎自身持存概念的客观理性前提就被切除，剩下的似乎就只是洛克和霍布斯意义上的工具理性和自身持存。但霍克海默和阿多诺没有展开的是，自身持存的理性维度并未因主观化过程而消失，近代思想的主体性建构正试图填补斯宾诺莎的客观理性的位置。在卢梭看来，完全通过自我放弃来实现的自身持存是荒谬的，若主体没有任何不可取消的内容，那么霍布斯那种自我放弃也就是纯然的自我否定，而

[1] 斯宾诺莎：《伦理学》，贺麟译，商务印书馆 1981 年版，第 105—106 页。
[2] Max Horkheimer, Vernunft und Selbsterhaltung, in: *Gesammelte Schriften*, Bd. 5, S. 322.

不可能实现自身持存。主体这种不可取消的内容就是自由。康德扩展了这一观念："国家的政治组织只不过是人类自由的实现，而不是放弃自由的结果。"[1]在这个意义上，政治行为的确是一种自身持存，不过这个自身持存并非一个盲目空虚的概念，而是由自由这个形而上学概念来充实的。按照艾柏林（Hans Ebeling）的说法，"康德是第一个严肃地试图将自身持存论证为人类成就的人"，"道德的自身持存意识作为三重环节的统一性，即自我立法、自我规定为实施者、自我强化为连续性，是近代自身持存理论的创举，在严格意义上说它是从康德开始的"[2]。在此，自身持存与实践理性的事实内在相关，它意味着主体如何基于道德法则保持自身为自由的道德主体。

有学者已意识到工具理性批判的困难与霍克海默错失了康德意义上的自身持存概念有关系。[3]的确，一个缺乏自由潜力的自身持存概念无法支撑霍克海默等人的批判，但从康德这里的自身持存还不能直接得出理性自我批判观念，尤其是后来的知性文化批判。康德哲学设置了两道界线，一是自然与自由之间的界线，在此自由的自身持存虽然可以通过道德行为而作用于经验世界，但是他却无法表明自身持存的理性可以内在地穿透知性活动的结构，也无法内在地为知性的运用（技术的实践）提供尺度；一是理性的学理本身与理性批判之间的界线，在此虽然批判被视为理性的特殊活动，但是却无法表明这种活动与自由的主体之间的内在关系，只能停留在一种方法性反思的层面。所以在康德那里，我们只能发现批判、自由

[1] 参见亨利希：《在康德与黑格尔之间》，乐小军译，商务印书馆 2013 年版，第 141—142。

[2] Hans Ebeling, *Selbsterhaltung und Selbstbewusstsein*, Verlag Karl Alber 1979, S. 13, 28.

[3] 参见 Guenter Figal, Selbsterhaltung und Selbstverzicht, in: *Zeitschrift für philosophische Forschung*, 37:2(1983: Apr. /Juni), S. 161–179.

和启蒙等概念在宽泛意义上的联系，却无法进行学理上的阐明。黑格尔试图以一个绝对主体来克服这一问题：主体与实体合二为一，成为一个“活的实体”，从而便“将思维形式的活动和对思维形式的批判，结合在一起”[1]。这样，自由的自身持存就被表达为精神在诸多特定的意识形态中的保持自身，意识形态之间的更替就构成一条由自由所引导，并最终通向自由的道路。当然，前面我们已经表明，这个总体不过是一种扩张了的知性，而思辨理性仍只是一个空位。也可以说，自身持存的理性和批判的力量仍未获得一个适当的主体，启蒙辩证法综合了古典时代理性批判的不同结论，却仍没有将这个主体构建起来。

（三）这一任务在某种程度上接近了亨利希复兴主体性形而上学的工作。亨利希试图通过自我意识与自身持存的相互蕴含来阐明一个全面的现代性精神，其本真性维度不是通常概括的主客分离以及主体对客体的统治，而是一种不及物的自身关系和自我意识。或者说，亨利希试图表明，无论在理论上还是实践上，主体性都有一个不可取消的自身关系的维度，构成了自由概念的内核。由这个自由的内核，我们便可以引申出一种批判性力量来，以抵御主体的毁灭(Untergang)。[2] 然而，揭示主体性的这个纯粹内核，却是异常艰难，甚至不可完成的任务，因为正如亨利希与图根哈特和哈贝马斯等人的争论中所表现出的那样，我们对自我的考察已经不得不借助于一种主客体间的对象性关系，而这却本不适用于亨利希设想的原初自我意识。因此问题的关键在他那里就转换为如何绕开知性手段而成功呈现一种非对象性的、本真的主体的问题。[3]

---

[1] 黑格尔：《小逻辑》，贺麟译，第 118 页。

[2] Dieter Henrich, *Selbstverhältnisse*, S. 99.

[3] 关于亨利希与图根哈特等人就此问题的争论，参见郑辟瑞：《亨利希与图根德哈特的自身意识之争》，《现代哲学》2010 年第 1 期。

对亨利希的质疑一般集中在呈现本真自我关系的困难上。由于这个困难，亨利希预期的批判性力量便无法释放出来，似乎如果这个问题得到解决，本真的自我意识便可以提供批判的动力和尺度。然而从工具理性批判的角度看，问题的关键并不在此。事实上，亨利希与韦伯，甚至与其理论对手哈贝马斯共享着一个类似的思维框架，即理性与知性的类型差异。正如哈贝马斯试图到工具行为之外寻找自由的力量，亨利希也试图到一种非对象性的自我关系中寻求主体性的真义。而这无异于将自身持存的外向性维度切除，到工具理性之外，到一种纯粹的自身持存力量中去寻求批判的可能性。如前所述，这种思维框架所引申出的批判概念只能是一种外在的，甚至无效的批判。所以假使亨利希将主体性中的非对象性内核成功表述出来，也无法证明由此出发的批判对工具理性是有效的，因为这个内核是以告别对象性关系为起点的，而这种关系正是知性的内在结构。这种区分的极端化正是霍克海默所批判的理性功能化：离开了知性的理性演变为一个不可理解的主体冲动，而知性则退化为实现这个冲动的抽象功能。

由此可见，工具理性批判所要求的是更加复杂的主体结构，并非一个分裂的二元结构。因为按照康德的自我批判观念，我们不仅需要一个自由的理性立足点，而且应该表明这个立足点与知性和知性的运用之间存在内在关联。只有这样，作为自我认识的批判才可能有意义。亨利希的形而上学努力在对纯粹性的追求中牺牲了知性，而古典时代的哲学家早已发现，知性是可理解性的保证，阿多诺也曾说，没有概念的思想根本不是思想。这一洞见扩展到实践领域，那么主体离开知性的运用，离开工具性的行为，便不是现实的主体。这样的主体虽具有形而上学的功能，但却必须在人类学层面得到规定和描述。在这方面，马克思的人类学哲学，尤其是异化劳动和类生活等观念，提供了一个可能的模型。由于我们很少将马克思的工作与整个近代理性批判的任务联系起来，或者囿于某种哲学范式转型的前见，几乎从未认真考虑马克思的主体和自我意识理论。马克思说："一个种的整体特性、种的类特性就在于生命活动的性质，而自由的有意识的活动恰恰就是人的类特性。"[1] 与亨利希类似，马克思将有意识和自由联系起来，因为有意识首先意味着对自身类存在的意识，意味着人类主体的内向维度。然而马克思并不认为这个内向维度是脱离一切外向性维度的纯粹内核，相反，离开外向性维度，这个内核便是不可理解的。因为首先，"人在肉体上只有靠这些自然产品才能生活"，"自然界是人为了不致死亡而必须与之处于持续不断的交互作用过程、人的身体。所谓人的肉体生活和精神生活同自然界的联系，不外是说自然界同自身相联系，因为人是自然界的一部分"[2]。在这个意义上，知性行为乃是人保持最低限度存在的条件。其次，"通过实践创造对象世界，改造无机界，人证明自己是有意识的类存在物，就是说是这样一种存在物，它把类看作自己的本质，或者说把自身看作类存在物"[3]。"正是因为人是类存在物，他才是有意识的存在物，就是说，他自己的生活对他来说是对象。仅仅由于这一点，他的活动才是自由的活动。"[4] 在这个意义上，人作为类的存在物与人的自由意识是合二为一的，而这只能在知性行为之中才能建立起来。当然，我们在此不必以形而上学的方式将二者分裂开来，或者将一方归结为另一方。相反，知性活动与自我意识和自身持存所联结而成的复杂结构，正是一个人类学事实，或者说一个现实的主体性。

主体的内在结构可以说是马克思给出的一种具体的人性，从这

[1] 马克思：《1844 年经济学哲学手稿》，人民出版社 2000 年版，第 57 页。
[2] 同上书，第 56—57 页。
[3] 同上书，第 58 页。
[4] 同上书，第 57 页。

个结构的平衡中我们不难得到某种肯定性经验，也可以说是一种新的思辨理性。这恰好构成一种与霍克海默和阿多诺的工具理性批判相对应的工作。如果说，启蒙辩证法的激进性在于揭示出主体性历史的否定方面以及人性的否定性经验，那么这种否定之物离开马克思的人类学所呈现的肯定性经验就无法得到适当理解。启蒙辩证法所突出的主体性悖论，即工具理性旨在使人成为主人，而其结果却是使人本身成为统治的对象，其实可以理解为主体的复杂结构中的一个局部现象，或者说构成主体性的一个必然的部分。但其问题并不在于这个主体性部分的存在本身，而在于其威胁到了主体性内在的平衡结构，使得主体的自身持存成为问题。换一个角度看，只有基于一种具体的人性，否定性经验才是可能的，而阿多诺所指出的新的绝对命令，正是基于这种否定性经验的极端状态。借用康德的表达模型，绝对命令是无可质疑地存在于我们心中的道德律，我们可以根据这个“认识理由”(ratio cognoscendi）去确认自由的实在性；而如果启蒙辩证法揭示的否定性经验确凿地得出了“新的绝对命令”，那么我们也可以根据它去确认其相应的“存在理由”(ratio essendi)。[1] 当然，新绝对命令的“存在理由”并不像在康德那里一样是一个超验的自由理念，而是具体主体内在的平衡结构，是具体主体的自身持存，是具体的自由。而反过来说，如果从具体主体的自身持存出发，那么“新的绝对命令”就并非只在“奥斯维辛”这样的极端状态下才能被意识到，日常的否定性经验已足以给出一个绝对命令，以唤起主体对其内在结构的自我检查和自我认识。这样，启蒙辩证法的否定性结论便可以获得一个肯定的根据，具体而言就是，防止“奥斯维辛”再度发生，从根本上必须诉诸一种出于具体自由的批判性行动。

[1]　参阅康德：《实践理性批判》，邓晓芒译，人民出版社 2003 年版，第 2 页。

自由与罪恶

——康德、萨德与启蒙辩证法

除了我们熟知的黑格尔和叔本华这样的“后继者”外，康德道德哲学还有一个特殊的批评性资源，即与德国古典哲学家比邻而居的法国色情作家和哲学家萨德。德国古典哲学经历的是一个激动人心的年代，文学运动狂飙突进，哲学体系频繁更迭，大哲学家和文学家密集地在哥尼斯堡、耶拿和魏玛这样的狭小空间竞相出场，而几乎所有人都在关注着法国大革命。德国思想者们在“睡帽”里发动革命之时，萨德被巴黎的群众从巴士底狱解救出来，成为启蒙的一个怪异的“同路人”。但对于崇尚真理、自由的哲学革命者而言，萨德是一个让人讳莫如深的病态存在，甚至其存在与否都值得怀疑。萨德注定无法进入思想的“正史”，只能等待福柯式的“考古学”，揭开道德形上学这座古堡阴暗角落上的覆盖物，人们才猛然意识到萨德向来是欧洲文化的“在场者”。所以，20 世纪一再有思想家将萨德与康德并列，视其为“哥白尼式革命”队伍中的一个阴暗角色。霍克海默和阿多诺在《启蒙辩证法》中专辟一节，在康德与萨德之间探索启蒙道德的内在矛盾。后来拉康和齐泽克也采取这一策略，重申这个辩证的主题。[1]

当然这种探讨是冒险的，因为无论是思想立场还是表达形式，康德与萨德都迥然不同，但二者对罪恶问题的思考却以不同的方式挑战了道德哲学的边界。康德将罪恶与人的自由本质关联起来，便拨动了西方文明内部的一条隐蔽神经，也激起人们对恶进行形而上学探讨的好奇。但康德认为恶本身是不可探讨的，因为一种关于恶的学说（logos）本身就不可思议。而萨德却是这一方向上的探索者，或者说是罪恶方向上的启蒙者。这就是为何有论者说萨德是最接近罪恶本身的人，欲对罪恶有所了解，必须重访萨德的原因。无论这种努力的结果如何，梳理康德与萨德的关系乃是了解近代主体的一个特殊入口，而这就是启蒙辩证法的工作了。

一、自由与根本恶

康德的实践理性批判实现了主体为自身的立法，而在有限的人类主体这里，就表现为其有能力遵循心中的道德律令而行动。这个事实表明实践主体是自由的。道德行为中的纯粹法则，不仅是这个行为唯一的规定根据，而且也是道德行为结果的规定根据，也就是意志的客体即善恶的规定根据。要理解康德的善恶概念，首先必须将其与祸福概念严格区分。“福或者祸总是仅仅意味着与我们的惬意或者不惬意，快乐和痛苦状态的一种关系，而如果我们因此而欲求

[1]　例如拉康认为萨德的《卧房里的哲学》是对康德的《实践理性批判》的回应，并说出了后者的“真相”。参见 Jacques Lacan, Kant with Sade, in: *October*, Vol. 51(Winter 1989), pp. 55–75。齐泽克专门对此做了评论，参见 Slavoj Žižek, Kant and Sade: the Ideal Couple, in: *lacanian ink* 13, 1998。

或者厌恶一个客体，那么，这只有在与我们的感性和该客体所造成的愉快和不快的情感相关时才会发生。但是，善或者恶在任何时候都意味着与意志的一种关系，只要这意志由理性法则规定，去使某种东西成为自己的客体。”[1] 显然，这个区分符合康德道德哲学的二元论框架，即道德上的范畴必须关联着规定意志的理性法则，而非任何感性的、依赖于外部世界的东西。但是在这个前提下，我们能够明确的仅仅是关于善的规定，而恶作为道德行为的另一种可能对象，则仍是不清晰的。如果意志是理性的，而非被诸如愉快不愉快这样的情感所规定，那么其对象必定是善的，因为理性法则最终都需要表达为一个无条件的“应当”，即便由于能力所限，没有在实际经验中实现这个“应当”，康德也认为善作为这个“应当”的表象已然是现实的了，因为“符合法则的行动是就自己本身而言善的”，这是“一切善的至上条件”。[2] 但在将善恶与祸福问题分离开的同时，康德也不时提醒，我们作为有限的理性存在者，需要一个无条件的“命令”才会遵循道德法则，而往往不会自动地行道德之善。也就是说，人类时刻面临着走向善的对立面，即意志的“准则背离道德法则”的可能。

一般说来，人的行为若违背道德律，往往是由于幸福与道德之间的冲突所致。尽管康德在讨论道德的时候排除了幸福论，但是并不意味着康德主张人们放弃对幸福的追求，因此道德的善根本上也不是以排斥幸福为条件的，只是我们在考虑善本身的时候需要完全把幸福问题放在一边。甚至康德可以从最高的道德法则中演绎出一条促进至善的义务，也就是在最高点上实现道德性与幸福的一致的

[1] 康德：《实践理性批判》，载《康德道德哲学文集》上卷，李秋零等译注，中国人民大学出版社 2016 年版，第 141 页。

[2] 同上书，第 143 页。

义务。并且为了达成这一点，主体理性必须设定一个保证道德和幸福相互匹配的角色，即上帝。“以这种方式，道德法则就通过至善作为纯粹实践理性的客体和终极目的的概念导致了宗教，也就是说，导致了一切义务是神的诫命的知识，这些诫命不是强迫命令，亦即不是一个外来意志的任意的，自身偶然的指令，而是每一个自由的意志自身的根本法则。”[1] 所以在他看来，上帝必定存在。但这一主张并非来自思辨的理性，因为上帝作为超出经验的单纯理念，我们不可能获得关于它的知识，当然也不能在理论上认定他的存在和不存在。康德说，上帝是出于实践理性而必然存在，或者说它是纯粹实践理性的一个公设，同时康德还以同样的理由必然地设定了灵魂不朽。

当然，至善作为目标，我们只能不断接近但无法完全实现。对于这个实现过程来说，对恶的探讨和认识仍是一个要紧的问题。上帝掌管道德与幸福的一致，当然也掌握着罪恶与惩罚，掌握着使人摆脱罪恶，走向善良的教化。基督教关于人的叙述，是从罪恶开始的，但却指向至善这个最终目的。这虽然符合人们的善良愿望，但是却造成了一个永久性的难题，即与善对立的恶必然地成为理论的对象，而论者却通常倾向于论证其为一个暂时的、虚假的、非本质的对象。康德大致是沿着这条道路前进的，但却没有走向神义论，因为他将罪恶与自由概念的连接，使得罪恶获得了某种实在性，从而在人性结构中展开了一个深不可测的场域，连同其对善的奠基一道成为理解人和现代社会的基本语言。

正如讨论道德善一样，康德首先需要将关于道德恶的经验性理解排除。康德说“一切恶的源泉”都跟“自爱”有关，所以一般人

[1] 康德：《实践理性批判》，载《康德道德哲学文集》上卷，李秋零等译注，第 199 页。

会倾向于直接将人性的感性存在理解为恶的本质。但人类的感性存在不过是一个自然事实，满足人的自然需要遵循着自然规律，并没有善恶之分，甚至康德还反复探讨过促进幸福的义务。善恶只是道德上的善恶，那么判断也就必须是就道德的行为而做出的。在这个层面上，违背道德法则是在自由选择的基础上发生的，也就是说我们作为一个理性存在者，心中已然清晰地倾听到了道德命令的声音，而在此情况下仍做出违背道德命令的事情。因此这个恶是主体招致的，也必须为其负责："这里所说的仅仅是那种本真恶或者道德上恶的倾向；由于这种恶只有作为对自由任性的规定，才是可能的，而自由人性又只有通过其准则，才能被判定为恶的或者善的，所以，这种恶必须存在于准则背离道德法则的可能性的主观根据中，而且如果可以把这种倾向设想为普遍地属于人的（因而被设想为属于人的族类的特性），那么，这种恶就将被称作人的一种趋恶的自然倾向。"[1] 也就是说，即使一个道德上恶的行为包含着感性需要的方面而可能被解释为幸福的追求，但是其道德上恶的属性并非这个自然需要，而是将这个需要确立为准则的那个主观根据，也就是意识到道德命令却终究选择违背道德命令的那个主观根据。

我们可以像康德一样，轻易举出一系列恶劣的事件和现象，来证明恶劣人心的存在。康德设想了人心恶劣的三个层次："第一，人心在遵循已被接受的准则方面的软弱无力，或者说人的本性的脆弱；第二，把非道德的动机与道德的动机混为一谈的倾向（即使这可能是以善的意图并在善的准则之下发生的），即不纯正；第三，接受恶的准则的倾向，即人的本性或者人心的恶劣。"[2] 这三个层次的探讨，

[1] 康德：《纯然理性界限内的宗教》，载《康德道德哲学文集》上卷，李秋零等译注，第 253 页。

[2] 同上。

都是以道德法则为出发点和参照点的。第一层次意味着人意识到法则的客观有效性，也清楚地知道道德意志所愿望的正是这个法则，但在主观上还是选择了法则之外的东西作为准则，例如偏好。也就是说，偏好在此战胜了法则，法则的有效性在此没有在实际的行为中实现，而其原因在于人的意志力不强。第二层次意味着行为者对道德法则也有清晰的意识，并且其行为效果也符合法则的要求，但是在其实施过程中却不仅仅是道德法则发生作用，主观上掺杂了其他动机。第三层次则不考虑其他动机的影响，单纯是人心倾向与将出自道德法则的动机置于其他非道德的动机之后，这是单纯的人心之恶劣。我们发现，恶的倾向总是以相对于道德法则的位置来规定的，或者可以说恶其实乃是对道德性的否定和公然违背。

康德强调，这些恶的倾向是“自然倾向”，是对其整个类有效的，“并且由于它总是咎由自取的，也就可以把它甚至称作人的本性中的一种根本的、生而具有的（但尽管如此却是由我们自己给自己招致的）恶”[1]。但确切说来，它必须被纳入人的自由行动结构中来理解：有限理性存在者心中必定存在两种可能的动机，一是道德法则，一是自爱原则。恶并非直接源于这两个动机，而是它们在人心中的次序。本来道德法则应该被纳入准则成为自爱法则的最高条件，但如果行为者反过来将自爱纳入准则，作为遵循道德法则的条件，那么它便是恶的。用康德的话说，“它败坏了一切准则的根据”，所以它是根本的恶。由于它是自然倾向，所以是无法通过人力的铲除的，但由于其“毕竟是在作为自由行动的存在者的人身上发现的”，所以它“必然是能够克服的”。[2]

[1]　康德：《纯然理性界限内的宗教》，载《康德道德哲学文集》上卷，李秋零等译注，第 257 页。

[2]　同上书，第 261 页。

这里需要指出的是，康德的实践哲学中至少在两个层次上使用自由这个概念。首先是道德哲学中的自律，这是与道德法则和理性内在相关甚至直接等同，必然地得出善，这是人所具有的人格性的禀赋；而在探讨恶问题的时候，康德不得不退一步，将人类的自由选择能力作为探讨的出发点，也就是任性（Willkür）。任性意味着人能够从自身发出一个因果链条的能力，是最宽泛的人类自由行动能力。那么从宽泛的任性到道德上的自律之间，就存在着其他可能的选项，在可作道德评价的行为上就是恶的可能性。那么这种恶是从何而来呢的，它根据为何呢？康德认为这是完全不可理解的。因为恶是在自由的行为者那里发生的，如果再寻求其根据则势必要顺着因果链条再往前追溯上一个原因，但是如果这样，这个环节就不再是自由任意的了。所以这里康德指出了人性中的一道无法窥探的深渊，而康德的探索就像一手抓住理性的保险绳在其边缘行走。有学者指出，这种边界性的探讨正是康德哲学标志性的思维方式，康德认为恶的来源不可能是人的感性，也不可能是我们的理性，而只能是这两者之间的某个区域，正如《圣经》故事中那个引诱亚当和夏娃的精灵，我们只能用文学符号来标出关于恶的洞见，但是却无法为其在理性论证语言中找到一个确切的、可理解的位置。[1]

在这个意义上，康德所谓的根本恶其实还不是最根本和最极端的。康德始终将恶的探讨限制单纯理性的限度内，然而其洞见却延伸到了这个限度之外。事实上康德还不止一次提到了一种非人类的邪恶。康德说："为了说明人身上的道德上的恶的根据，感性所包含的东西太少了；因为它通过取消可能从自由中产生的动机，而把人变成了一种纯粹然动物性的东西；与此相反，摆脱了道德法则的、

[1] 参见 Evgenia Cherkasova, On the boundary of intellegility: Kant's conception of radical evil and the limits of ethical discourse, in: *The Review of Metaphysics 58* (March 2005), pp. 571–584。

仿佛是恶意的理性（一种绝对恶意志）所包含的东西又太多了，因为这样一来，与法则本身的冲突就会被提高为动机（因为倘若没有任何动机，人性就不能被规定），并且主体也会被变成为一种魔鬼般的存在者。”[1] 动物性存在没有道德评价可言，其在恶行中至多是一个诱因，而魔鬼的邪恶，在人这样一个自由和有理性的存在者身上却无法设想。康德始终是站在理性和道德的一方来设想恶，恶不过是理性及其行为的某一环节的败坏，而在魔鬼那里邪恶却成为理性的修饰语，似乎并不意味着理性的“缺失”。但我们不禁要问，人本性中的根本恶与“恶意的理性”，也就是那魔鬼般的邪恶之间是否存在关联，那个引诱亚当和夏娃的精灵是否就是这样一个魔鬼？事实上，在康德的探讨中，恶并没有真正作为一个对象而现身，仍在可理解性的界限之外。但从康德这里我们可以推测，如果果真存在恶魔的话，它必定不是疯狂和非理性的，反而应当是理性的。

即便如此，康德仍然强调人心的自我认识乃是一项义务，尽管它是不可能真正完成的：“要求深入到更加难以探究的心灵深处（深渊）的道德上的自我认识，是所有人类智慧的开端。因为这种在于一个存在者的意志与终极目的的协调一致的智慧，在人这里首先需要清除内在的障碍（一个在人心中丛生的恶的意志），然后需要发展在他心中的一个善良意志的那种永远不会失去的源始的禀赋（只有自我认识的地狱之行才开辟出一条神化之路）。”[2] 在这个意义上，康德对恶的问题的处理仍然可以被理解为“神义论”的，但是并非典型的“神义论”，因为尽管善良的意志是最终的目标所向，康德也认为恶的意志最终能够被克服，但是关于恶的存在和根源的问题，仍

[1] 康德：《纯然理性界限内的宗教》，载《康德道德哲学文集》上卷，李秋零等译注，第 260 页。

[2] 康德：《道德形而上学》，载《康德著作全集》第 6 卷，李秋零主编，中国人民大学出版社 2007 年版，第 451—452 页。

然是保持开放的。康德的态度呼应了苏格拉底的古老命题，知识即美德，不过在康德这里，罪恶并非源于无知。

二、罪恶的形而上学

在康德这里我们已经不难感受到罪恶问题乃是道德问题的“另一面”。考察西方哲学和宗教传统也不难发现，康德属于一个罪恶的形上学传统，这个传统以一种独特的方式持续地关注和探讨着恶的问题。首先是苏格拉底从“美德即知识”中很自然地推导出罪恶源于无知的结论：“某人行善或者作恶，这是——就苏格拉底看来——足够或者不足够的认识的问题。苏格拉底说，没有人自愿和有意去做坏事和恶事。这似乎可被视为推卸责任。但并不是这个意思。非自愿地作恶相反意味着：人人想做对自己有益的事，但并非人人都知道什么对他有益。缺乏对面临的事物的认识的结果是，人们看错和做错”，所以在苏格拉底那里，“自我认识处于中心地位”。[1] 尽管苏格拉底对人的本性的理解比康德要简单得多，但是他们的基本倾向却相同，即善和理性在人性中占据优势，所以人的行为最终是向善的。

显然，苏格拉底认为真和善是统一的，因而最高的理念也就是至善。这个影响深远的世界理解模型，在柏拉图那里得到完善并体系化。柏拉图在《蒂迈欧篇》中说：“当造物者以永恒不变的存在作为模式创造万物时，所造物就必定完善”；“对于那理性的对象，我们给出的解释也必须是永恒不变的；并就其本性而言，是无可争辩

[1] 萨弗兰斯基：《恶：或自由的戏剧》，卫茂平译，云南人民出版社 2001 年版，第 25 页。

的，不可拒绝的；它是完美无缺的。”[1]在这个体系中，最高的理念是最完善的，而其下事物的完善性则逐级递减。受造物之所以是不完善的，正因为造物者虽然取得了理念的形式，但却必须用质料才能造出有形体的事物。但是在涉及恶的问题时，理念论便陷入一个矛盾：所有事物都对应着各自的理念，都是对其理念模仿或者分有，那么恶的事物有无理念，有无恶的理念？如果存在恶的理念，那么越是纯粹的恶就越是处于理念论体系中的高位，也就是越接近最高理念至善，最终至恶与至善是一回事。这种自相矛盾正如巴门尼德的“非存在存在”一样，迫使理念论者否认存在恶的理念，恶仅仅是善的缺失，正如错误不过是真理的缺失一样。换言之，恶没有实在性，而恰恰是实在性的缺失。所以柏拉图对善的生活的要求就是脱离人群，以思考宇宙，脱离肉体，以靠近理念。

但是随着构成事物的质料因被亚里士多德突出出来之后，事物可感和流变方面获得了自身的原理，这显然会给理念论模型造成困难。在普罗提诺那里，上帝也就是太一流散，经过灵魂的环节，与质料性的肉体结合而成为人类，这种结合也意味着善与恶在人身上的结合。新柏拉图主义者的净化灵魂也就是脱离物质性存在，沿着上帝之光流散的路线向上回溯的修行。罪恶的根源就像上帝之光照射不到的黑暗物质，或者亚里士多德的纯质料，它是这个宇宙必不可少的部分，但我们却永远无法接近它本身。然而这事实上等于说人的恶行来自某种自然的人性，因此个人无需为此负责。而奥古斯丁在对自身的罪恶经验的反省中发现，人是可以因为自身不能克服的自然本性而作恶，也可以是因为认知的不足而作恶，人作恶可以是为了有益于自身，但更有一种为作恶而作恶：“罪恶是丑陋的，我

[1] 柏拉图：《蒂迈欧篇》，谢文郁译，上海人民出版社2005年版，第20页。

却爱它，我爱堕落，我爱我的缺点，不是爱缺点的根源，而是爱缺点本身。我这个丑恶的灵魂，挣脱你的扶持而自趋灭亡，不是在耻辱中追求什么，而是追求耻辱本身。”[1] 奥古斯丁发现了作恶可以与自由相连，而且真正的恶行都有这种无可推脱的原因。这就已接近康德了，不过康德对此的探讨并非基于宗教，而是建立在实践理性之上。

当然，康德的探讨是以人心恶劣的根据不可理解性为结局的，因为这是一个拒绝人去揣摩的似是而非（als ob）的领域。但是康德所说的魔鬼般的恶，尽管不能在人身上想象，其规定性却非常清楚，即与法则本身的冲突被提高为动机本身。如果说道德法则的命令是我们心中最为清晰的声音，那么这种魔鬼的邪恶或许也应该是最可理解的。但是形而上学家却不可能站在恶的一方，而只是在理性和善的领地不停地通过自我反省将这种罪恶压制或清理出去。在这个过程中，对法则本身的敬重这种道德情感扮演着关键的角色，我们的道德教育的任务也正是着眼于培养这种敬重感，以让其成为行为的动机。然而我们同样不难设想在恶的方向上做类似的建构。仿照康德的逻辑，人类的根本恶的来源不可能包含任何感性的杂质，那么它必定有一个形而上学的根源，而且我们可以通过批判找到这个根源。当然这个批判可以理解为忏悔，也可以理解为向魔鬼的逐步逼近，而后者则是一种罪恶的“教育”。

我们在萨德的作品中可以找到这种尝试，即正面探寻和揭示这种魔鬼般的恶，这无疑是与康德恰好相反的努力：康德主张道德上的自我认识乃是立足于法则发现和清除人心中的恶意，而萨德则是要立足于违抗法则发现和清除人心和行为中所有善的残余；康德

[1] 奥古斯丁：《忏悔录》，周士良译，商务印书馆 1963 年版，第 30 页。

的道德乌托邦是上帝的王国，而萨德的乌托邦则是虚构的罪恶之城“索多玛”(Sodom)[1]。萨弗兰斯基说：“萨德属于人类宇宙的黑暗区域的伟大研究者。同康德一样，他也关心精神的自由与自然的胜利。不过那是在光谱相反一端的一种胜利。在康德那里，道德的应当该战胜自然的倾向。但在萨德那里，精神的自由最终坠入绝对的否定：这整个存在不该存在。这个要求变成吞噬的大火。康德寻找绝对的善，萨德寻找绝对的恶，最后这个恶从他那里抽身而走，正像圣像禁令的上帝一样。”[2] 以康德的探讨为参照，萨德的探索也是可以在不同的层次上建构起来。

支撑着萨德的罪恶乌托邦的形而上学观念正是在启蒙时代备受青睐的“大自然”。萨德的时代不乏歌颂和赞美大自然的思想家，如卢梭、歌德等都将大自然的地位置于人类理性之上，前者认为“自然的最原初的运动始终是正当的”，而后者则认自然为“无与伦比的艺术家”，自然在这里是浪漫的元素。萨德也尊敬自然，强调要按照大自然的律法行事。但这个自然全没有歌德那种审美性，也不像卢梭的那种田园诗，而是霍尔巴赫和拉美特利那种祛魅了的，充满着机械强制力的自然。在萨德的故事里，自然始终扮演着反宗教和反道德的角色。萨德借小说主人公之口说道，“人类的存在只归因于大自然无可抗拒的计划”，人类的“繁殖是地球的生存所必要，而地球的生存并不归因于任何事物”，而上帝“只不过是人类理性的最远点，只不过是当这种理性再也无法进一步运作时所创造出来的幻影”；“‘上帝’这个可鄙的幻影是源于一部分人的恐惧以及另一部分人的脆弱。这种幻影于地球的计划并没有用，一定会伤害到它，因

[1] 《索多玛 120 天》是萨德的代表作，他虚构一个反道德的罪恶乌托邦，试图在其中穷尽恶的所有可能性。参见 Marquis de Sade, *Die hundertzwanzig Tage von Sodom*, Orbis Verlag 1999。

[2] 萨弗兰斯基：《恶：或自由的戏剧》，第 167 页。

为上帝的意志必须是公正的，永远不会与大自然所宣称的‘本质不公正’结盟；因为上帝必须经常要求‘善’，而大自然必须只欲求‘善’来补偿那种有助于大自然律则的‘恶’；因为上帝必须经常发挥自己的影响力，然而大自然的履责之一是永恒的活动，只能与上帝竞争，不断与上帝作对。”[1] 这里萨德将大自然塑造为上帝的直接对立面，成为恶的原则的载体，其法则不可抗拒，却充满残酷的斗争。萨德对康德的论断实质上已接近康德了，不过康德将上帝构想为实践理性的一个公设，从而与理性协调一致，而萨德首先强调的是作为上帝和道德对立面的大自然，它不是无意识地实现了上帝善的要求，例如自然的合目的性，而是直接否定了上帝的要求。这其实是近代世俗世界观的一个选择方案。

对于近代西方文明来说，自然可以意味着一种有待走出的原始状态，如在霍布斯和卢梭那里，也可以是一种被理性构造和掌握的对象，如在康德那里。而萨德的自然可以说是两者的结合，一方面它代表统治一切的原则，另一方它又是研究和构造的对象，人作为自然的一部分，其使命就是参与到大自然的运作之中。对此康德持相反的意见，因为在他看来，大自然包含的是必然性，而这种不可抗拒的自然计划只能“托付给本能”，从而全无理性。[2] 但正如康德一样，萨德的行动者已然是自由的个体的，并且是严于律己的自由行动者，其行动法则就是来自大自然的自爱原则：“大自然的讯息是最具利己成分的，我们在其中最清楚地体认到的，是一种不变的神圣的意见：喜欢你自己，爱你自己，无论是以谁为牺牲代价。但是别人却对你说，他们可能会报仇……就让他们报仇吧！较强有力的

[1] 萨德：《卧房里的哲学》，新雨出版社 2000 年版，第 37—38 页。

[2] 参见康德：《道德形而上学的奠基》，载《康德道德哲学文集》上卷，李秋零等译注，第 17 页。

人将会获胜：他会是对的一方。很好，就是这样——一种涉及永恒的斗争与毁灭的原始状态，而大自然就是为了这种状态才创造出我们来：只有当我们处在这种状态时，对大自然才有利。”[1]那么这个大自然的计划具体是什么呢？按照萨德的叙述，大自然的职责无非是维持一种“永恒的活动”，而万物保持活动的原因则是寻求快乐。萨德并不是广博的自然研究者，他关心的主要是自然的一小部分，即人的身体存在。在他看来，人的身体作为物质的存在与野兽，甚至与矿物的本质无异，而唯一特殊的是人的不同身体器官能够获得不同的快乐，而其中最值得追求的乃是性爱的快乐。人类因享乐而活动，从而参与到自然的伟大规划之中。这直接反对康德的道德原则，但是其论证方式却可以说是对康德的模仿，因为自爱借助于大自然而成为了一条形而上学的法则，而人的自由在于其能够主动地去遵守这一法则。

在康德那里，主体的主动性首先体现在道德行为中摆脱病理学上的动机，而萨德的行动主体则是首先要摆脱道德的动机，在于公然挑战传统道德的信条。萨德借小说主人公之口说，“抖落掉美德吧！在对那些虚伪的神进行奉献时，对神的蔑视会让人们经验到一会儿的快感：难道有什么奉献比得上这种快感吗？……美德只不过是一种怪物，对它的崇拜完全在于永恒的供奉，在于无数次的违反天性的感召，这些倾向难道是自然的吗？难道大自然会赞许那种冒犯自己的行为吗？”[2]萨德扮演着一个启蒙主义者，将年轻人从传统宗教和道德教育中引导出来，但并没有走向和谐的人生，而是直接走向出格的享乐行为。他的教育对象随即说：“放荡行为现在是我唯一的神祇，是我的行为的独特律则，是我的所有行为的唯一基

[1] 萨德：《卧房里的哲学》，第89页。
[2] 同上书，第36页。

础。”[1] 这个回答一方面针对宗教，一方面针对道德。应该说，宗教和道德为感性的享乐提供了规范，而萨德所设想的却相反，享乐并不是毫无规则。如果放荡成了行为的法则和根据，那么萨德便树立起了某种与康德的道德学说类似的层级结构，充实其中的却仍然是自由和理性。当然，从来就不存在一个萨德哲学的体系，其著作也免不了前后矛盾，但是我们仍然可以将其邪恶的学说重构出来。

将自爱和享乐树立为普遍原则，事实上就是将康德那里的病理学层次形而上学化，也就是对康德那里的自然和自由直接颠倒。康德举过一个著名的例子，即一个好色之徒可以有各种理由为其偏好和行为做辩护，但是如果将满足淫欲的机会和道德惩罚的绞刑架直接置于其眼前的话，他自然会选择“克制自己的偏好”，因为这是我们心中本来的“概念秩序”。[2] 这样，对于一般的恶行，康德就会解释为道德心的软弱，或者可能的道德惩罚与他的行为之间没有建立足够直接和必然的联系，导致其产生侥幸心理。但是萨德意义上的恶人却是将享乐树立为普遍原则，其行动的动机已经不是本能，而是欲望的自觉满足，是主动地遵循大自然的律令。这种享乐行为中已然包含着对享乐原则的敬重感和理性的专业精神。这样，快乐的情感就获得了升华，也提升为一种形而上学的情感，与康德那种对道德法则的敬重感是正相反对。[3] 我们不难发现，萨德那些离经叛道的作品，正试图证明这不仅是一种虚构的可能，而是真实存在的。

萨德小说的主题是放荡淫乐，将其树立为唯一的目的和根据，并不惜践踏一切道德。在第一层次上我们可以说，感性是可以被升

[1] 萨德：《卧房里的哲学》，第 102 页。

[2] 康德：《纯然理性界限内的宗教》，载《康德道德哲学文集》上卷，李秋零等译注，第 116 页。

[3] 拉康分析这种行为，其所追求的已经不是普通的快乐，而是“原乐”，是主体将欲望对象升华之后，获得其带来的极度兴奋。参阅吴琼：《康德同萨德：拉康的绝配》，载《中国人民大学学报》2010 年第 2 期，第 65 页。

华的，肉体的享受胜过一切。按照康德，出于病理学的根据而发生的行为是不自由的。但是肉体的快乐，甚至很具体的快乐被用来模拟康德的超越性目的，那么行为者也会获得神圣感和超越性，至少是一种模拟的超越性，就像各种物神崇拜，从普通物中突出某种超凡物。理论上说，人的任何官能都可以这样被凸显出来，获得超越性，当代小说家聚斯金德的《香水》仍在实践这一主题。这里主人公的嗅觉，成为其接触世界的特殊通道，最终神化为其人生的最终目的和最高使命；小说对宗教进行了一系列颠覆之后，还为其精心安排一场盛大的、颠倒的宗教仪式，包括其身体最终像圣餐一样被众人分食。[1]萨德的《索多玛 120 天》就是这种仪式的系统和完备的形态。它是对宗教和道德的模仿和讽刺，这种讽刺本身会带来一种邪恶对抗道德的快感，也就是“做坏事的快乐”[2]。在这一层次上，升华的肉体快乐已经完全摆脱了任何感性的因素，变成了对通行的道德的蓄意颠覆和公然破坏，例如贞洁、慈善、忠诚、美德、慷慨、公正，以及各种道德禁忌如谋杀、通奸等等。康德曾说，即使是恶贯满盈的人，在行恶的时候，心中免不了愧疚，因为其理性中有清晰的道德的声音。萨德心中的道德的声音的确是清晰的，但他试图表明，在蓄意行恶的时候，心中可以没有丝毫愧疚，甚至还伴随着某种与道德法则相关的情感，也可以说是一种二阶快感，它所包含的感性过程已索然无味，但却绝不是意识到道德律所产生的敬重感，毋宁说是打破道德律所获得自由感。

到此，这种二阶的快乐不仅仅破坏了道德，而且也意味着超出了普通自然的界限。所以在萨德的小说中充斥着各种“非自然”的

[1]　参阅聚斯金德：《香水：一个谋杀犯的故事》，李清华译，上海译文出版社 2009 年版，以及本书中《〈香水〉的形而上学意蕴》一文。

[2]　萨德：《卧房里的哲学》，第 46 页。

肉体享受方式，而这一切均基于对自然包括人类身体的科学了解，以及集体行为复杂的组织方式。在萨德看来，正如大自然创造万物的品类繁盛，人体不同器官的差异也意味着快乐方式的多样，因此超常规的形式和超常规的数量成为探索大自然的途径，从而发展出各种出格的寻乐方式。而一旦这些程式被固定下来，便立刻像知性一样索然无味。这正如康德所说，如果没有善良意志，恶行中使用理性不仅“危险得多”，而且“更加可憎”。[1]这种更加危险和可憎的恶行已经接近恶魔的层次了，因为它不再是单纯出于普通理性存在者的自然欲望和偏好，其背后隐约可见一种形而上学的动机。这可以说是“变态”和“倒错”行为的本质。萨德尝试以各种方式握住那终极的恶，但是恶本身正如其所带来的快乐一样，一旦获得便稍纵即逝。最终萨德只能以写作的方式继续其对恶的探索，似乎只有精神的活动能够延续这种无限性。所以尽管传说中的萨德是一个古怪的恶棍，但是我们宁愿相信其并不真实存在，正如康德认为恶魔般的存在不可思议一样。但毫无疑问的是，很多著名的思想者都认为，萨德是罪恶领域的勇敢探索者，甚至可以说是离恶本身最近的人，其伟大几乎比肩道德领域的康德。

三、善与恶的辩证法

当萨德的作品将享乐推高到超自然的层面，纵欲也就会颠倒为程序、概念和数字，自然欲望消失，剩下的只有冷漠。这种悖论性的关系，直接导致其读者的“不适感”。这种冷酷的情感，表

[1] 康德：《道德形而上学的奠基》，载《康德道德哲学文集》上卷，李秋零等译注，第16页。

明萨德并非一般意义上的低俗作家。事实上，狂热与冷漠的奇特合一，已可以说接近霍克海默等人理解的康德道德哲学：无动于衷（Apathie）被理解为主体德性的前提，对感性刺激的冷漠，正是道德感产生的前提条件。而萨德的主人公虽然不懈地追求刺激，但感性刺激最终也成为一种阻碍，“热情是糟糕的”[1]，因此成熟的寻乐者懂得冷静地控制自己的情感，甚至真的刺激只有通过一整套的程序才能实现。所以霍克海默和阿多诺认为萨德表现的正是启蒙时代的资产阶级主体，或者说是资产阶级主体的另一面，他们拥有的从来是“同一个”理性。若果真如此，那么康德与萨德就如齐泽克所说的那样，乃是一对“绝配”(ideal couple)，萨德所做的，不过是从康德关于根本恶的探讨推进一步，并将整个道德哲学秩序颠倒了过来。

可见，霍克海默和阿多诺并未像后来的拉康和齐泽克那样倚重精神分析，便已经从理性历史和社会理论的层面洞见到了康德与萨德之间的接近，这种接近实质上就是善与恶、道德力量与不道德力量之间的接近。在启蒙辩证法的作者看来，尽管康德在善恶问题上是乐观的，但这种乐观本身已经公开了二者邻近：“按照康德的乐观主义，即使在卑劣行径具有良好前景的地方，道德行为也是理性的，这种乐观主义的根源乃是对倒退到野蛮的恐惧。康德紧接着哈勒的话写道，这些伟大的道德力量，相互友爱和敬重，如果有一种降低了，‘那么虚无（非道德性）就会像喝一滴水那样轻松吞掉道德本质的整个王国’。但是在康德看来，对于科学理性来说，道德力量与不道德力量一样，无非是中性的本能和行为方式；道德力量也会顷刻间转化为不道德力量，如果道德力量的目标不是指向那种隐蔽的可

[1] Max Horkheimer, Theodor W. Adorno, *Dialektik der Aufklärung: Philosophische Fragmente*, S. 115.

能性，而是旨在与权力相互和解的话。”[1] 所以，启蒙道德学说在他们看来，无非是一种意识形态，也就是在宗教衰落的时代，为资产阶级的利益做理智的辩护。如果说，在康德那里，实践的理性与道德是直接等同的，其自身即是目的，那么霍克海默和阿多诺则试图表明，实践理性和道德另有目的，而且对于那个目的来说，道德或不道德、善或恶并没有如此重要。虽然康德关于善恶的学说中隐含着这种可能性，但他却万不可能同意实践理性服务于恶的目的。

但这个结论事实上已经可以从叔本华对康德的批评中初步得出。叔本华批评康德将实践的理性与善良意志等同的做法，并提出一个本体论框架：“意志作为自在之物，构成人的内在、真实和不可毁坏的本质：但是它本身是无意识的。因为意识只能唯有通过理智而发生，理智不过是我们的本质的一个偶性：因为它是人脑的一种功能。”[2] 因此，意志对于理性而言是具有优先性的。这种本体论上的关系支撑着一种实践上的功能性关系。在叔本华看来，作为偶性的理智乃是服务于意志的工具，人类与动物的区别只在于，其拥有理智这个非凡的工具，因为它服务的目的最多。[3] 叔本华以一种“客观的”论证方式将知性的意义限制在有限的领域并将其与意志的关系固化为一种功能性关系，从而知性与人类更为根本的存在部分和能力的内在联系被切断，代之以一种外在关系。

基于这种外在关系，作为工具的理性并不必然与善和道德联系起来，因为它可以服务于善也可以服务于恶。我们知道，康德认为实践的理性就是善良的意志，这是叔本华首先需要质疑的：“在康

[1] Max Horkheimer, Theodor W. Adorno, *Dialektik der Aufklärung: Philosophische Fragmente*, S. 115.

[2] Schopenhauer, *Die Welt als Wille und Vorstellung*, Bd. 2 §19, S. 263.

[3] 参阅 Schopenhauer, *Die Welt als Wille und Vorstellung*, Bd. 2 §22, S. 366。亦可参阅本书第 23—25 页。

德以前，从来没有任何人曾把公正的、善良的和高尚的行为，和有理性的行为等同起来：这两条行为路线一直是完全分开的，保持区别的。只是在康德以后（因为他教导，德行来自纯粹理性），有德行的人或行为和有理性的人或行为，才变成统一的和一致的东西，不顾所有语言对这些词已经采取的惯用法——一种用法不是偶然形成的，而是普遍的，所以是人类一致的判断成果。'有理性的'与'邪恶的'这两个词搭配得很好；确实，重大的，影响极坏的罪行，没有两者的联合，根本不可能。同样地，我们也时常看到'非理性的'与'心地高尚的'相联系。"[1] 叔本华在此所说的理性，其实首先是康德和黑格尔所理解的知性，康德的实践理性其实乃是以理论领域中的知性为参照构建起来的。叔本华则直接说康德的"实践理性就是理论理性本身"[2]。

叔本华的洞见尤其为霍克海默和阿多诺所看重，他们的学生思维彭霍伊斯（Hermann Schweppenhäuser）甚至直接说，"通过对康德的批判，不仅从康德那里拯救了康德，而且不经意地暴露了一段启蒙的辩证法"[3]。霍克海默和阿多诺以自身持存概念与叔本华的意志对接起来，并将其肯定为资产阶级精神的核心，即维护自身的私有利益。从这个角度看，康德的启蒙就被转写为某种形式的自身持存："'不经他人引导的知性'就是由理性引导的知性。这不过就意味着，它出于自身的一贯性把个别的知识整合成体系。'理性……只是以知性及其目的活动为对象。'它把'一种集体的同一性作为知性作用的目标'，并且这个统一性就是体系。理性的规定是概念的等级结构的

[1] 叔本华：《伦理学的两个基本问题》，任立、孟庆时译，商务印书馆 2014 年版，第 194 页。
[2] 同上书，第 185 页。
[3] Hermann Schweppenhäuser, *Tractanda. Beiträge zur kritischen Theorie der Kultur und Gesellschaft*, Frankfurt a. m. 1972, S. 22–33.

指令。”[1] 在此，霍克海默和阿多诺显然将体系性等同于理性，进而将其等同于构成这种体系的程序性，也就最终等同于知性。应该说，在康德那里，理性作为一种高于知性的统摄能力，但是却如叔本华说的那样无法表明这种能力是什么，而能够清楚表述出来的却都是知性。不过，如果知性判断成为一种体系，便具备了一种自我维持能力。“在启蒙的意义上说，思想就是产出统一科学的秩序，就是从诸原理推导出实际知识，不管这些原理是被阐释为任意设定的公理、与生俱来的观念，抑或是最高层次的抽象。逻辑法则在秩序的内部建立和界定了最一般的关系。统一性存在于符合之中。矛盾律简直就是体系。知识处于诸原理的统摄之下。它无非就是被编入体系的判断。”[2] 在此，启蒙被解读为形成体系性的科学，并将其运用到实践领域。

康德的启蒙就是要建立一套形式理性的体系，包括其道德哲学。在霍克海默和阿多诺看来，康德通过道德法则对善和德性的规定，可能顷刻之间变为恶和恶行。尽管康德根本无法认同这一点，但是其在根本恶和魔鬼般的恶那里留下的空白却似乎暗示着这种开放性。康德说，对恶的主观根据我们是无法探究的，因为如果可以探究就意味着它服从特定的逻辑，从而就根本上否定了人的选择自由。但是从另一个方面说，善行的主观根据在这一层面上我们也是不可探究的。康德在此诉诸人性中向善的“原初禀赋”，最关键的是第三条，即人是“有理性同时又能够负责任的存在者，人具有人格性的禀赋”[3]。这一禀赋与“第二批判”中的“理性的事实”直接相连，

[1] Max Horkheimer, Theodor W. Adorno, *Dialektik der Aufklärung: Philosophische Fragmente*, S. 100.

[2] Ibid.

[3] 康德：《纯然理性界限内的宗教》，载《康德道德哲学文集》上卷，李秋零等译注，第 250 页。

也就是说，善的一方在康德这里从一开始都是占优势的。但是霍克海默和阿多诺则试图通过萨德的作品说明这个事实是靠不住的："康德早已将自我心中的道德法则纯粹化，与任何他律的信仰无涉，直到对康德的担保的敬重只剩下一个心理学上的自然事实，正如我们头顶的星空是一个物理学事实一样。康德本人将其称为'理性的事实'，在莱布尼茨那里被叫作'社会的一般本能'(un instinct general de societe)。但是，在事实不是现成的地方，事实毫无价值。萨德不否认事实的出现。朱丝汀娜，这两姐妹中善良的一个，是道德法则的一个殉道者。而朱莉埃特得出的结论当然是资产阶级所想要极力避免的：她将天主教，以及一般的基督教文明妖魔化为最新的神话学。圣餐中所涉及的能量，反而一直被运用于亵渎神灵的活动。这个反转被全然转移到共同体之上了。"[1] 萨德写了两个并列的故事，分别关于两姐妹，其中朱丝汀娜是美德的化身，谨守基督教道德却连遭厄运，而朱莉埃特是恶行的化身，放荡不羁且不择手段但却飞黄腾达。萨德的意图是要说明，人心中的善和恶是并列的事实，而且理性是倾向于为恶服务的，所以朱莉埃特才能在世俗的世界中屡获成功。

霍克海默和阿多诺要对萨德的小说做一种康德式的重构，表明魔鬼般的邪恶，也可以按照理性的形式体系化，并且可以像绝对命令一般不可反抗。这个工作在萨德那里由被启蒙了的放荡者来承担。朱莉埃特作为一个杰出组织者，就像现代社会组织一样，掌控着一个放荡活动的团队。"现代的体育运动队的配合受到严格的规范，以至于没有成员会质疑自己的角色，每个人都配备了一个替补；这些运动在朱莉埃特的性团队中找到了其精确的模型，在那里没有一刻

[1] Max Horkheimer, Theodor W. Adorno, *Dialektik der Aufklärung: Philosophische Fragmente*, S. 113–114.

是未加利用的，没有一个身体之孔被忽视，没有一个功能被闲置。在体育中，正如在所有大众文化的分支中一样，紧张的、有目的的忙碌占据统治地位，不完全了解这个运动的观众，根本猜不出诸多配合之间的差别，以及队形变换的意义，这些是用武断地设定出的规则来衡量的。正如萨德式狂欢的叠合技巧和早期资产阶级会所的原则体系一样——《索多玛 120 天》中放荡协会的严格规则就是其玩世不恭的翻版——，康德体系的建筑术结构本身预示着整个生活的那种脱离内容性目标的组织。在这样的活动中，关于乐趣的忙碌运作，即它的组织似乎比乐趣本身还要重要。”[1] 无论是朱莉埃特的世界还是索多玛，已然是一个魔鬼般的世界，这在康德是不可想象的，无非是因为它乃是智性世界的直接颠倒。而萨德将上流社会的代表人物纳入其中来，例如法官、教授、教士和贵族等，无非是要混淆邪恶的世界和善的世界，而这个翻转的转轴正是形式的理性。

如果我们问，这种恶行的动机是什么？那么它只能是一种纯粹化的激情和狂热，而这些与文明中被颂扬的纯洁的“精神之爱”其实并无二致。不过萨德蓄意将其表现为一种扭曲的和暴力的形态。而这对于 20 世纪的人来说，这或许正是法西斯主义的起源。“在法西斯主义那里，假期被集体的冒牌的狂热（Talmirausch）所填充，这些是用广播、标语和苯丙胺类兴奋剂制造出来的。……朱莉埃特则相反，将其视为旧秩序（Ancien Regime）。她将罪恶神化。她的放纵是从属于天主教教义的魔力的，正如修女的极度兴奋从属于异教的魔力一样。”[2] 这种纯粹化的狂热，正可以解释现实中诸多并非出于自身幸福而做的恶行，无论是在个体层面还是在社会层面。这也

[1] Max Horkheimer, Theodor W. Adorno, *Dialektik der Aufklärung: Philosophische Fragmente*, S. 113–114.

[2] Ibid., S. 126.

正是霍克海默和阿多诺对纳粹分析的一个关键点。也就是说，纳粹的恶行整体上是恶的，而这种恶与资产阶级的道德善乃是一体两面。这种观点与阿伦特对极权主义和“恶的平庸性”的分析相互呼应，但是阿伦特突出“平庸性”，认为恶被分散在了普通人分散的操作之中，必须通过唤起人们真正的思想和判断力才能克服。阿伦特拒绝将艾希曼的恶理解为一种魔鬼般的恶，因为如果那样便如雅斯贝尔斯所说，承认了其包含着某种“伟大”。[1] 而霍克海默和阿多诺这里，法西斯的恶的确是一种魔鬼般的恶，而这个魔鬼正内嵌在康德的资产阶级道德之中，因此也就包含着某种“伟大”。显然，启蒙辩证法对西方文明的爆破力正来自这种极端的冲突。

[1] 理查德·J. 伯恩斯坦：《根本恶》，王钦、朱康译，译林出版社 2015 年版，第 262 页。

《香水》的形而上学意蕴
——以启蒙辩证法为视角

法国与德国在欧洲大陆比邻而居，历史传统悠久，但文化性格各异。与德意志这个“思想家的民族”[1]的严谨和思辨相比，法兰西则更显浪漫和感性。这两种文化之间从不乏交流和沟通，从启蒙运动到法国大革命，法国人的激情直接流入了德国哲学家的理性体系，而德国古典哲学也长期为法国知识分子提供思想养料，冷静的思辨一次又一次地被释放为激进的批判精神。聚斯金德的小说《香水：一个谋杀犯的故事》（李清华译，上海译文出版社 2009 年版，下文引证此书只在括号中标出页码）就是这种文化交融的结晶。作为一个德国作家，聚斯金德试图讲述一个典型的法国故事，而在这个法国故事的众多解读中，参引德国哲学传统又成为一个引人注目的视角。20 世纪 80 年代的作品《香水》讲述的故事被设置在 18 世纪的启蒙运动时代，而作者的视角和出发点却已然包含着 20 世纪的“启蒙辩证

[1] 参见尼采：《道德的谱系》，周红译，生活·读书·新知三联书店 1992 年版，第 42 页。

法”；尽管聚斯金德特意选择“古典的”叙述方式，但是对此的阐释却只能借助于“现代”或者“后现代”艺术的框架。[1] 在创作和阐释的过程中，充满着德法思想文化之间的张力和交融。这种张力其实乃是整个西方文明的内部张力，因为小说展开的感性与理性、直觉与概念、内在与超越、善良与罪恶之间的尖锐对立，从一开始就是主导着西方文明的“经脉”。与其他文学批评者从“启蒙辩证法”延伸到阿多诺的文学理论、美学理论甚至心理学理论不同，本文将深入到启蒙辩证法的形而上学层面，即“否定辩证法”之中，区分出概念的两个层次（概念与非概念物），并将小说的人物与“启蒙的概念”的两个“附论”进行比较诠释，以期在这个阐释方向上有所推进。

一、永恒与扼杀：《香水》的形而上学暗语

《香水》一开篇就平实地交代，主人公让-巴蒂斯特·格雷诺耶生活于 18 世纪的法国，是与萨德、圣鞠斯特和波拿巴等人齐名的“最有天才和最残暴的人物”，不过他的名字早已被人遗忘，“因为他的天才和野心仅仅局限在历史上没有留下痕迹的领域：气味的短暂的王国”(第 1 页)。对此我们至少可以从两个方面来解读，首先是格雷诺耶是个有“天才和野心”的人物，那么这个天才和野心意味着什么？其次是他的“天才和野心”施展在“气味的短暂的王国”，

[1] 关于小说《香水》的定性，一般认为它是几种著名小说类型的组合拼接，在文本形式上具有后现代性质。其冷静朴实的语言风格来自近代的现实主义，其故事讲述格雷诺耶的成长经历，内容和结构安排上都类似 18—19 世纪的教育小说，而其追踪杀人犯的主题又类似犯罪小说和侦探小说；而从内容上看《香水》包含着对启蒙运动的悖论结构的深刻揭露，因此不乏阐释者将其与霍克海默和阿多诺的《启蒙辩证法》等著作进行关联，See Richard Gray, The dialectic of “Enscentment”: Patrick Süskind’s Das Parfum as critical history of enlightenment culture, in: *PMLA*, Vol.108, No. 3 (May, 1993), pp. 489–505; Bradley Butterfield, Enlightenment’s Other in Patrick Süskind’s «Das Parfum»: Adorno and the ineffable utopia of modern art, in: *Comparative Literature Studies*, Vol. 32, No. 3 (1995), pp. 401–418。

那么这个“短暂的王国”又意味着什么？

按照小说叙述，格雷诺耶的天才在于他先天拥有敏锐的嗅觉，而在这位嗅觉天才的自我觉醒之时，即当他见识了卖黄香李子的少女的体香之后，他便意识到了自己的人生目的和使命：“使香味世界来一场革命”，“他必须做个芳香的创造者……一切时代最伟大的香水制造者”(第46—47页)。关于这场“革命”意味着什么，格雷诺耶在当天的梦境中呈现了它的蓝图：首先是整理他那些成千上万的“气味的小积木”，让它们“好的归好的，坏的归坏的，精的归精的，粗的归粗的，臭味归臭味，香的归香的。过了几个星期，分类越来越精细，气味的目录越来越丰富，区别越来越细，等级越来越清楚”，最终是“一批计划周密的气味建筑物”，“最最壮观的气味组合的堡垒”；当然，“这项壮丽的事业是以杀人为开端的，但他完全无所谓。”(第47页）我们可以说，格雷诺耶的“野心”乃是要构建一座体系化的气味大厦，甚至在小说的最后部分格雷诺耶的成功使他获得了神的地位和权力，但是如小说作者所点出的，这个野心的实现有其代价：对这些香气的承载者即人类生命的冷漠“谋杀”。“谋杀”这个出现在小说副标题中的主题词，也是小说的一条线索：从格雷诺耶的出生开始，他生活中的主要人物都在他离开之后相继意外死去，而在他自觉到他的天才和使命之后，一系列的“谋杀”成为他一步步走向成功的阶梯。这种故事结构隐喻了格雷诺耶的气味事业的壮丽和结构的精巧，另一方又暗示出这个事业自始至终都与扼杀生命纠缠在一起。

这种壮丽与冷漠的相互纠缠，要追溯到气味大厦的基本材料之中，也就是被保存下来的不同气味的内在结构之中。在工业社会甚至后工业社会的今天，制作某种香水的材料往往是现成的，所以香水制造者就像小说中那位“投机的”佩利西埃一样，躲在城市的角落直接使用现成的香精，而大可不必去见识鲜花农场上漫山遍野的花朵。因为早在16世纪，香水，也就是"纯粹芳香的香味"已经被发明出来了，这个发明与"亚述人发明文字、欧几里得几何学、柏拉图的理想和希腊人把葡萄酿成酒这些成就相媲美。一项货真价实的普罗米修斯式的业绩！"（第59—60页）香水的发明无疑是文明的成就，但它像人类"一切伟大的业绩"一样，"除了为人类行善，还给人类造成痛苦和灾难"，"令人遗憾地造成了恶劣的后果"，因为当人们"学会把花、香草、木材、树脂和动物的分泌物的精灵牢牢地固定在酊剂里，并把它装进小瓶"，那么香水的创作就变得简单而便捷了，不再需要"脚踏实地"的漫长等待，而只需按照顾客的需要，甚至按照自己的"思考"来搭配不同的小瓶即可。（第60页）这种轻浮的"发明"在老派香水制造者巴尔迪尼看来是不可原谅的，在天才格雷诺耶眼里也无非雕虫小技。格雷诺耶沉迷于试验，他的学习目标在于发明他所需要的技术。他更看重的乃是如何固定、把握自然物的气味"精灵"的方法，制作纯粹香味的方法。准确地说，如果普通的香水制造技术乃是把握花朵芳香的方法，那么格雷诺耶则要寻找一种类似的方法来把握动物，确切说是把握少女的芳香。或许一般读者并没有注意到，聚斯金德在行文中不时地提醒，香水制作本身其实就是一个"杀戮"的过程，因为花朵，甚至任何散发着气味的自然物，都会在提取香气的过程中被剥夺生命。这个隐喻事实上在格雷诺耶的成长故事中得到了延伸，即从通过技术杀戮成千上万的花朵，延伸到通过技术杀戮人类生命。

成熟的技术往往会让人们能够生活在一个纯粹、洁净（rein）的环境中[1]，让人心安理得地忘记其起源的杂多和不洁，从而掩盖了技

[1]　德语词"rein"和英语词"pure"都兼有"纯粹"和"干净"的含义，在《香水》中它通过格雷诺耶而与恶臭和肮脏紧密相连。

术的本质。格雷诺耶的一生恰好处于这相互紧张的两端之中，从巴黎到格拉斯，是格雷诺耶这个香水制造者的朝圣，也是一个回溯纯粹香气的起源的过程。格雷诺耶对提取植物的方法和过程充满热情，甚至是他唯一的热情，因为“植物的芳香灵魂，即芳香油，是这些东西的精华，是唯一使他感兴趣的事物”，而对其他的一切，“他却毫不关心。这只是外壳和累赘。这是要扔掉的”(第 106 页)。他在香水制造商巴尔迪尼那里开始学习了初步的香水制造技术，其在格拉斯学习的时候，作者对提取水仙花芳香的另一种技术做了更加直接和详细的描写：这些被倒进锅里的一筐筐水仙花，“宛如被吓得要死的眼睛一样停在表面一秒钟，当搅拌工具把它们往下拌，热油把它们包围起来时，它们就变得苍白了。几乎是在同一瞬间，它们已经精疲力竭、枯萎，显然死神已迅速来临，以致它们只好把最后一口香气呼给浸泡它们的那种媒介物……在油里继续散发香味的并不是死了的花，而是油脂本身，它已经把花的芳香占为已有”(第 187 页)。从小说中我们不难理解，香水制造过程，实质就是一个将花朵易逝的生命转移到稳定的媒介物之中，并将其牢牢锁住的过程。聚斯金德在小说中反复地使用“占有”这个词，以表明其为香水制造技术的本质，并进而暗示其为格雷诺耶的本性。

其实，让格雷诺耶痴迷的香水制造技术，在人类文明史上乃是真实的存在，就像作者提及的当时的著名人物和社会现象一样。作者用一种现实主义的纪实手法将读者从格雷诺耶这个“怪杰”的奇幻之旅拉回到对人类现实历史的思考中来，仿佛一个远古时代的神话人物在文明世界中四处游历，为读者展示文明的矛盾结构。被格雷诺耶谋杀的女性，在西方的文明中一般被作为自然的象征，被当作宰制和索取的对象。正如香水制造技术的根本动机乃是摄取并占有自然物的香味，人类的其他任何技术也都无不如此，我们甚至可以说，技术的本质性动机就是要抓住并支配自然力，让其俯首听命，以为人类生活服务。[1] 然而控制自然力的过程往往也必定是扼杀自然生命的过程。技术的这一人类学层面的动机其实已经以抽象的方式存在于形而上学思维的基本单位“概念”之中了。[2] 一般来说，“概念”意味着“抓取”和“把握”，也就是德文“Begriff”的动词形式“begreifen”。“与物和物质性工具一样，概念是观念性的工具，在人们能够抓住物的地方，它适用于所有的物。”[3] 能够被抓取和把握的东西必定是稳固和持久的，而这直接地与自然生命的时间性、短暂性和个别性相冲突。用阿多诺的话说，这就是形而上学最为本质性的内在矛盾，即概念与非概念物的矛盾。由此我们不难发现，香水制造技术呈现的悖论，其实就是整个技术文明甚至理性形而上学的悖论。一般来说，概念是“可分析和可规定”的条件，而要使对象可分析和可规定，就必须让对象升华，用哲学的话说就是超越对象的现象进而把握对象的本质，并在现象和本质之间划出一道不可逾越的界线。从实践的角度看，这一概念操作本身就是敌视生命的，就像格雷诺耶占有花朵的精灵，必须杀死花朵的肉体那样，概念要获取对象的本质，首先就是要将其视为无生命的东西、可供肢解和否定的东西。用黑格尔的话说，这种肢解和否定乃是知性思维的“力量和工作，知性是一切势力中最惊人的和最伟大的，或者甚至可以说是绝对的势力”[4]。肢解导致死亡，而死亡的力量也是求生的力量，对流变的否定也就是达到永恒的手段。这正契合形而上

[1] 事实上这也正是启蒙的本质所在。参阅 Max Horkheimer, Theodor W. Adorno, *Dialektik der Aufklärung: Philosophische Fragmente*, S. 19。

[2] 按照阿多诺的定义，形而上学就是处理概念，即以概念为对象的哲学形式。而任何概念都是关于某个对象的概念，它必然地关涉着某个非概念物。参阅 Theodor W. Adorno, *Metaphysik: Begriff und Probleme(1965)*, in: *Nachgelassene Schriften*, 4. Teil, Bd. 14, Suhrkamp Verlag 1998, S. 15; Theodor W. Adorno, *Negative Dialektik*, S. 21–22。

[3] Max Horkheimer und Theodor W. Adorno, *Dialektik der Aufklärung: Philosophische Fragmente*, S. 57.

[4] 黑格尔：《精神现象学》上，贺麟、王玖兴译，第 20—21 页。

学在古希腊的诞生。按照亚里士多德的说法，最初的哲学“认为万物成坏，实无成坏，这一类实是毕竟万古常在”，“事物或生或灭而实无生灭；因为那些组成一切事物的实是”“在万物成坏中，依然如故”[1]。亚里士多德认为，追求常驻者乃是最高的智慧，是出于人类“本性”而发生的。

正如形而上学家一样，格雷诺耶也是出于“本性”而从事他的香水事业。从这个方面至少可以说，小说虽然讲述的是离奇主角的离奇故事，但是其与真实历史的关联却异常“直接”，这也说明离奇的格雷诺耶并不是反理性和反文明的，而恰恰相反，这个痴迷于香水制造技术的人乃是启蒙理性的一个另类承担者。除了关心香水制造技术之外，他还具有启蒙理性的其他诸多特征，例如冷静甚至冷漠，为了自身持存而忍耐和算计，为了实现目的可以将一切视为必要的手段，等等。[2]一方面他没有任何激情，即使是嗅觉对他而言也只是一种特异的认知能力，从而可以说没有任何其他冲动会影响他的感知和谋划。聚斯金德笔下的格雷诺耶像一粒种子一样“选择生长”，他又像一只扁虱，“丑陋的扁虱把自己铅灰色的身体弄成球体，以便对外界造成尽可能小的面积……扁虱倔强、执拗，令人讨厌，它一直蹲着，活着，等待着。它等待着，直至千载难逢的机会把一只动物送到树下让它吮吸”(第23页)。不仅如此，聚斯金德还为格雷诺耶设置了一个旗鼓相当的配对角色，即少女洛尔的父亲里希斯。里希斯是典型的资产者，他不仅拥有庞大的产业，以财富换取他尊贵的社会地位，而且他具备一个资产者的智慧，他与格雷诺耶的区别仅仅是用“光的范畴”，而非用“气味范畴”来思考（第

[1] 亚里士多德：《形而上学》，吴寿彭译，商务印书馆1959年版，第7页。
[2] 参见Max Horkheimer, Theodor W. Adorno, *Dialektik der Aufklärung: Philosophische Fragmente*, S. 41, 124。

218 页)。但他与格雷诺耶“在根本的方面”，即“系统的方法和理想的动机”上却是相通的，因为他“是曾以自己细致分析的理智识破对手诡计的人”，从格雷诺耶身上，就像“从一面明亮的镜子反射到他自己身上”一样看到了“一种尊敬”(第 219 页)。在里希斯看来，他与格雷诺耶之间的竞争跟他做生意“并没有什么不同”；而且他们其实都“需要”洛尔，正如洛尔的香味是格雷诺耶的大厦的最后一块石头一样，她也是里希斯事业“大厦的最后一块石头”(第 220 页)。无论是格雷诺耶的天性还是他与里希斯之间的相通，都透露出聚斯金德暗示其与西方形而上学和理性文明史之间的隐秘亲和性的意图。

二、气味概念与形而上学的矛盾结构

如果将格雷诺耶确定为启蒙主体或者类似启蒙主体的角色，那么势必会遇到一个更加棘手的问题，即他的使命和理想与他的天才在更根本层面上的冲突。因为格雷诺耶的梦想，即建造一座香味的城堡，构建香味概念的体系，与气味和嗅觉这个领域的冲突异常激烈，甚至不可调和。正如聚斯金德所暗示的，格雷诺耶早已经被世人“遗忘”了，因为他的天才事业是在一个短暂的气味领域展开的。要充分理解这个暗示，我们就必须了解关于嗅觉、视觉、气味、光影等概念的西方传统哲学语境。一般说来，在人类的各种官能中，最为突出的是与光影相对应的视觉，从知识的角度看尤其如此，而嗅觉在文明社会里则很少被人重视。如形而上学家亚里士多德所说，“求知是人类的本性。我们乐于使用我们的感觉就是一个说明；即使并无实用，人们总爱好感觉，而在诸感觉中，尤重视觉。无论我们将有所作为，或竟是无所作为，较之其他感觉，我们都特爱观看，理由是：能使我们认知事物，并显明事物之间的许多差别，此于五官之中，以得于视觉者为多”[1]。同时亚里士多德也对嗅觉做了较低的评论：人类的鼻子是平庸的器官，人的嗅觉不如动物；嗅觉与情感紧密联系，嗅觉不适合抽象，缺乏特定的词汇。[2]对此我们也不难理解，因为气味的存在其实正意味着气味的消逝，其本身就是对永恒和稳定的直接反抗，“消逝的存在”对于形而上学家来说简直就是一个悖论。在亚里士多德的框架中，与光影相对应的视觉，是最接近知识和智慧的，因为它最适合抽象，而与气味对应的嗅觉则完全相反。视觉的这种优先性不仅体现在哲学中，如理念（Idee）、形式（Form）、启蒙（enlightenment）等概念均源于视觉，而且也影响到了人们的日常思维，如观念、观点、视角、看法等表达思想的词汇也都与视觉相关。关于这种差异，聚斯金德借泰里埃长老之口说出来：他认为鼻子是“原始的嗅觉器官，五官中最低级的器官！……‘傻瓜用鼻子看’胜过用眼睛看。在原始信仰的最后残余被消灭之前，或许上帝赐予的理智之光还得照射千年之久”(第14—15页)。可以说，视觉与嗅觉、光影与气味之间的这种等级性对立，已是西方文明传统的基本结构，已是西方文化传统的常识，即便不时有思想家试图挑战这一常识（如18世纪的法国唯物主义者曾努力“恢复嗅觉的名誉”），也无法改变这一主流。在这种语境下，小说主角格雷诺耶的设计就显得独具匠心，因为他的使命本质上是一种革命和启蒙，而这个革命和启蒙却偏偏要发生在气味和嗅觉这个“不适合抽象”、离理智最遥远的领域。这显然是小说家的创作有意达到

[1] 亚里士多德：《形而上学》，吴寿彭译，第1页。

[2] 参阅阿尼克·勒盖莱：《气味》，黄忠荣译，湖南文艺出版社2001年版，第165—167页。

的戏剧化效果，但也应和了理性形而上学的历史发展中的悖谬逻辑。

与整个西方的传统共识相反，聚斯金德有意突出格雷诺耶的天才嗅觉具有理智的功能，可以形成概念，建构体系，甚至还要高于视觉。童年格雷诺耶最初就是通过嗅觉来认识这个世界的，而不是像常人那样通过视觉。例如，格雷诺耶四岁才说出第一个词，就是“鱼”，“它是在突然激动的一瞬间说出来的，犹如一个鱼贩来到夏鲁纳大街叫卖他的货品从远处吆喝的回声。接着他说出的词汇是‘天竺葵’‘山羊圈’‘皱皮甘蓝’和‘雅克洛尔’，后者是附近一所修道院的一名园丁助手的名字，他有时在加拉尔夫人处干重活和粗活，他的出众之处就是这辈子尚未洗过脸”(第 25 页)。对格雷诺耶来说，“鱼”这个词关联着他的出生，正如一般幼儿说出的第一个词是“妈妈”一样，格雷诺耶对这个世界的第一印象便是死鱼散发出的恶臭，因为他的生母乃是“铁器大街”这个恶臭之都最臭地方的一个“鱼摊”的摊主。因此，死鱼散发恶臭象征着格雷诺耶与母体的最初联系，而他最初学会的词汇也都与浓烈的气味有关，包括那个从不洗脸的园丁助手的名字。可见，格雷诺耶每学习一个词，都伴随着对嗅觉器官的强烈刺激，这是他特异的学习方式。

随着格雷诺耶慢慢成长，他逐渐“收集了许多嗅觉方面的概念，不久，利用通行的语言来表达这些事物，便已经显得不足。没多久，他不光嗅出木头的气味，而且能嗅出各种木头，即槭木、橡木、松木、榆木、梨木、旧木头、新木头、烂木头、发霉的木头、长满苔藓的木头，甚至个别木头、木片、木屑的气味——这些木头，别人用眼睛都难以区别，而他用嗅觉却能清清楚楚地分辨出来”(第 27 页)。格雷诺耶积累的概念均与对象的气味有关，而气味先天地与对象的质料紧密相连，按照古希腊哲学家德谟克利特的唯物主义，人类对外界的感知和认识均是以原子的运动为媒介的，因为原子乃是认知者和认知对象共有的质料，因此嗅觉可以说是认知者与对象的直接作用，是身体和对象之间的直接通道。而众所周知，视觉和听觉借助的媒介具有某种间接性，光影和声波都需要借助于认知者和认知对象之外的第三种存在才能产生。在这个意义上，视觉和听觉比嗅觉和触觉更适合抽象，也就是更易于被概念化。相较于柏拉图的理念论基于光和视觉的隐喻来解释世界[1]，德谟克利特试图以“质料的”方式（类似于嗅觉的方式）来解释世界，尽管更接近常识，但却不利于解释精神性活动，也不利于概念体系的构建。所以德谟克利特勉强将精神活动解释为火原子的运动，就显示出唯物主义者的笨拙。格雷诺耶的认知也遵循某种唯物主义的方式，而唯物主义者的笨拙在他这里就表现为某种缺陷：“对于那些表示无气味的词，即那些抽象的概念，首先是伦理道德方面的概念，他学起来最困难。……正义、良心、上帝、欢乐、责任、恭顺、感谢等等——它们究竟表达了什么，他不明白，永远捉摸不透。”（第 27 页）这些概念其实也是哲学家德谟克利特的原子论难以把握的，但是他却要以原子的运动来强行解释，以获得类似理念论的哲学“体系”。事实上格雷诺耶的使命也是一种“知其不可而为之”的努力，他也要构筑气味概念的“体系”。从这个角度看，聚斯金德乃是用视觉隐喻的框架来讲述一个关于嗅觉的故事。

如果从认知概念的内在张力的紧张和剧烈程度看，那么不难将概念分为以普遍物作为内涵的普通概念和直接以非概念物作为内涵的概念。用阿多诺的话说，形而上学是以概念作为对象的哲学形式，并且从概念的结构中可以分析出形而上学的双重目的：一是公开的目的，即构建普遍的概念体系，一是隐秘目的，就是捕获所有与概

[1] 参阅柏拉图：《巴曼尼德斯篇》，陈康译注，商务印书馆 1982 年版，第 41 页。

念形式相对立的东西。如果对应视觉和嗅觉的隐喻，那么前者是以视觉的隐喻来讲视觉的故事，而后者则是以视觉的隐喻来讲述嗅觉的故事，即用抽象的概念来把握最不适合抽象的香气。在阿多诺看来，用普遍的概念形式把握到普遍内涵，实质上不过是同语反复式的无效知识，只有以普遍的概念把握到感性和特殊的内涵才具有真理性，但这归根结底包含着普遍与特殊、理性与感性之间不可调和的矛盾。就此而言，形而上学最终只有一重目的，只有一个本质[1]：正如香水制造技术旨在捕获香味，形而上学的概念的真正目标也正是要抓住流变的现象。所以表达出形而上学本质的哲学概念并不是“理念”，而是亚里士多德的“纯质料”和“这一个”（个别实体），或者是康德的“自在之物”，抑或是阿多诺的“非同一物”，因为只有它们呈现出了形而上学最核心的矛盾和困难。当然这些都不是形而上学的终点，因为像格雷诺耶一样，形而上学拥有一个几乎不可能实现的使命。若在不可能的前提下强行完成，那么这个使命便必然带有虚假的因素，并表现为诸多不可解决的矛盾，像德谟克利特强行解释精神现象一样，亚里士多德的“如此”（普遍）与“这个”（个别）的矛盾，康德的先验幻象，黑格尔的逻辑矛盾，无不如此。格雷诺耶的气味概念的体系，也正是在聚斯金德的笔下朝这一方向上推进着。格雷诺耶要建构气味概念的体系大厦，就需要更高级的气味范畴，这便是香气，在小说中就是美貌少女的特殊体香。[2]

卖黄香李子的少女的香味给少年格雷诺耶带来了一次启蒙，他

[1] 如阿多诺所说，“哲学的真正兴趣存在于黑格尔以及哲学传统一致地表示不感兴趣的地方：在于非概念物、个别事物和特殊事物，在于自柏拉图以来被当作流变不居和无足轻重的东西来打发、被黑格尔贴上惰性实存标签的那些东西。哲学的主题本该是质，而这个质被它当作份额而贬低为无足轻重的量（quantite negligeable）。概念无法触及的、被概念的抽象机制排除了的、还未成为概念的样本的那些东西，将是概念所关切的东西。”参见 Theodor W. Adorno, *Negative Dialektik*, S. 19–20。

[2] 这部小说的叙述视角是典型的男权主义，在其中，“作为自然的代表，女人在资产阶级社会中成为了不可抗拒和无力的神秘形象”。参见 Max Horkheimer, Theodor W. Adorno, *Dialektik der Aufklärung: Philosophische Fragmente*, S. 91。

预感到“这种香味是了解其他所有香味的奥秘的一把钥匙；倘若不了解这种香味，那就对所有香味一无所知；倘若他不能成功地占有这种香味，那么他，格雷诺耶，这辈子就白活了。他必须占有它，这并非单纯为了占有而是为了使他的心平静”(第41—42页)。格雷诺耶无疑是一个冷漠的角色，他唯一的冲动就是对少女体香的追求，而且这种追求如同形而上学一样是非情色的，是冷静而理智的。如前所述，为了完成这个使命，他必须学习从动物身上摄取香味的技术，为此他还从巴黎漫游到了格拉斯，因为那里是香水制造者的圣地。格雷诺耶在格拉斯通过试验最终掌握了这门技术，从而可以掀起香味世界的一场“革命”，因为少女的芳香“魔幻般地包含了构成一种巨大芳香、一种香水的一切：柔和，力量，持久，多样性，惊人的、具有巨大有活力的美”，格雷诺耶将这种芳香也视为他实现其使命的一切手段中“最为重要的手段”(第47页)。在格雷诺耶的气味体系的顶点，也就是如何面对和欣赏洛尔的“美丽”的时候，他那天才的嗅觉甚至开始蔑视视觉，因为他认为使用视觉的人们都是“愚蠢”的，“他们的鼻子只能用来喘息，以为用他们的眼睛就可以认出一切，他们会说，因为这个少女美丽、优雅和妩媚。他们将以自己的局限性赞美少女匀称的容貌、苗条的身材和完美的胸脯。她的眼睛，他们会说，活像绿宝石，牙齿像珍珠，四肢与象牙一样光滑——还有其他一些愚蠢的比喻”(第184页)。这些人并不知道他们为何不能抗拒这少女的“魔力”，因为这并非源自外貌的魅力，而是源自“那无与伦比的绝妙的香味”，这只有格雷诺耶“一个人”知道。(第184页)

读者其实不难理解，少女的魔力和少女的独特香味是有其真实性的，香味的提取技术也是真实的，但是格雷诺耶凭借这种技术占有少女迷人的体香便只能理解为小说家的虚构（fiction）了。这部小说无论从内容上还是写作风格上，都是从真实的东西出发，但又时时从真实延伸出去，指向一个虚构、夸张和奇幻的方向。当然，聚斯金德也将这个方向设定在格雷诺耶的本性之中，正如康德说纯粹的理性具有超出经验界限使用认知概念的本性，这种虚构和夸张也便具有了某种形而上学的必然性。当然，正如上文已经提到的，这个必然性的代价乃是扼杀生命。格雷诺耶仍然像哲学家发现纯粹范畴一样占有了二十五位少女的特殊体香。在格拉斯，格雷诺耶意识到他与一般香水制造者之间的本质区别，后者都是像德鲁一样的“香味分离者、蒸馏者和挤压鲜花者”，他们都是“野蛮的香味掠夺者”，而他则是“世界上最伟大的香水专家”（第 207 页）。格雷诺耶不能像一个平庸的香水制造者那样只掠夺鲜花的香味，而且要掠夺“少女的香味”：“他必须锻造一顶香味王冠，在王冠的最崇高部位——它掺进别的香味并控制住它们——必须有他的香味。他将按照技术的一切规则制作一种香水，而城墙后面那少女（即洛尔——笔者注）的香味必须是这香味的核心。”（第 207—208 页）格雷诺耶的香味王冠将包括二十五个香味范畴，他在一年中按照“冷香脂萃取法”“浸渍法”“分离法和蒸馏法”占有了二十四个少女的香味，第二十五种也是“最珍贵和最重要的”一种，他将以同样的方法从洛尔身上获取（第 225 页）。当然，聚斯金德无法像康德那样具体论证这些不同香味范畴作为纯粹的香精，它们按照技术的规则是如何获得的，以及为何正好是这二十五种。[1] 但无论如何格雷诺耶最后成功地构建了香味体系，完成了他的人生使命，并借助于少女香味的魔力获得了无上的权力；他的对手，无论是启蒙了的资产阶级里希

[1]　康德曾批评亚里士多德，列举范畴的时候没有任何原则，而他的十二对范畴乃是在纯粹知性中先天地包含着的，因此具有必然性。参阅康德：《纯粹理性批判》，邓晓芒译，杨祖陶校，第 72—73 页。

斯还是高贵的主教都在他面前俯首称臣。无论是真实还是虚幻，这些实际上都是对形而上学的理性事业的模仿。形而上学的虚幻与聚斯金德小说的虚构，简直殊途同归。

三、理智与罪恶：格雷诺耶的矛盾人格

如前所述，格雷诺耶的天才在于最不适合抽象的嗅觉，也就是人的自然本性中离理智最远的部分，而这位天才却要完成一种类似于理智的使命。这种矛盾类似哲学中理性的概念出于自身的使命而要求把握与自身直接矛盾的感性对象。所以，我们便不难在哲学史中找到可以与小说中“香味的概念”等量齐观的概念，这就是“纯质料”“这一个”“自在之物”等。这种极端矛盾的结构与格雷诺耶的人格结构是相应的。格雷诺耶的人格中充满类似的矛盾：他出身于世界最臭的地方，但他的使命却是占有最纯粹的香味，建构壮丽的香味大厦；他卑微可怜，形象丑陋，但最终却借助香味的魔力获得类似神的权力，但是由于其冷酷的暴力而被视为魔鬼；他的天才在于灵敏的嗅觉，能够嗅出任何事物和任何人的气味，但其本人却没有任何气味；美与丑、善与恶、冷静与激情、认知与占有，所有这一切都统统直接地并存于格雷诺耶的人格性之中。在文学史上，与格雷诺耶最接近的文学形象恐怕要数聚斯金德一开篇就提到的 18 世纪法国色情小说家萨德笔下的主人公，无论是《索多玛 120 天》里的布朗吉公爵，还是《卧房里的哲学》中的多尔曼斯，他们都是情欲的理性操控者。当他们“将享乐推高到超自然的层面，纵欲就会颠倒为程序、概念和数字，自然欲望消失，剩下的只有冷漠。……狂热与冷漠的奇特合一，已可以说接近霍克海默等人理解的康德道

德哲学：无动于衷（Apathie）被理解为主体德性的前提，对感性刺激的冷漠，正是道德感产生的前提条件。”[1] 某种意义上说，格雷诺耶也在从事着类似的事业，香味与情欲不单是紧密相连，而且它们都是理智的直接对立面，从哲学的角度看，这种直接对立就是“纯质料”这种概念的矛盾结构。

如果说《香水》和萨德小说的主人公代表着理性启蒙的另一面，确切说是消极面，那么理性启蒙的积极面，在这部小说里也有其代表，那正是格雷诺耶的对手，洛尔那个“拥有传说中才有的惊人财富”的父亲里希斯。里希斯也将洛尔视为他的财富，“最最珍贵”的财富，他不仅打算利用洛尔的婚姻从“名声很好，可经济情况很糟糕”的贵族那里为自己换取一般资产者梦寐以求的、类似于封建贵族的权位，而且他内心在情欲上也渴望占有洛尔，并不得不用“纯洁的”父爱来“抑制住心中这可怕的欲火”(第 214—215 页)。无论在哪方面，他都“需要”洛尔，与格雷诺耶一样“需要”诺尔。某种意义上说，里希斯与格雷诺耶的冲突，其实就是在争夺洛尔。在里希斯看来，这种争夺就是“识破竞争者的意图”，不“上他的当”从而胜过竞争者；如同在生意场上一样，里希斯“诡计多端，具有一个战士的天性”，他的事业是“他通过斗争、抵抗、欺骗得来的，当时他及时地看到了危险，机智地猜到竞争者的计划，把对手排挤掉……他将挫败那个凶手，那个争夺洛尔的竞争者，而这只是因为洛尔也是他里希斯自己计划的大厦的最后一块石头。他爱她，不错；可是他也需要她”(第 220 页)。资产阶级里希斯具备典型的资产阶级道德，用“父爱”来抑制可怕的“欲火”其实就是产生道德的“冷静”。正如康德与萨德是相通的一样，里希斯与格雷诺耶也

[1] 谢永康：《自由与罪恶：康德、萨德与启蒙辩证法》，载《现代哲学》2019 年第 4 期，第 9 页。

是相通的。在文学史上，里希斯这类小说形象其实有很多，不过他们都是对史诗《奥德赛》的主人公奥德修斯的模仿。[1] 按照霍克海默和阿多诺等人的解读，奥德修斯乃是资产阶级主体和理性启蒙主体的原型。[2] 我们知道，奥德修斯首先是一个凡人，但又因其坚定的自身主张而成为凡人中的英雄，从而能与神打交道，成为一个半人半神的存在；奥德修斯是太阳神宙斯的朋友，他意志坚定，精于计算，甚至欺骗和捉弄代表历史上更为久远时代的自然神；同时奥德修斯又是一个统治者，他战胜了残暴的自然神之后，又将同样的暴力施加在被他统治的同类身上。[3] 奥德修斯不仅战胜了外在自然，而且也有控制自身内在自然的强大能力，在这一点上里希斯与他完全一致。

当然，我们不能将格雷诺耶跟萨德小说的主人公简单地等同，因为尽管聚斯金德有意回望 18 世纪，甚至隐晦地向萨德“致敬”，但毕竟 20 世纪早已不是文学的古典时代。除了写作形式上的更新之外，聚斯金德为内向的格雷诺耶安排了大量的独处时间和内心独白。例如从第 23 节到第 29 节，格雷诺耶在法国最远离人群的康塔尔山的一个山洞里独处了七年，在外部世界惊天动地的时候，格雷诺耶独享寂静，像聚斯金德花费大量笔墨那样花费时间来冥想、做梦，这与格雷诺耶那精于计算的性格是明显矛盾的。格雷诺耶唯一承认的是世界上“除了光秃秃的土地气味就没有什么是活着的”，“这与他的灵魂世界相似”，在那里他“感到自由的是远离了人”(第 216 页)。世上不乏离群索居的苦行者，他们是为了接近上帝，等候上帝的旨意，但是格雷诺耶却不信上帝，“他只是为他自己的、唯一

[1] Max Horkheimer, Theodor W. Adorno, *Dialektik der Aufklärung: Philosophische Fragmente*, S. 66–67.

[2] Ibid., S. 61.

[3] Ibid., S. 98.

的愉快而隐居”，他躺在自己“墓穴”里，尽可能减少活动，减少心跳、减少呼吸，但这在他看来是一种“放荡不羁”的生活，因为只有“内心的帝国”才是他“纵欲”的场所。他幻想在自己的“王国”里成就伟业，在“自己的家”里惬意地浏览“香味之书”。最终，一场“灾难”打断了他的美梦：他知道“雾气”就是他自己的气味，但是却不能嗅到它，“他完全消失在自己的内心里，为了世界上的一切，不能嗅到自己的气味”（第 145 页）。寡淡的离群索居与纵欲的放荡不羁，对于格雷诺耶来说是一回事，因为从气味的角度看他本身就是完全空虚的，完全的空虚才可以装下“世界上的一切”。格雷诺耶与外部世界的统治关系内在于其天才本性之中，但是他与自身的关系却出现了危机，因为他的“自我”的气味是虚无的，这一方面导致了格雷诺耶的恐惧，另一方面则要加剧他与世界的统治关系：他必须占有和操纵一切气味，用它们来装扮出自己的气味，而由于气味的世界是等级森严的，格雷诺耶借助于他的嗅觉天才和虚无本性而能够占据权力的顶端，拥有气味王国的“王冠”。从格雷诺耶这个嗅觉天才的无气味，我们不难联想到上帝的无形象和先验主体的无质料，因为这种匮乏在某种意义上说正是占据世界的根据。

从小说的布局来看，这段经历是连接前后部分的关键，而从内容上说，格雷诺耶的自我反省乃是小说最为深刻的部分，因为尽管格雷诺耶在见识卖黄香李子的少女的香味时意识到了自己的使命，但是只有在康塔尔山的洞穴里他才认识到这个使命的具体完成方式，即以占有世界最珍贵的香味来补偿自身本性上的虚无。格雷诺尔远离世界，愈发加剧了他与世界关系的紧张，而这种紧张又加强了其占有世界的动力。就此我们不难回到哲学和理性的主题上来，因为哲学出于本性而要远离世界，从而造成了柏拉图的理念与世界的“分离问题”，即越是远离世界就越是难以通过解释而把握住世界；

从而也造成了近代哲学中自我的超验性问题，即越是要超出经验世界，就越是无法形成关于经验事物的有效概念。可以说，哲学史始终纠缠于这种“分离”的问题，形而上学家们都陷于为此而产生的焦虑。古代哲学焦虑的是世界的确定性，而近代哲学家则发现世界的确定性终究是自身的确定性，而自身的虚无带来的才是更加根本的焦虑，甚至恐惧。对自身虚无性的恐惧，才导致了“自身持存”成为理性文明的“真正准则”。[1] 如果说奥德修斯的历险最终造就了一个强大的理性主体，一个统治者，那么格雷诺耶最终取得了无上权力之后，却走向了虚无和死亡，也就是复归于他的本性。这是对理性主体的两种截然不同的理解。

无论是萨德小说的主角还是奥德修斯，无论是里希斯还是格雷诺耶，尽管他们形象和结局各异，但是这些理性主体的形象都有着冷静的头脑，他们都不信神，并且其自身都要设法接近那掌控一切的神，正如黑格尔宣称理性主体已近乎于上帝那样。格雷诺耶的情况更加特殊，因为他的出身和本性都是最远离神的，如果按照新柏拉图主义的等级框架，那么他离以太，离至善最远，离质料，离罪恶最近，但同时他并无任何气味，又是最纯粹的。早在婴儿时期，格雷诺耶就让人害怕，乳母发现他根本没有任何人类的气味，并断言他必定与恶魔有着某种关系；而受过神学教育的泰里埃长老也无法忍受格雷诺耶用鼻子肆无忌惮地嗅他，似乎洞穿了用来遮挡视线的衣服，让他觉得自己赤身裸体，模样丑陋，最终迫不及待地要将他送走：滚吧！这魔鬼！不过格雷诺耶幸运地在早已失去嗅觉的加拉尔夫人那里被抚养长大。所以格雷诺耶一生都要像扁虱一样装得貌不惊人，装得无害，但事实上他却无时无刻不在秘密地推进其构

[1] Max Horkheimer, Theodor W. Adorno, *Dialektik der Aufklärung: Philosophische Fragmente*, S. 46.

建气味概念的体系，建造香味的大厦的事业。最后由于他犯下的罪行，人们断定“即使他本人不是魔鬼，那么他也必定是与魔鬼结了盟”，进而又有人断定，“凶手就是恶魔本身”(第239、241页)。如果说追寻气味的概念必然伴随着冷漠的脱离，那么格雷诺耶将这种追求发展到了极致，即为了获得香味的完美魔力而不惜以杀戮生命为代价。当然格雷诺耶由于天性的缺陷不能意识到这一点，因为一切在他的“理性”看来不过是“工具”，他只是“需要”它们。用康德道德哲学的语言来说，格雷诺耶的罪恶乃在于他理性地、冷静地、自觉地、自由地追求感性幸福，或者反过来说是在感性之中实现了理性，这就是恶本身。然而这显然已经走向启蒙道德的极端对立面了。当然，恶本身不可能在理论上被真正地主题化，但是这并不妨碍以文学的方式将它主题化。

按照理性形而上学的传统，自由、自觉和冷静都属于人性中智性的部分，也是神性的部分。所以聚斯金德最后让格雷诺耶获得神的权力，从而就不仅战胜了其资产阶级主体里希斯这个对手，更是直接颠覆了宗教，因为恶魔有了自由也便有了神性。格雷诺耶在刑场上挥洒他的香水的时候，所有人对之膜拜，就连“高贵的主教上身向前摇动，仿佛他要恶心呕吐似的，他的额头撞到膝盖上，直到他那顶绿色帽子从头上滚落下来；这时他并不觉得难受，而是平生第一次沉醉在宗教的狂热中”(第254页)。这个表述暗示主教之前的宗教信仰是虚假的，他其实跟里希斯、奥德修斯一样并不信仰宗教的神。[1] 他的第一次宗教狂热来自那让他“恶心呕吐”酒神，他沉醉于格雷诺耶身上那绝妙的香味：“处决那个时代最可恶的罪犯的计划变成了盛大的酒神节，其盛况是自从公元前二世纪以来世上绝

[1]　Max Horkheimer, Theodor W. Adorno, *Dialektik der Aufklärung: Philosophische Fragmente*, S. 68.

无仅有的”(第 255 页)。基督教的苦修禁欲、启蒙者的独立自主和道德义务，统统被格雷诺耶的香水的魔力摧毁，一切凡人都臣服于他，听命于他。从而恶魔格雷诺耶就直接反转为神，“他是他自己的神。他是比那住在教堂里散发出神香臭味的神更加美丽的神。”(第 256 页）然而我们知道，这个神却不是一个实体，因为格雷诺耶本人并没有任何气味，他所占有的所有香味根本上乃是一种装扮，所以他最后又回到了原点，被凡人分食，复归于虚无。

余 论

按照霍克海默和阿多诺的说法，小说与史诗的区别在于作者创作程度的差异，也就是有目的的精神的介入程度的差异。[1] 所以史诗更贴近它所传承的神话素材，而小说则可以更加自由地虚构情节以对应创作者的思维逻辑。这种差异也是我们阅读《启蒙辩证法》的两个“附论”需要小心的。而聚斯金德与萨德又有不同，他所面对不仅是尚未完成的启蒙运动，而且也有启蒙悖论的完全展开，他的时代不再是主体形而上学高歌猛进的时代，而是形而上学崩溃的时代。所以他的小说《香水》就能更加贴近启蒙的辩证法，尤其是能更加深入地抓住其深层的形而上学矛盾。当然，小说家要维护其作品的开放性，聚斯金德也并未给解读者一个确切的方向。但正是因此，我们不难从写作手法和故事发生的年代，到小说中的人物暗示甚至一些哲学用语，开辟出一条从启蒙辩证法和形而上学历史的角度来阐释的路径。值得一提的是，霍克海默和阿多诺的“启蒙辩

[1] Max Horkheimer, Theodor W. Adorno, *Dialektik der Aufklärung: Philosophische Fragmente*, S. 61.

证法”中除了悖论之外，还应该包含着某个“积极的”启蒙概念，而小说《香水》只是将前者尖锐地展露出来。不过，为人类文明探索前进方向，更多地是哲学家的责任。

附译文一：启蒙的概念*[1]

霍克海默、阿多诺 著

谢永康 李 菲 译

19 启蒙就是最宽泛意义上的进步思维，其所追寻的目标向来是祛除人们的恐惧，并将他们指定为主人。但彻底启蒙了的世界，却散发出凯旋的灾祸（triumphalen Unheil）的迹象。[2] 启蒙的纲领乃是世界的祛魅。[3] 它曾想要废除神话（Mythen），以知识推翻幻想。“实验哲学之父”[1] 培根早已经集中概括了启蒙的诸多动机。他蔑视那

---

* 本译文依据 Max Horkheimer, Theodor W. Adorno, *Dialektik der Aufklärung: Philosophische Fragmente*, in: Theodor W. Adorno, *Gesammelte Schriften*, Band 3, Suhrkamp Verlag 2003, S. 19–60 译出，边码的数字即为此德文版页码。同时参考了“霍克海默文集”Max Horkheimer, *Gesammelte Schriften* Band 5, *›Dialektik der Aufklärung‹ und Shriften 1940–1950*, S. Fischer 1987, S. 25–66，以及 Max Horkheimer, Theodor W. Adorno, *Dialectic of Enlightment. Philosophical Fragments*, Stanford University Press 2002, pp. 1–34。

[1] “概念”，1944 年版为“辩证法”。——霍克海默文集版注，以下简称“霍版注”。

[2] “凯旋的灾祸”(triumphalen Unheils）这一表达内含张力，即凯旋的欢欣鼓舞和灾祸的悲凉惨淡被集于一体。阿多诺借此将启蒙或启蒙运动表现为一场理性知识与蒙昧和恐惧之间的战争，而任何战争客观上说都意味着一场灾祸，即使启蒙作为胜利者得到了历史的肯定，但是“一将功成万骨枯”，霍克海默和阿多诺一开篇便暗示了本文的特定视角和基调。——中译者注

[3] 这里暗示马克斯·韦伯的一个表达，vgl. Weber, *›Wissenschaft als Beruf‹ (1919)*, in: *Gesammelte Aufsätze zur Wissenschaftslehre*, Tübingen[3] 1968, S. 594。——霍版注；（转下页）

些传统的门徒，他们“先是相信，他人知其所不知；尔后又相信，自己知他人所不知。但是，在他们自己的研究中轻信盲从，厌恶怀疑，草率结论，自吹自擂，惧怕反驳，随兴而为，漫不经心，卖弄辞藻，安于一得之见：如此种种都阻碍了人类知性与事物本性之间的幸福婚姻，而是将它撮合给空洞的概念和无计划的实验：一个如此光彩的（rühmlich）结合，其果实和后代如何，人们是不难想象的。[1] 印刷机是一项重大的发明，还有已并不罕见的火炮，以及在某种程度上早已为人所熟知的指南针：还有什么改变不是这三者带来的呢！——一者改变了科学的状态，二者改变了战争的状态，三者改变了金融、贸易和航海的状态！而我想说，这些都只是人们碰巧获得的。因此人类的优越性在于知识，这是毋庸置疑的。其中包含的很多事物，君王们倾其所有珍宝也无法换到，他们的命令控制不了，他们的探员和媚臣打听不到，他们的航海家和探险家也无法 20
抵达其原产之地。今天我们用单纯的意见去掌控自然，并受到它的强制；但如果我们在发明中服从自然的引领，那么就将在实践中对其发号施令。”[2]

尽管培根不谙数学，他却准确地说中了后世科学的品质。培根意识到的人类知性与事物本性的幸福婚姻，是父权制的：战胜了迷信的知性，应该对祛魅了的自然发号施令。[2] 知识就是权力，无论

（接上页）其实，“世界的祛魅”（Entzauberung der Welt）虽直接源于韦伯，但往前至少还可以追溯到雅可比的宇宙的“祛魅”：鉴于近代知性科学所取得的成果，人不再“在上天的庄严和崇高面前跪拜”，他只“震惊于人类的知性……这个知性能够通过科学结束奇迹，剥夺掉天国的诸神，让宇宙祛魅”。可以说，20 世纪的启蒙问题意识，直接来源于古典哲学时代的知性及其批判。参见马克斯·韦伯：《学术与政治》，冯克利译，生活·读书·新知三联书店 2005 年版，第 35 页；Friedrich Heinrich Jacobi, *Werke*, Bd. 2, 1, S. 399。——中译者注

[1] 培根常用两性关系来比喻人类知性和自然的关系。“幸福婚姻”“光彩的结合”和“放浪之举”代表了两性关系的三个不同状态：幸福婚姻是启蒙所认可的父权制婚姻，其内涵是知性对自然的征服、压迫和利用；这里的光彩的结合，是用以反讽勉强的撮合，其中包含着偶然性；放浪之举则是无结果之幸福，隐喻古希腊的非功利知识。——中译者注

[2] 这里“自然”和“本性”均是德语词“Natur”，一般在宏观意义上为自然，而作为具体物则为本性。——中译者注

是对被造物的奴役[1]，还是对世界统治者的唯命是从，它都毫无节制。正如它在工厂里、在战场上服务于资产阶级经济的所有目的那样，知识为锐意进取者所拥有，而不论其出身如何。国王掌握技术还没有商人那么直接：技术是民主的，正如其借以发展的经济体系那样。[2]技术是这种知识的本质。其目标不在于概念和图像，不在于洞见的幸福，而在于方法，在于对他人劳动的利用[3]，在于资本。按照培根的意见，知识中仍然保存下来的许多东西，本身仅仅是工具：无线电是升华了的印刷术，轰炸机是更具威力的火炮，遥控系统是更加可靠的指南针。人们想从自然那里学到的东西，就是如何利用自然，以完全地统治自然和人。除此之外，别无其他。启蒙对自身冷酷无情，甚至烧尽其本身自我意识的最后一点残余。只有这样一种思维才足够严厉，以毁灭神话，这种思维却给自身带来统治。在今天的事实的思维（Tatsachensinn）的胜利面前，培根的唯名论信条也被怀疑为形而上学，被判定为浮华之论，正如培根对经院哲学所做的判断那样。权力与知识是同义词。[3]培根和路德都认为，出
21 于知识的无结果的幸福，是放浪之举。关键不在于人们称之为真理的那种满足，而在于“操作”，有效的操作；“科学的真正目标和职责”，不在于那些“有说服力、畅快的、令人尊敬或者印象深刻的演说，或者任何貌似有理的论证，而在于产生实效和劳动，在于发现之前不为人知的细节，以帮助改善生活条件”[4]。不应该有什么奥

[1] “奴役”(Versklavung)，1944 年版为“剥削”(Ausbeutung) ——霍版注

[2] “经济体系”(Wirtschaftssystem)，1944 年版为“资本主义”(Kapitalismus)——霍版注

[3] “利用”(Ausnutzung) 在 1944 年版中为“剥削”(Ausbeutung)。——霍版注；培根在此针对以亚里士多德为代表的古希腊哲学家对知识非功利性的理解。亚里士多德在其《形而上学》和《尼各马可伦理学》中主张人出于本性而求知，最高的知识是哲学的思辨，这不仅因为其对象是永恒的，而且因为其远离了实用经验，这种思辨的生活方式便是最高的幸福。培根的知识学说则与此相反。——中译者注

秘，但也不存在任何公开这些奥秘的愿望。[1]

世界的祛魅是要根除泛灵论[2]。色诺芬尼（Xenophanes）[3]嘲笑众神，因为在所有的偶然和缺陷上，它们与它们的创造者人类并无两样，而最新的逻辑学将已造就的语言词汇（geprägten Worte）贬低为伪币，认为人们最好以中性的游戏筹码替换之。世界变成了混沌，综合变成了救赎。动物图腾和灵视者之梦[4]与绝对理念之间不该有任何区别。在通向近代科学的道路上，人们成功地取消了意义。他们以公式来代替概念，以规则和概率来代替原因。原因是仅存的科学批判用以衡量自身的哲学概念，似乎是因为在古老的理念中它是唯一对科学有价值的一个，它是创造性原则最晚近的世俗化。对实体与性质、活动与受动、存在和定在做出合乎时代的定义，自培根以来就是哲学关切的事情，但是离开这些概念，科学也已经应付得了。它们已经退回到了古老形而上学的剧场假象（Idola Theatri）[5]，并且在形而上学的时代就已经是史前时代的权力和存在实体

[1] 霍克海默和阿多诺基于培根来讨论启蒙的动机和品质，而不是狄德罗、卢梭等法国启蒙运动代表人物，也不是康德等德国哲学家，在此具有特别的意义。培根作为近代最早的经验主义哲学家，其“知识作为权力”的判断，最简洁地表达了科学知识的技术本质这一近代观念。这其实正是诸多20世纪哲学家的一个共识，也是诸多启蒙批判共同的逻辑支撑点。除了法兰克福学派之外，韦伯、海德格尔、阿伦特、伽达默尔和哈贝马斯等哲学家对技术的追问，出发点都是这一判断。当然，在更为激进的技术主义者看来，培根本人也已经不符合启蒙的最新标准了，其“唯名论信条也被怀疑为形而上学”。——中译者注

[2] 泛灵论是一种对世界上有许多精神性存在的信仰，这些精神性存在有能力影响（好的和坏的）人类生活。泛灵论首先是人类学家泰勒（Sir Edward Burnett Tylor）在其《原始文化》(*Primitive Culture*）中提出并做了详细调查。泛灵论被认为存在于人类宗教产生之前的原始文化以及当今的部落生活之中。——中译者注

[3] 色诺芬尼（Xenophanes），约公元前570年—前480年或470年，古希腊哲学家、诗人、历史学家、社会和宗教评论家，埃利亚派的先驱，巴门尼德的老师。——中译者注

[4] 德文版注：此处暗指康德斯威登堡（Swedenborg）之间的争论：›Träume eines Geistersehers, erläutert durch Träume der Metaphysik‹ (1766), in: *Werke*, hrsg. von Wilhelm Weichedel, Bd. I, Darmstadt 1963；中译者注：中译参见《以形而上学的梦来阐释一个灵视者的梦》，载《康德著作全集》第2卷，第319—377页。

[5] “剧场的假象”是培根提出的“四类困扰人们心灵的假象”的最后一种，其余三种依次是“族类的假象”“洞穴的假象”和“市场的假象”。剧场的假象是“从哲学的各种各样的教条以及一些错误的论证法则移植到人们心中的”，“因为在我看来，一切公认的学说体系只不过是许多舞台戏剧，表现着人们自己依照虚构的布景的样式而创造出来的一些世界。我说的还不仅限于现在时兴的一些体系，亦不限于古代的各种哲学和宗派”。参见培根：《新工具》，许宝骙译，商务印书馆2005年版，第19、22页。——中译者注

（Wesenheiten）的纪念碑。在史前时代，生命与死亡在神话之中得到诠释，二者相互纠缠。西方哲学用这些范畴规定了其永恒的自然秩序，它们标明了奥克诺斯（Oknos）和珀尔塞福涅（Persephone），阿里阿德涅（Ariadne）和涅柔斯（Nereus）一度占据的位置。[1]前苏格拉底的宇宙论将这种过渡的瞬间定格下来。水、无限者、气、
22 火，在那里被作为自然的原始材料来探讨，它们是神话直观的刚刚被合理化了的沉淀物。正如由河流和土地而创生的景象从尼罗河流域传到希腊，在这里变成了物活论的诸原理（hylozoistichen Prinzipien）[2]，变成了元素，神话的鬼神那种丛生的歧义性，统统都自身精神化为本体论上诸本质性的纯粹形式。最终，通过柏拉图的理念，奥林匹斯山上父权制的诸神也被哲学的逻各斯所把握。然而，启蒙却在柏拉图和亚里士多德的形而上学遗产中重新发现了这些古老的势力，并将普遍概念的真理诉求作为迷信来加以追究。启蒙相信，在普遍概念的权威性中还是可以辨识出对鬼神的畏惧，人类曾经试图通过在魔法仪式中对鬼神的摹仿（Mimesis）[3]来对自然施加影响。从现在开始，物质终于不用支配性的或内在固有的力量的幻

[1] 这四者均是希腊神话中的形象。奥克诺斯（Oknos）是一个放荡不羁、挥霍无度的女人的丈夫。奥克诺斯是一个被冥府之神哈德斯（Hades）诅咒的神，他一生勤劳，但他的财富很快就被他的妻子挥霍掉；珀尔塞福涅（Persephone），是得墨忒耳（Demeter）和宙斯的女儿，她被冥神哈德斯劫持但被其母所救，从此以后每年在人间过六个月，然后在地狱过六个月。阿里阿德涅（Ariadne）是克里特国王米诺斯（Minos）之女，后来成为酒神狄奥尼索斯（Dionysos）的新娘。在克里特她也被尊为生育女神。涅柔斯（Nereus），海神，奥切诺斯（Oceanus）和盖亚（Gaea）之子，海中女神之父。是个知识渊博，真诚善良的老神仙。——中译者注

[2] 物活论（Hylozoismus），源于希腊文质料、物质（hyle）和生命（zoe），是一种早期希腊的哲学形态，它认为物质是有生命的，无论是其自身有生命还是参与到世界灵魂之中。物活论在逻辑上区别于更早的将自然人格化的形式，也区别于泛心论（Panpsychism），后者将某种意识或感觉的形式赋予所有物质。除了希腊早期自然哲学家（泰勒斯、赫拉克利特等）之外，后来17世纪英国柏拉图主义者和狄德罗等法国唯物主义者均持有物活论的观点。——中译者注

[3] 摹仿（Mimesis）是艺术创作的理论原则，它意味着再现，而非复制。在霍克海默和阿多诺看来，古希腊美学的这一原则事实上来自更古老的原始文化，在神话和巫术中广泛存在，并被视为主体启蒙最初的同一性形式，但是在古希腊哲学中便被压制在艺术活动之中，并被理解为较低活动领域。鉴于启蒙所带来的灾难性影响，复兴摹仿的图像性思维被视为启蒙批判的一种形式。——中译者注

象，不用隐秘的特性来加以统治了。不愿顺从可计算性和有用性标准的东西，启蒙都将其视为可疑的。一旦它能够不受外在压力的干扰而自行发展，就不再止步。在这个过程中，其本身的人权观念的境况无异于那些更为古老的普遍概念。它所遇到的任何精神抵抗，都只会为它增添强力。[5] 其缘由是，即便在神话中启蒙也会重新认识到自身。抵抗常常引证的那些神话，已经由于其在这种对立中成为了论据而信奉了分解性的合理性原则，而这个原则正是它们指责启蒙的地方。启蒙是极权主义的。[1]

启蒙向来都是将人神同形同性论（Anthropomorphismus）[2]，将主体的东西向自然的投射理解为神话的基础。[6] 超自然的东西，灵魂和鬼神，乃是受到自然物恐吓的人类的镜像。在启蒙看来，众多神话形象统统都可以被带到同一个公分母之上，它们都可还原为主 23
体。俄狄浦斯对斯芬克斯之谜的回答："它就是人"，被作为启蒙的一种陈腔滥调式的答复无差别地重复，不管它面对的是一个客观的意义，还是一个秩序的轮廓，或者对邪恶势力的恐惧，抑或是对拯救的希望。只有那些可以通过统一性而被把握的东西，才预先被启蒙承认为存在和发生的事件；其理想乃是产生一切的体系。启蒙的理性主义版本和经验主义版本在这一点上没有分别。即使单个的学派试图对定理做出不同的阐释，但统一性科学的结构却始终是同一个。培根对普遍的统一科学（una scientia universalis）的假设[7]，对众多研究领域中的不可约束的东西的敌对，恰如莱布尼茨的普遍数学对跳跃的敌对。诸形态的多样性被扣减为位置和排布，历史被扣减为事实，物被扣减为质料。在培根看来，最高原理与观察命题之

[1] 这里的极权主义，即德文的 totalitär，也有"总体性"的含义。——中译者注

[2] 人神同形同性论（Anthropomorphismus）源于希腊语"人"（anthropos）和形式（morphe），主要指将人类身体特征和精神特征赋予众神的观念。这种观念不仅存在于宗教中，在日常生活中甚至在科学中也广泛存在。——中译者注

间应该存在着贯穿诸普遍性等级的清晰的逻辑连接。德·迈斯特尔（De maistre）[1] 嘲笑说，他怀有一种等级崇拜（une idole d'échelle）。[8] 形式逻辑是统一化的伟大学堂。它为启蒙者们提供世界的可计算性的图式。在柏拉图的最后著作中，理念与数字的神话化等同，说出了所有去神话化努力的渴望：数字成为了启蒙的法规。[2] 这同一个等同化（Gleichung）统治着资产阶级的正义和商品交换。"'等量加不等量，结果也是不等量'作为一条规则，在数学上和司法上不都是一条公理吗？交换和分配的公正与算术和几何中比例之间不是存
24 在真实的一致吗？"[9] 市民社会是被等式（Aequivalent）统治着的。它将不同名的东西化约为抽象的量，从而使它们成为可比较的东西。不能融入数字，尤其是不能融入"一"的东西，对启蒙来说变成了假象；现代的实证主义将其驱逐到了诗歌之中。从巴门尼德到罗素的口号始终是统一性；在对诸神和多质的毁坏上，它变得愈加固执。

但是，为启蒙而牺牲的神话，本身已然是启蒙的产品。在对事件发生的科学计算中，思想在神话中曾对事件给出的解释被取消了。神话想要报道、命名、道出起源，从而也就想要陈述、固定和解释起源。借助于神话的收集和记录，这一要求得到了加强。它们从之前的报道，变成了说教。任何宗教仪式都包含着一种关于事件发生的观念，包含着关于一种据说被魔法影响的特定过程的观念。宗教仪式的这种理论要素在最早的民族史诗（Epen）中就取得独立了。正如悲剧作家发现的那样，神话已经表现出被培根作为目标来颂扬

[1] 约瑟夫·德·迈斯特尔（Joseph de Maistre，1753—1821），法国君主主义者，反现代派人物。他拥护君主专制，拥护教会，坚决反对任何革命。他反对培根、伏尔泰、卢梭、洛克等人经验性的进步方法。他认为凡是通过人类"理性"建立的某种制度一定会被新的理性推翻，凡是人自己想出的办法一定会被后来的新办法取代，只有"非理性"的东西才能永久存在。——中译者注

[2] 霍克海默和阿多诺将近代以来的数学化科学追溯到柏拉图的后期理念论，在那里理念和数字神秘化的抽象，可推导和可计算的内在一致性，已然存在。——中译者注

的纪律和权力了。在地方神灵和鬼怪的位置上，出现了天国及其等级秩序，在魔法师和部族的招魂实践的位置上，出现了真正等级化的献祭以及不自由的人们被命令统一指挥的劳动。奥林匹斯诸神不再与各要素直接同一，他们意味着（bedeuten）这些要素。在荷马史诗中，宙斯掌管着白日的天空（Taghimmel），阿波罗（Apollo）驾驭着太阳，赫利俄斯（Helios）和埃厄斯（Eos）[1]则渐渐变成了象征性的角色。诸神与作为它们的化身（Inbegriff）的材料区分开来。自此，存在瓦解为逻各斯（随着哲学的进步，逻各斯又萎缩为单子，萎缩为基准点）和外部世界所有的众多事物和生物（Kreaturen）。人类本身的定在与现实之间的差别，吞噬了其他的一切差别。不顾及这些差别，那么世界就对人类百依百顺了。在这点上，犹太人的创世历史和奥林匹斯宗教是一致的。“使他们管理海里的鱼、空中的鸟、地上的牲畜和全地，并地上所爬的一切昆虫！”[10]“啊，宙斯， 25
我父宙斯，你是天之主宰，你全面掌握人类的作为，无论它是罪恶还是正直，抑或是动物般的放肆，公正自在你心。”[11]“因为这事的成功取决于，一人立刻忏悔，则另一人随之；而如果一人自己逃避，而神却未降恐怖厄运于他，那么这厄运最终肯定也会发生，并且无辜的人必定要为这行为赎罪，或者是他的孩子，或者是他更晚的后辈。”[12]在诸神的面前，只有那些毫无保留地屈服的人才存活下来。主体的觉醒是通过承认作为所有关系之原则的权力而换得的。与这种理性的统一性相对，神与人之间的区分沦落为无关紧要的事，自

[1]　宙斯（Zeus）、阿波罗（Apollo）、赫利俄斯（Helios）和埃厄斯（Eos）均是希腊神话中的神。宙斯是希腊神话中的主神，天堂的统治者，其他神和人间英雄的父亲；阿波罗是宙斯的儿子，希腊神话中的太阳神，权力很大，主管光明、预言、青春、医药、畜牧、音乐和诗歌，并代表主神喧诏神旨。赫利俄斯和埃厄斯是更早的神，他们是十二泰坦（Titans）之一许珀里翁（Hyperion）的儿子和女儿。赫利俄斯是太阳之神阿波罗的前任，埃厄斯则是曙光女神、黎明女神。泰坦神族是原始神之后出现的古老神族，曾统治世界，后来被宙斯神族取代。——中译者注

最早的荷马批评（Homerkritik）以来，专注的理性恰恰已经指出了这一点。创世的神和治世的精神，就其作为自然的主宰而言是相似的。人的似神性（Gottesebenbildlichkeit），存在于对万物的主权之中，存在于主人的眼光之中，存在于命令之中。

神话过渡为启蒙，自然则过渡到单纯的客观性。人们为其权力的增长付出代价，即与他们将权力施于其上的东西相异化。启蒙对待事物的态度，犹如独裁者对待百姓的态度。他能操纵他们，在这个范围内他了解他们。掌握科学的人能制造事物，在这个范围内他了解事物。从而，它们的“自在”（An sich）就变成了“为他”（Für ihn）。在事物的变化中，其本质始终被揭示为同一个东西，揭示为统治的底层（Substrat）。这种同一性（Identität）建构了自然的统一性（Einheit）。[1]它与主体的统一性一样，并非由巫术的招魂乞灵所预设。萨满仪式求助于外界的风雨和蛇，或者附身于病人体内的鬼怪，而不是求助于质料或者样本。驱动巫术（Magie）的，不是那种单一和同一的精神；魔法同时变换着许多膜拜仪式中的面具，这些面具应该是与许多精灵相似的。巫术是血腥的非真理，但是在其中的统治还没有由于其转变为以落入其手的世界为基础的
26 纯粹真理而被否认。魔法师装神弄鬼，是为了能够恐吓或安抚这些鬼怪，他的夸张举止时而恐怖时而温和。[2]尽管他的任务乃是重复（Wiederholung）[3]，但是他还没有像文明人那样声明与不可见的权力

[1] 同一性（Identität）是阿多诺辩证法的核心概念，也是西方哲学传统的核心概念，其最简洁的逻辑表达就是 A=A，也可以理解为主体自身的身份认同。自身的同一性可以说是西方传统形而上学的阿基米德点，无论是古代哲学的理念自身还是近代哲学的主体自身，都是哲学获得统一性（Einheit）的基础。统一性相对于杂多性，是被同一性所统摄的总体性，这可以说是任何形而上学的目标。——中译者注

[2] 魔法、巫术和萨满教，代表了最原始的神话思维，而其中已然存在着科学思维的结构。与科学一样，原始的神话在人类生活中扮演着类似的角色，即通过统治自然而实现人类的自身持存。所以尽管神话与科学看起来势不两立，但科学替代神话，本质上也是一个连续的过程。——中译者注

[3] 重复是统一性的经验形式，任何对经验事物的掌握都可以还原经验事件的重复发生。这一实验科学的基本理念对理解启蒙辩证法也尤其重要。——中译者注

的相似性，对后来的文明人而言，不同猎场缩减为统一性的宇宙，缩减为所有掠夺可能性的总概念（Inbegriff）。只有作为这样一种相像者，人类才获得自身（Selbst）的同一性，这个自身在与他人同一化过程中不会消失，而是作为不可穿透的面具始终如一地占有自身。牺牲了多质的自然统一性，正是精神的同一性及其相关物。祛质了的自然变成了被单纯划分的混沌材料，而统治一切的自身变成了单纯的拥有（Haben），变成了抽象的同一性。在巫术中，存在特殊的可替代性（Vertretbarkeit）。在敌人的长矛、头发和名字上发生的事情，这个人同时也会遭受到，动物牺牲替代神而被屠杀。祭祀中的替代（Substitution）标志着向推论性逻辑前进了一步。雌鹿是为了献给女儿，羔羊是为了献给长子，尽管它们必须具有独特的质，但是它们已然代表了类。它们之中带有样本的随意性。但是，替代者所达到的那种此时此地的神圣性和被选中者的唯一性，将它彻底地区分开来，使它在交换过程（Austausch）中变得不可交换。科学终结了这种情况。在科学中没有特殊的可替代性：即使有动物牺牲，也不代表神。可替代性转变为了普遍的可互换性（Fungibilität）。一个原子不是在代替（Stellvertretung）中裂变，而是作为物质的样品而裂变，而且兔子并非进入代替过程，而是由于实验室的偏爱而被误作单纯的样本。[1] 因为在功能性的科学中，区别是如此多余，以至于所有东西都沉沦入物质之中，科学的对象就“石化”了，而此从前的僵化仪式就显得灵活，因为它还是将一物转嫁给另一物。巫术的世界仍然包含着差别，这些差别的踪迹本身在语言形式中已经消失殆尽了。[13] 存在者之间的多重亲和性被给予意义的主体与无意 27

[1] 作者在此的思考涉及现代商品的核心机制，商品世界的普遍可互换性，源于人类生活中更为一般的替代行为。巫术和神话向现代科学的过渡，核心是特殊的可替代性向普遍的可互换性的过渡。——中译者注

义的对象之间，合理性的含义与偶然的含义承担者之间的单一关系所排斥。在巫术的阶段，梦境和图像并不被认作事物的单纯符号，而被认为是通过相似性或名称与事物相结合的。这个关系不是意向性关系，而是亲缘关系。魔法与科学一样是指向目标的，但它是通过模仿来追求目标，而不是以逐步远离客体的方式来追求目标。它根本不是建立在“思想万能”之上的，思想万能只属于原始人或者神经症患者；“心灵过程高于现实的评价”[14]，这在思想和现实没有被彻底区分开的地方是不可能存在的。“对于控制世界的可能性的不可动摇的信念”[15]（弗洛伊德以时代倒错的方式赋予魔法）只有借助于更加精明的科学才与适应现实（Realitätsgerecht）的世界统治相一致。通过无所不包的工业技术[1]来接替巫医那种受到地点限制的操作实践，才需要思想相对于客体的独立，正如其在适应现实的自我之中进行的那样。

太阳神的、父权制的神话作为以语言的方式展开的总体性，它的真理诉求压制着更为古老的神话信仰，压制着民众宗教（Volksreligion），这种神话本身就是启蒙，哲学的启蒙与这种启蒙可以在一个平台上相互较量。现在它（神话）得到了“回报”。神话学本身已经启动了无限的启蒙审判，在其中借助于不可抗拒的必然性，任何特定的理论观点都会一再地遭受到毁灭性的批判，说它只是一个信仰，直到精神的概念、真理的概念，甚至启蒙的概念都变成了泛灵论的魔法（Zauber）。命运般的必然性原则是作为逻辑结果从神
28 谕中编造出来的，它使得神话中的英雄走向毁灭；这个原理被阐释为形式逻辑的严格性，它不仅统治着西方哲学的任何理性主义体系，而且其本身也掌控着这些体系的系列，这个系列开始于诸神的等级

[1] “工业技术”（industrielle Technik）1944年版为“垄断的技术”（Technik des Monopols）。——霍版注

制度，并在永久的偶像的黄昏中[1]，将对不充分的正当性[2]的盛怒作为同一的内容流传下来。正如神话已经贯彻了启蒙，启蒙在其任何步骤上都深深地卷入神话学之中。它接受了神话的所有材料，是为了毁灭它们，而作为审判官，它陷入了神话的魔力之中。它想通过在审判之中将报复施加于自身来摆脱命运和报复的审判。在神话之中，所有发生的事情都必然是对已发生事情的报偿（Buße）。在启蒙之中也是如此：事实变得虚无，它们几乎没有发生。在人们摆脱了幻象很久以后，作用力与反作用力相等的学说还在主张重复的权力统治着万物，通过将重复与被重复事物相等同从而祛除这些事物的权力。但是巫术的幻象消失得越远，重复就越加顽固地以法则性之名将人类固定在那个循环往复的过程之中，通过将这个过程对象化为自然规律，人类就无所顾忌地将自身臆想为自由主体。内在性原则，即将任何发生的事情都解释为重复，是启蒙为反对神话的想象力而主张的，其本身就是神话的原则。枯燥的智慧，让太阳底下不存在任何新鲜事物，因为这个无意义的游戏中的所有棋子都用光了，伟大的思想都已经被想到了，可能的发现都是可以事先构思的，人通过适应而被束缚在自身持存之上——这种枯燥的智慧再生出的不过是它所谴责的幻想的智慧；命运的仲裁通过报复持续地将已经存在过的事物再生出来。本来不同的东西，被等同起来了。这就是为可能的经验批判性地树立界限的那个裁决。万物与万物之间的同一性的代价是，不可能有任何东西与其自身相等同。启蒙捣毁了旧的不平等的不公，捣毁了直接的主宰，而这种不公同时在普遍的中介 29

[1] 此处关涉到尼采的著作《偶像的黄昏》，阿多诺“永久的偶像的黄昏”也是一个内涵张力的词汇，黄昏意味着白天和黑夜的过渡，是一个暂时性的概念，而永久则表明这种过渡状态一直持续。这意味着启蒙始终处于与神话在同一平台上的较量之中，也意味着在哲学的发展史上神话始终在场。——中译者注

[2] “不充分的正当性”在影射实证主义者对形而上学哲学家的指责，认为他们缺乏充分的正确性、正直和公正性。这个指责一般地被“启蒙了的”思想调整为对之前的哲学体系的指责。——意大利文版注

（任何存在者都与任何存在者相关联）中永久化了。它所关心的是克尔凯郭尔（Kierkegaard）的新教伦理所颂扬的东西，是赫拉克勒斯（Herakles）的传奇故事中代表了神话统治的某个原型的东西[1]：它剪除了不可度量的东西。不仅仅是思想中的质被消解了，而且人们也被迫走向了现实的适应（Konformität）。市场不问出身，交换者为这等好事付出了代价，即他将他生产商品（人们可在市场上购买的商品）的那种与生俱来的可能性模式化。人们被赋予的自身（Selbst）越是区别于其他所有自身的本己自身，这个自身就越是肯定地会变成相同的自身。但是因为这个自身根本就没有完整地出现过，所以即使经过自由主义时期直到启蒙运动，这个自身总是与社会强制相协调的。被操纵的集体的统一性，存在于对任何个人的否定之中，这是对那种使得个人成为一个个人的社会的讽刺。“部落”这个名称毫无疑问地[2]出现在希特勒青年团[3]的组织之中，这不是向古老的野蛮状态的倒退，而是压迫性的均等（Egalität）的胜利，即权利（Recht）的平等性通过平等之人而发展为不公（Unrecht）。法西斯主义者的冒牌神话（Talmi-Mythos）自身暴露了史前时代的真实神话，因为真实的神话看出了报应，而虚假的神话则盲目地把这个报应施加于牺牲者身上。任何试图通过战胜自然来打破自然强制的努力，都只可能深深地陷入自然强制之中。这就是欧洲文明所走过的道路。抽象这个启蒙的工具，像其概念已被启蒙剔除了的命运一样来处理它的客体，即清除（Liquidatoin）。抽象物的平均化（nivellierenden）

[1] 赫拉克勒斯（Herakles）是希腊神话中半人半神的形象，大英雄和大力神。他属于宙斯神族，为宙斯与其重孙女所生，因得吸宙斯之妻赫拉（Hera）的乳汁而具有神性且力大无穷。传说赫拉克勒斯曾经掐死一个泰坦巨人，且完成了著名十二项功绩，如击杀巨狮、食人鸟、九头蛇，驯服野牛、野马、三头犬，等等。赫拉克勒斯南征北战，造福各方，赢得希腊人的普遍崇拜。赫拉克勒斯是一个征服自然、主张正义的有力形象。——中译者注

[2] “毫无疑问地”（zweifelsohne），1944 年版无此词。——霍版注

[3] 希特勒青年团（Hitlerjugend）是纳粹党于 1922 年成立的准军事组织，其任务是对 13—18 岁的男性青年进行军事训练，为德国的对外战争做准备，并为纳粹党提供后备党员。——中译者注

统治，将自然界的所有事物都变得可重复，而这些可重复的事物是它为工业所准备的；在抽象物和工业的统治下，获得解放的人们最终变成了曾被黑格尔称作启蒙之后果的“人群”[16]。

主体与客体的距离这个抽象的前提，是建立在与统治者（Herr）通过被统治者（Beherrschten）获得的那些事物的距离之中的。荷马 30
的诗篇和梨俱吠陀（Rigveda）[1]的赞歌，发源于领主统治以及好战的优等民族（Herrenvolk）所占据的、凌驾于被战胜的原住民之上的固定位置。[17]诸神之中的最高的神，是与这个市民的世界一道出现的，在其中国王作为武装贵族的首领看守着土地上的臣民[2]，而医生、先知、手工业者和商人则从事交往（Verkehr）。随着游牧社会的结束，社会秩序就在固定财产基础上产生出来。统治与劳动相互区分开。像奥德修斯这样的有产者，“在远处掌管着一群数目众多，经过精细分工的人员，包括放牛人、牧羊人、养猪人和仆人。晚上，当他从他的宫殿放眼望去，千万盏灯火照亮乡野，他就可以安然入梦：他知道，他的勇敢侍卫正严阵以待，以防范野兽，并驱逐窜入领地的窃贼。”[18]在推论性逻辑中发展出的那种思想的一般性，概念领域中的统治，是从现实的统治的基础上提升起来的。在消解巫术的遗产和混乱的古老观念的过程中，通过命令划分出的、为自由人所规定的生活状态，借助概念同一性表达了出来。自身在征服世界的过程中学会了秩序和服从秩序，很快就将真理与支配性的思维合而为一，而没有这个思维的固有区分，真理甚至都不能存在下去。与模仿性的魔法一道，实际涉及对象的知识也被自身列为禁忌。它憎恨史前

[1] 梨俱吠陀（Rigveda），全名《梨俱吠陀本集》，是印度最古老的一部诗歌集，是《吠陀》中最重要的一部作品。它的内容包括神话传说、对自然现象和社会现象的描绘与解释，以及与祭祀有关的内容，是印度现存最重要的诗集。——中译者注

[2] “臣民”（Unterworfen），1944年版为“剥削的客体”（Objekteder Ausbeutung）。——霍版注

世界的图像，以及其虚构的幸福。原始居民的冥府之神被驱赶到地狱之中，在因陀罗（Indra）[1] 和宙斯的太阳-光明宗教（Sonnen-und Lichtreligion）之下，大地变迁为地狱。

但是，天堂和地狱相互关联。正如在诸多不相互排斥的崇拜仪
31 式中，宙斯的名字既属于一个地府之神，也属于一个光明之神 19，正如奥林匹斯山上的诸神与冥府之神打着各种交道，善的势力和恶的势力，幸运和不幸之间并未清晰地区分开。它们相互绞在一起，正如发生与消逝，生存与死亡，夏季与冬季一样。在希腊宗教的光明世界中，在人类已知的最早阶段上被作为曼纳（Mana）[2] 来崇拜的混沌未开的宗教原则仍然继续存在。最初，所有未知和陌生事物都统统是曼纳，即那些超出经验范围的东西，那些超出了之前熟知之物的东西。被原始人认作超自然的东西，并不是与物质相对立的精神实体，而是自然物的相互纠缠，与单个环节相对立。[3] 经验到陌生之物时的惊恐的呼喊，成为了它的名称。这名称将未知之物相对于已知之物的超越性固定下来，并借此将战栗固定为神圣性。将自然二重化为显像（Schein）和本质、效果和力量，才使得神话以及科学成为可能，这个二重化源于人类的恐惧，恐惧的表达变成了解释。并非如心理主义所相信的那样，是灵魂被植入了自然之中；曼纳，这个游动着的精灵，不是一个投射，而是自然的实际的强力在野蛮人那脆弱的灵魂中的回响。有生机的东西与无生命的东西之间的分

---

[1] 因陀罗（Indra），全名为释提桓因陀罗（akro devānām indrah），意译为能天帝。本为印度教神明，司职雷电与战斗，后被佛教吸收为护法神。在梵文中，释迦（akra）意为“能够、有能力”；提婆（deva）意为“天人、神明”；因陀罗意为“王者、征服者、最胜者”。其全名合意即为“能够为天界诸神的主宰者”，即“能天帝”。——中译者注

[2] 曼纳（Mana）是美拉尼西亚宗教和波利尼西亚宗教的一种基本观念，指一种非人格的超自然神秘力量。曼纳一语始见于英国科德林顿的《美拉尼西亚人》（1891）一书，后成为比较宗教学中的一个重要概念。据认为曼纳不具形象，不可捉摸，不可见闻，但随时随地都借人或物显示其力量和存在。世界上的各种动植物和事物的鬼魂和精灵都具有曼纳。曼纳并不永久附着于某一物，但可从某一物转移到另一物，或从某一物中散失和投入另一物。——中译者注

[3] “环节”（Glied），1944 年版为“环节”（注释 20 标在这个位置）。——霍版注

割，鬼怪和神灵占据特定的位置，这是在前泛灵论（Präanimismus）中才开始出现的。在其中已具有了主体与客体之间的分离。当树木被说成已不单纯是树木，而且也是某个他物的标志，被说成是曼纳的所在，那么语言就表达出了如下矛盾，即某物既是它自身，同时也是某个异于它自身之物，是同一的，又是非同一的。[20] 通过神灵，语言从同语反复变成了语言。人们喜欢将概念定义为在其下被把握 32
的事物的统一性标志，它从一开始就是辩证思维的产物，在这种思维中，任何事物都只因变为其所非是而是其所是。这是客体化规定的源始形式（Urform），在其中概念与事物相互分离；这种形式在荷马史诗中已经获得了长足发展，并在现代实证科学中发生翻转。但是，这种辩证法是从惊恐的呼喊中发展起来的，而这种呼喊本身是二重化，是惊恐的同语反复，就此而言这个辩证法是无力的。诸神不能消除人们的畏惧，它们将畏惧的那种固化了的声音作为自己的名称。人类幻想在不存在未知之物的时候，他便可摆脱恐惧。这规定了祛神话化的道路，即启蒙的道路，启蒙将有生命的东西与无生命的东西合而为一，正如神话将无生命的东西与有生命的东西合而为一那样。启蒙是一种极端化了的、神话的恐惧。实证主义的纯粹内在性，是启蒙最后的产品，无非是一种似是而非的普遍禁忌。从根本上不再允许外界有事物存在，因为关于外界的单纯表象乃是恐惧的真正来源。原始人因为某个家人被谋杀而产生的仇恨，有时候是通过将谋杀者接纳入自己的家庭而得到平息的[21]，如果这样，双方都意味着将异族的血统吸收入自身，这就是内在性的产生。神话的二元论并未超出现实事物（Dasein）的范围。被曼纳彻底统治的世界，甚至印度和希腊神话的世界，是绝无出路、永无变化的。所有的初生都以死亡为代价，所有的幸福都以不幸为代价。人和神可以尝试在其期限之内按照其他的尺度，而非按照命运的盲目过程来

分享各自的运气，最终现实事物战胜了他们。即使是他们从厄运那
33 里夺取的正义，也带有厄运的特征；这个正义与处于压迫和不幸的社会中的人们（原始人、希腊人以及野蛮人）投向周围世界的目光是一致的。从而，对神话的正义以及启蒙的正义来说，罪责与忏悔、幸运与不幸乃是一个等式的两端。正义沉沦进了法权之中。萨满通过危险之物的图像来驱逐它们。他的手段是等同性。这个等同性规范着的文明社会中的惩罚和酬劳。即使是神话的观念，也能够毫无保留地回溯到自然关系。正如双子星座以及其他所有二重性的象征指明了自然的不可避免的循环过程，正如这个循环过程本身的源始符号乃是蛋卵的象征（其他的象征都发源于此），宙斯手中天平（象征着整个父权制社会的正义）要回溯到单纯的自然。在从混沌到文明的进程中，自然关系不再直接地，而是通过人们的意识行使它的权力，这个进程丝毫没有改变等同性的原则。而人们恰恰为这一进程付出了代价，即崇拜他们之前与其他所有造物一样都曾经臣服的东西。从前，物神屈服于等同性的法则。而现在，等同性本身变成了物神。正义女神的蒙眼布，不仅仅意味着公正不容侵犯，而且也意味着公正并不源于自由。

祭师的学说在如下意义上具有象征性，即在其中符号与图像是符合一致的。正如象形文字所证实的那样，语词最初也发挥着图像的功能。这个功能过渡到了神话之中。神话以及巫术仪式都意指重复着的自然。这个自然是象征性事物的内核：一个存在，或者一个被想象为永恒的事件过程，因为它在象征的执行过程中应当反复发生。无穷无尽、无限的更新、所指事物的永久性，这些不仅是所有象征的标志，而且是其本真的内涵。创世的各种传说，在其中世界产生于母祖、母牛或者蛋卵，以象征的方式跟犹太教的“创世记”

相对立。古代人对过于拟人化的神的嘲弄并未触及这个核心。个体 34
性不能穷尽诸神的本质。诸神还具有曼纳自身的某种特质；它们将自然体现为普遍的权力。带着其前泛灵论的特征，它们突进到启蒙之中。奥林匹斯诸神的丑闻录（chronique scandaleuse）的朦胧面纱下，混合的学说、元素之间的压力和碰撞的学说已经形成了；这个学说随后就作为科学而被建立起来，并且使诸神话变成了幻想的形象。随着科学与诗之间的截然区分，借助于这个区分所造成的分工就蔓延到了语言之中。语词作为符号到达科学；而作为声音、作为图像、作为本真的语词（eigentliches Wort），它被分布到不同艺术之中，而不能通过相加，通过通感（Synästhesie）或者总体艺术（Gesamtkunst）[1] 来恢复自身。作为符号的语言，为了认识自然而应该屈服于计算，它摆脱了与自然相似的要求。作为图像语言，为了整个地成为自然而应该屈服于摹写，它摆脱了认识自然的要求。随着进步的启蒙运动，只有真正的艺术作品才一度能够摆脱对本来已有的东西的单纯模仿。艺术与科学之间流行的对立（或译为“反题”），将它们作为不同文化领域相互撕裂开，以使它们作为文化领域一道变得可以宰制；这个反题最终让双方作为截然的对立者，借助于其本身的趋向过渡到对方之中。新实证主义 [2] 所解释的科学，变成了唯美主义，成为了被剥离下来的符号的体系，毫无超越这体系的意向：这种游戏是数学家们早已经为之骄傲的事情。但是，整体摹写的艺术，直至其特殊技法，都献身于实证主义科学。事实上，它再次成为了世界，成为了意识形态的双重化，成为了驯服的再生产。符号与图像的分裂是不可避免的。但是，如果这种分裂毫无疑

[1]　这里在暗示理查德·瓦格纳（Richard Wagner）的总体艺术作品的概念。——意大利文版注

[2]　“新实证主义”指 20 世纪初流行于欧美实证主义思潮，即以卡尔纳普和石里克等人为代表的逻辑经验主义，区别于孔德的经典实证主义。——中译者注

虑地自鸣得意，并再次固化，那么这两种孤立原则中的任何一方，都会走向真理的毁灭。

35 在这个分裂中出现的鸿沟，已被哲学在直观与概念的关系中发现并一再徒劳地努力填补它：哲学正是通过这个努力才得到定义。大多数情况下，哲学当然是站在其获得名称的这一边。柏拉图驱逐诗的姿态，与实证主义者驱逐理念论的姿态是相同的。柏拉图说，借助于其有口皆碑的艺术，荷马并未进行公共的改革，也没有私人改革，没有赢得一场战争，也没有做出一项发明；我们不曾知道他有人数众多的、尊敬和爱戴他的追随者；艺术才必须表明它的有用性。[22] 在柏拉图那里就像在犹太人那里一样，摹仿（Nachahmung）是受到排斥的。[1] 魔法的原则被理性和宗教所革除。它作为艺术，也因为其与现实存在的主动疏离而仍然是不诚实的。那些将它实用化的人，变成了流浪者，变成了幸存下来的游牧民，即定居人群中的无家可归者。不应该再通过同化作用（Angleichung）来影响自然，而是要通过劳动来统治自然。艺术作品在这一点上仍然是与魔法相同的，即设定一个本身的、封闭于自身之中的领域，脱离平凡的现实存在背景。这个领域为特别的法则所主宰。正如在魔法仪式上，魔法师是第一个从周围世界中圈出神圣力量的活动场所的人，任何艺术作品都为自身描画出隔绝于现实事物的范围。正是这种对影响作用的放弃，将艺术与巫术的感应区分开，而这种放弃却又愈加深刻地坚持着巫术的遗产。这个放弃将纯粹图像置于鲜活实存的对立面，纯粹图像却将实存的要素扬弃到自身之中。成为原始人魔法中那些新奇而可怕的事件所变成的东西，这本是艺术作品和审美显像的题中之义：整体在特殊之中的显现。在艺术作品中，一

[1] 这里指犹太教禁止描绘上帝的形象。——中译者注

再地发生这样一种双重化，借此事物就显得有灵，显现为曼纳的表现。这就构成了艺术作品的灵晕（Aura）。作为总体的表达，艺术要求得到绝对者的尊位。哲学有时候曾这样被推动，即授予艺术以相对于概念知识的优先地位。在谢林看来，艺术深入到了人类知识失效的领域。他将艺术视为“科学的榜样，只有存在艺术的地 36
方，科学方可入内”[23]。按照他的学说，图像与符号的分裂“通过对艺术的任何个别的呈现都能完全克服”[24]。资产阶级世界很少如此坦率地信任艺术。在它限制知识的地方，通常并不是为艺术，而是为信仰留下地盘。新时代好战的虔敬（Religiosität），托尔克马达（Torquemada）[1]、路德和穆罕默德，用这个信仰的位置来调和精神与现实存在。但是信仰是一个私人概念：如果它不持续地卖弄它与知识的对立或者与知识的一致，那么它作为信仰就会被消除掉。因为它依赖于对知识的限制，所以它本身乃是有限的。新教努力像在史前时代那样，直接在语词本身中发现其须臾不可离开的超越性真理原则，并且试图把象征性的暴力归还给语词，它这种信仰的努力所付出的代价，乃是听命于语词，而非神圣之物。由于信仰仍然不可避免地被束缚在知识之上，无论是作为其敌人还是朋友，它便在克服分裂的斗争中将这种分裂永恒化：信仰的狂热主义就是其非真理性的标志，就是在客观上的让步（Zugeständnis），即只信仰的人，恰恰因此而不再信仰。问心有愧（schlechte Gewissen）是它的第二本性。信众的所有诚实向来是敏感和危险的，其原因存在于对信仰必然携带的匮乏的隐秘意识中，存在于对它所致力于调和的内在矛盾的隐秘意识中。刀剑与烈火、改革与反改革之间已发生的暴行，并不是夸张之举，而是信仰原则本身的现实化。信仰一再反复地表明

[1]　托尔克马达（Torquemada，1420—1498），西班牙第一位宗教裁判所大法官。——中译者注

自身为其所欲掌管的世界历史的图样（vom Schlage），甚至在近代它变成了世界历史偏爱的手段，成为它特殊的狡计。如黑格尔所证明，
37 不仅 18 世纪的启蒙运动是不可阻挡的，而且思想本身的运动也不可阻挡，对此再无别人比他更有睿见。无论是在最低还是在最高的洞见之中，都已然包含着关于其与真理之距离的洞见，这个真理让辩护士变成了骗子手。信仰的悖论最终蜕变为骗术，蜕变为 20 世纪的神话[1]，而它的非理性则蜕变为那些彻底被启蒙了的人们操办的合理的活动，这些人总归要将社会驱向野蛮。

早在语言进入历史的时候，祭师和魔法师就是它的掌控者。损害象征符号的人，就要落入打着超世俗的名号的世俗权力之手，这些世俗权力的代表就是那些被委任的社会机关。此前发生的事情，我们尚不可知。产生出曼纳的战栗，在人种学中涉及曼纳的地方已经广为“批准认可”（sanktionieren）了，至少是得到那些氏族长老的“批准认可”。非同一的、流散开的曼纳被人类固化，并粗暴地将其质料化。不久，魔法师借助于流散物占据了任何一个地方，并将神圣仪式的多样性赋予神圣领域的多样性。他们借助于精灵世界以及其特殊性来展开他们的专门知识以及其统治。神圣的存在物让渡给了与其打交道的魔法师们。在第一个游牧时期，氏族的成员还在以单个人的方式参与到对自然过程的影响中。男人们追逐野兽，女人们则从事那些不需要严明纪律的工作。[2] 为适应如此简单的活动秩序，发生了多少暴力，是不确定的。在这个秩序中，世界已经被划分为权力的区域和普通的区域。在其中，自然过程作为曼纳的结果已经被提升为要求服从的规范。但是，如果说原始的游牧民即使处

[1] 此处暗示阿尔弗雷德·罗森堡（Alfred Rosenberg）的著作《二十世纪的神话》[*Der Mythus des zwanzigsten Jahrhunderts*（1930）]。——霍版注

[2] 这里指原始社会的第一阶段母系社会的生活方式，男性以单个人的方式从事狩猎，而女性则从事采集。阿多诺强调这种生活是个人分散的方式进行的。——中译者注

于臣服的位置，他们也参与了限定他们的巫术，他们自己披上兽皮，谨慎地接近猎物，那么在后来的时期，精灵与臣服者的交往就分布到了人类的不同阶级之间：一方占据权力，另一方则俯首听命。循环往复的、一成不变的自然过程，作为劳动的节奏，按照皮鞭和棍 38
棒的拍子，被外族人或者本族中的小集团灌输给那些臣服者，并在任何一声野蛮人的擂鼓和任何一种单调的崇拜仪式之中回响。象征符号采取了物神（Fetischs）的表达方式。象征符号所意指的自然重复，在历史进程中往往表明是它们所代表的社会强制的永久性。被对象化为固定图像的战果，变成了被固定下来的特权阶层统治的符号。[1] 但是，即使普遍概念已经抛弃了所有图像性的东西，它们仍然是统治的标志。甚至科学的演绎形式也反映出了等级制和强制。正如最初的范畴表现出了组织化的氏族及其对个人的权力那样，整个的逻辑秩序，概念之间的相互依赖、相互联系、相互包含和相互联合，乃是建立在社会现实和分工的相应关系之中的[25]。当然，正如涂尔干（Durkheim）所主张的，思想形式的这种社会特征不仅仅是社会团结的表达，而且也是社会和统治之不可穿透的统一性的见证。统治赋予社会以整体，它在这个整体中被固定下来，并增强了社会整体的坚固性和力量。统治以社会的方式发展为分工，服务于被统治的整体的自身持存。但这样，整体之作为整体，整体中内在理性的操作，就必然变成了对个别人的执行（Vollstreckung）。统治是作为与个人相对立的一般，作为现实中的理性而出现的。社会成员别无出路，只能接受分工，他们所有人的权力借助于分工一再重新累积为整体的实现，而这个整体的合理性恰恰又因此而倍增。所有通过少数人而发生的东西，其实现往往是通过多数人对

[1] “被固定下来的特权阶层的统治”（verfestigten ... Privilegierten），1944 年版为：“阶级统治”（Klassenherrschaft）。——霍版注

单个人的压制：社会压迫往往同时具有一种通过集体来压迫的特征。沉淀到思想形式之中的，乃是集体性和统治的这种统一性，而
39 不是直接的社会普遍性和团结。柏拉图和亚里士多德用来陈述世界的哲学概念，通过对普遍有效性的要求，将这些概念所创立的关系提升到了真正现实性的级别。正如维科所说[26]，这些概念发源于雅典的市场；它们以同样的纯粹性反映出物理学的规律、雅典完全公民（Vollbürger）的平等，以及妇女、儿童和奴隶的卑贱。语言本身也赋予其所说的东西，即统治关系以普遍性，也就是语言这种市民社会的交往手段所采取的那种普遍性。形而上学所强调的东西，通过理念和规范的认证，无非是严厉性和排他性的实体化，在所有语言将统治者的共同体与发号施令关联起来的地方，概念都必须接受这种排他性。作为语言的社会权力的这种强化的理念越是变得多余，这种权力的增长就越多，科学语言让这些理念寿终正寝。有意识的辩护并不携带物神的惊恐本身还具有的那种暗示。集体性与统治的统一，甚至表现在普遍性之中，这种普遍性必然会接收下语言中的某些糟糕的（schlechte）内容，无论是形而上学语言还是科学语言。形而上学的辩护词泄露了现存事物的非正义，至少通过概念与现实之间的不一致表明了这一点。在科学语言的中立性中，无力的东西（Ohnmächtige）完全丧失了表达自身的力量，而持存的东西则只发现它们的中性符号。这样一种中立性比形而上学还更加形而上学。启蒙最终不仅耗尽了象征符号，而且也耗尽了它的后继者，即普遍概念，并且形而上学除了其所从出的对集体的抽象恐惧之外，便别无他物。概念面对启蒙，正如退休职工面对工业的托拉斯（Trusts）[1]：谁都不可能感到安全。如果说逻辑实证主义还给概率以

[1] “工业的托拉斯（Trusts）”，1944年版为：“通过垄断的社会磨合”（der sozialen Umwälzung durchs Monopol）。——霍版注

一个机会的话，那么人种学的实证主义就将概率性等同于本质。“我 40
们关于概率和典型的模糊观念，是更为丰富的概念的黯然失色的废墟”[27]，也就是神秘实体的废墟。

启蒙作为唯名论的运动，止步于名词，止步于无外延的、精确的概念，止步于专名（Eigennamen）。有些人认为[28]，专名最初是否同时是一些种类名称（Gatungsnamen），肯定得不到澄清了，但前者的命运与后者还是不同的。休谟（Hume）和马赫（Mach）所否认的自我实体（Ichsubstanz），与名字不是同一个东西。在犹太教中，父权制观念的上升毁灭了神话，名称与存在之间的纽带还是通过禁止称呼神的名字这个禁忌而得到承认的。犹太教的祛魅了的世界，通过否定巫术而将巫术调和进了神的观念之中。犹太教不能容忍任何为有死者的绝望提供安慰的语词。希望唯独与这些禁忌相联系：禁止将虚假的神称作神，将有限者称作无限者，将谎言称作真理。拯救的凭据在于拒绝所有硬塞给它的信仰，知识存在于对狂想的揭发之中。当然这种否认不是抽象的。对任何肯定之物的无差别的驳斥，虚无性的陈词滥调，正如佛教所使用的那样，越过了为绝对者命名这个禁忌，正如它的对立面，即泛神论一样，或者像它的假面具，即资产阶级的怀疑论一样。将世界解释为虚无或者万有，都是神话学，救赎安全通道乃是升华了的巫术实操。先知先觉的自身满足，以及将否定性神化为救赎，都是对抗欺骗的虚假形式。在图像禁忌的虔诚的执行之中，图像的权利得到了拯救。这种执行，即“规定
了的否定”[29]，不是通过抽象概念针对迷惑性的直观伸张主权而到 41
保护，如同怀疑主义那样，对它而言，真实与虚假都同样是虚无的。与严苛主义不同，规定了的否定驳斥关于绝对者的不完整表象，拒绝偶像，是通过让它们面对其不可能满足的理念。毋宁说，辩证法就是将任何图像都公开为文字。它主张从图像的特征之中读出其虚

假性的自白，这个自白剥夺了图像的权力并将其献给真理。从而，语言就不再是单纯的符号体系。借助于规定了的否定这个概念，黑格尔突出了一个要素，这个要素将启蒙与实证主义的衰变区分开来，而黑格尔却将启蒙归结于这个衰变。当然，由于他最终将否定的整个过程的被意识到的结果，即体系和历史中的总体性变成绝对者，他就违反了图像禁忌并自身陷入神话学之中。

这不仅发生在黑格尔那作为进步思想之神化（Apotheose）的哲学上，也发生在作为冷静理智（Nüchternheit）的启蒙自身之上，而启蒙本是打算通过这个冷静理智来与黑格尔和一般形而上学作断然区分的。而启蒙与任何体系一样终究是极权主义的。它的非真理并不是它的浪漫主义敌人长久以来所谴责的东西，并不是分析的方法、向要素的回溯、通过反思的分解，而是如下事实，即对它而言，过程乃是从一开始就被决定了的。如果说在数学的演算过程中，未知的东西变成了方程式中的未知量，那么这个未知的东西在代入一个数值[1]之前就被打上了已知的烙印。无论在量子理论（Quantentheorie）[2]之前或之后，自然都是以数学的方式而被掌控的；即使是不可涉入的东西，即不可解谜性和非理性[3]，也被数学定理加以改造。预先将最终被理解为数学化的世界与真理相同一，启蒙以为这样做就肯定不会倒退为神话。它将思维与数学等同起来。由此数学仿佛被释放出来，被变成了绝对的审判机关。“无限的世界，在这里是由理念的东西构成的世界，被构想为这样一种世界，它的对

[1] “数值（Wert）”，1944 年版为：“语词”（Wort）。——霍版注

[2] 量子理论产生于 19 世纪末 20 世纪初，是现代物理学的两大基石之一（另一个是相对论），它提供了新的关于自然界的表述方法和思考方法。量子理论揭示了微观物质世界的基本规律，为原子物理学、固体物理学和核物理学等奠定了基础。量子理论是对经典物理学（牛顿力学）的超越。在此阿多诺意在表明无论对自然的解释方式有多大的革新，它们无非都是以数学的方式解释自然。——中译者注

[3] 例如质点和无理数，等等。——中译者注

象不能够单个地、不完整地，好像是偶然地被我所认识，而是要通 42
过一种合理的系统地统一的方法才能达到。这种方法在其无穷的进展中，最终能够把握每一个对象的全部自在存在。……但是由于伽利略将自然数学化，自然本身就在这种新的数学的指导下理念化了；用现代的说法，自然本身变成了一种数学的流行。”30 思维模仿着机器，将自身物化为一种自发启动的、自动运行的过程；这机器本就是思维生产来最终能够替代思维自身的东西。启蒙 31 将对思维的思维这个经典的要求弃之一旁——费希特哲学是其彻底的执行，因为它回避了要求实践的命令，但费希特还是愿意执行这个命令的。数学的运算方式似乎变成了思想的崇拜仪式。尽管有公理的自身限制，数学运算还是将自身翻新（instaurieren）为必然的和客观的：它使思维成为事物，成为工具，正如数学自己所说的那样。但是现在，借助于这样的模仿（在其中思维与世界等同起来），事实性的东西就变成了如此唯一的东西（Einzige），以至于对上帝的否认衰变成了对形而上学的判决。实证主义接任了启蒙了的理性审判机构，在它看来，过度放纵而进入理智世界，不仅是要被禁止的，而且乃是无意义的闲言碎语。幸运的是，它不必成为无神论，因为物象化的思维根本就未能提出这个问题。实证主义的检查官很乐意像放过艺术一样放过公共的崇拜仪式，将其视为社会活动的一个无知识的特殊领域；而对那种与成为知识的要求一道出现的对知识的否认[1]，他则从不放过。思维之远离加工事实之物的活动，走出现实存在的魅力禁区，被科学的态度（Gesinnung）视为疯狂和自我毁灭之举，正如原始人的魔法师将走出其为了召唤鬼神而画出魔力范围视为疯狂和自我毁
灭之举一样，这两种情况所操心的是，违反禁忌实际上会给渎神者 43

[1] 这里似指怀疑论。——中译者注

带来灾难性的后果。自然统治画出了一个范围，纯粹理性批判将思维驱赶进去。康德将思维向无限者那种无休止的、不辞辛劳的前进的学说，和对这个无限者的不可及性和永恒的界限性的坚持统一起来。它所颁布的通知，是一条神谕。在世界中没有科学所不能穿透的存在，但是能为科学所穿透的东西却不是存在。在康德看来，哲学的判断是以新事物为目标的，但是它却认识不了任何新事物，因为它总是单纯地重复理性向来已经置于对象之中的东西。在科学的领域中，这种在灵视者之梦[1]的面前得到保证的思维是要承担后果的：对自然的世界统治转而针对思维主体本身，除了那个一成不变的"我思"，那个必须能够伴随我的所有表象的"我思"，主体便所剩无几了。主体和客体都变得虚无。抽象的"自身"，这个笔录和体系化的合法头衔，其面对的除了抽象的质料之外一无所有，而这种抽象的质料除了占有基底的位置之外便别无其他属性。最终出现了精神与世界的等同，但条件是双方互相都进行了缩减。在将思维化约为数学装置的过程中，对世界的批准认可作为这个世界本身的尺度被包摄进来。表现为主观合理性（Rationalität）的胜利的东西，所有存在者对逻辑形式主义的臣服，是用理性（Vernunft）对直接的现存事物的恭顺屈服换来的。把握现存事物本身，不单纯是要看出被给予性的抽象的时空关系（它们被容纳在这些时空关系之中），而是相反，将这些被给予性理解为表面的东西，理解为被中介的概念因素，这些因素只有在其社会、历史和人类的意义的展开中才能够实现——这整个的知识诉求，就都被牺牲掉了。这个诉求不存在于单纯的知觉之中，不存在于分类和计算之中，而恰恰是在于对每个直接事物的规定着的（bestimmend）否定之中。但是，数学形式主义

[1] 这里参见德文版 27 页脚注 7。——霍版及中译者注

的媒介是数字，是直接事物的最抽象形态，反而在单纯的直接性中坚持思想。事实之物是对的，知识局限在对它的重复之上，思想自身变成了单纯的同语反复。思维的机制越是屈服于存在者，那么它自身就越是盲目地安于对存在者的再生产。因此，启蒙就倒退到神话学之中，根本意识不到要摆脱它。因为，神话学的诸多形态将现存事物的本质，即循环、命运和世界统治反照为真理，并取消了希望。在神话图像的简洁性中，犹如在科学公式的明白性中一样，事实之物的永恒性被证实了，并且单纯的现实存在被说成是它自己所隔绝了的意义。世界作为一个巨大无比的分析判断，那个被所有科学之梦遗留下来的唯一的世界，与宇宙神话如出一辙，后者将春秋更替与诱拐帕尔塞福涅（Persephones）的故事[1]联系起来。应该使事实性事物合法化的神话事件的一次性，是一个欺骗。最初，对女神的诱拐是直接与自然的死亡合而为一的。它总是与每个秋天一道重复，并且这个重复本身并不是分离的劫持事件间的顺序，而是每个事件中的同一个东西。随着时间意识的强化，这个事件就作为过去的一个独特事件被固定下来，在任何一个新的季节循环中，面对死亡的战栗通过向逝去已远的事情的回溯而仪式性地得到抚慰。但是这个分离是无力的。借助于对那个一次性的过去事件的设定，循环就具有了不可避免的特征，而这个战栗就从古老的事物散发出来，作为其单纯的重复影响到整个的事件发生之上。无论是将事实事物归于神话般的（sagenhafte）史前史，还是归于数学的形式主义，当下事件与崇拜仪式中的神话事件或者与科学中的抽象范畴之间的象 44

[1]　帕尔塞福涅（Persephones），希腊神话中的人物，是宙斯和得墨忒耳（Demeter）的女儿，被冥王哈迪斯（Hades）拐走，成了冥后。得墨忒耳作为农业与丰产之神因为想念女儿而形容憔悴，荒废神职，造成土地贫瘠，庄稼歉收，宙斯遂派人去缉拿帕尔塞福涅，但后者按照古老的法律已不能离开冥府，最终有人向宙斯推荐一个妥协方案，即帕尔塞福涅每年必须花三分之二的时间来陪伴母亲，三分之一的时间则在冥府陪伴丈夫。这便是对季节更替和庄稼生长的解释。——中译者注

征性关系，让新鲜事物显现为被预先决定了的东西，从而实际上就是旧的东西。没有希望的不是现实存在，而是知识，这个知识在图像性的或者数学的象征符号中将现实存在作为图式加以占据并将其持久化。

45 在启蒙了的世界中，神话学进入了世俗领域。那些被鬼怪以及其概念性的衍生物从根本上纯粹化了的现实存在，在赤裸裸的自然性中获得了令人恐惧的特征，而史前世界是将这个特征归因于鬼怪的。在残酷事实的名誉下，社会的不公（残酷事实源于不公）在今天被理所当然地神圣化为永远不可把捉的东西，就像受神灵庇护的巫医那样不可侵犯。统治所付出的代价，不仅仅是人与其所统治的客体之间的异化：由于精神的物象化，人们本身之间的关系，以及单个人与其自身之间的关系，也都被施魔（verhexen）了。个人缩减成了他被预期做出的常规反应和运作方式的连接点（Knotenpunkt）。泛神论赋予事物以灵魂，工业化主义则将灵魂物象化。[1] 早在总体计划之前，经济机构已经自动地为商品配以价值，这个价值决定了人的行为。随着自由交换的结束，商品就丧失了其经济上的质，只剩下其拜物教特征，这个特征就像一个冥顽不化的东西蔓延到社会生活的方方面面。对个人而言，合乎规范的行为方式通过大生产及其文化[2]的不计其数的代理人打上了单纯自然的、正直的和理性的烙印。他将自己规定为事物，规定为统计学上的要素，规定为成功或失败的人。他的尺度是自身持存，是对设定给他的职能和模式的客观性（或成功或失败）的适应。其他的一切，个人观点（Idee）和

[1] “工业主义……灵魂”(der Industrialismus ... Seelen)，1944 年版为“工业将灵魂物象化。垄断资本家的统治，就像之前单个资本家的统治一样，并不表现为主人的命令。”——霍版注

[2] “通过大生产及其文化”(Durch die ... Kultur)，1944 年版为“在垄断之下”(Unterm Monopol)。——霍版注

犯罪都会见识到集体的力量，从学校班级到工会，都维护着这种集体。但是，恐怖的集体也只属于欺骗性的表面，下面隐藏着将这集体作为暴行来操纵的权力。将诸个人强行维持住的集体的残酷性，根本没有呈现出人的真正品质，正如价值[1]没有呈现出用品的真实品质一样。人和物在无偏见的认识的光明之中所接受的那种可怕的（dämonenhaft）扭曲形态，要回溯到统治，回溯到已经引起曼纳向精 46
灵和诸神的特殊化的原则，回溯到识破了魔法师和巫医们装神弄鬼的原则。史前时代通过厄运批准认可了不可理解的死亡，这种厄运过渡到了可以完美地理解的现实存在（Dasein，或译为“定在”“此在”）之中。人们在正午的（mittägliche）惊慌失措中突然领悟到了作为全体的自然，这种惊慌失措与如今无时无刻不在发生的恐慌是一致的：人们料想，这个无出路的世界被一种全体性置于火海，这个全体性就是他们本身，而他们对它却无能为力。

启蒙的神话般的恐惧发挥着神话的效力。它不单纯是在未被阐明的概念和语词之中发现这种神话，正如语义学的语言批判所指出的那样，而且也在任何与自身持存的目的关系了悟关系的人类表达上发现这种神话。斯宾诺莎的命题，“自身持存的努力乃是德性的首要和唯一的基础”[32]包含着所有西方文明的真正准则，在其中资产阶级在宗教和哲学上的分歧就平息了。自身，在从方法上剔除了所有自然痕迹之后，应该就不过是神话学的自身，它既不是身体，也不是血液，不是灵魂，甚至不是自然的自我；这个自身被升华为先验的、逻辑的主体，构成行为的立法机关即理性的参照点（Bezugspunkt）。谁要是在没有与自身持存的合理性关联的情况下直

[1]“价值”（Wert），1944年版为“交换价值”（Tauschwert）。——霍版注

接地安排自己的生活，按照启蒙以及新教的判断就是倒退到史前时代。欲望本身就像迷信一样是神话性的；侍奉那并非“自身”所公设的神，就像酗酒一样精神错乱。崇拜直接的自然存在和沉溺于直接的自然存在，进步为这二者准备了同样的命运；这进步诅咒了思想的自身遗忘，亦如其诅咒快乐的自身遗忘那样。通过“自身”这个原则，资产阶级经济中任何个人的社会劳动就得到了中介；这劳动对一些人应当回报以增殖了的资本，对另一些人则应该回报以
47 更多劳动的力量。但是，自身持存过程通过资产阶级的分工走得越远，那么它就越是要强迫那些不得不按技术装置来塑造自己肉体和灵魂的个人进行自身外化。启蒙了的思维反过来又要为它而付出代价：最终，知识的先验主体作为对主体性本身的最后回忆，看起来要被取消，并被自动的秩序机制的更加平稳的运转所取代。为了愈加毫无节制地进行支配，主体性已经“挥发”为所谓中立的游戏规则的逻辑。实证主义最终也没有止步于思维本身这个最为字面意义上的智力编织的谎言（Hirngespinst，即幻象），还清除了个人行为与社会规范之间最后的阻隔机关（unterbrechende Instanz）。主体在从意识之中被清除出来之后，便物象化成了技术的过程，这个过程绝没有神话思维的歧义性，也根本没有任何所指，因为理性本身变成了囊括一切的经济机构的单纯辅助手段。[1] 它是用来制造其他一切工具的一般的工具，它目的专一，并且正像物质生产中的精确计算的操作一样极具灾难性，这种操作对人的后果是逃避任何计算的。最终，理性那古老的抱负[2]，即充当目的的纯粹工具，得到了实现。逻辑法则的排他性，源于功能的单义性，最终是源于自身持存的强制

[1] “经济机构的单纯辅助手段”（bloßen Hilfsmittel ... Wirtschaftsapparatur），1944 年版为“永恒垄断中的机构”（Apparat im perpetuierenden Monopol）。——霍版注

[2] 理性概念最初被理解为一种人类特有的能力和有用的技艺。——中译者注

特征。自身持存总是迫切地期望在生存与毁灭之间作选择，这个选择还反照在这个逻辑原则之中，即两个相互矛盾的命题只能有一个为真。这条原则以及它所创建起来的整个逻辑的形式主义，起因于一个社会中利益的不透明和盘根错节，在这个社会中形式的维持和个人的维持只是偶然相一致。思维从逻辑那里获得的指引，在阶梯教室（Hörsaal）里批准认可了工厂和办公室中人们的物象化。[1] 这样，禁忌蔓延到禁忌性的权力之上，启蒙蔓延到其本身所是的精神之上。但是，自然作为真正的自身持存就通过那个发誓要将它驱逐 48
出去的过程被释放出来，无论在个体中，还是在危机和战争的集体命运中都是如此。如果作为唯一规范的理论只剩下统一科学[2] 这个理想，那么实践就必定沦落为世界历史的无休无止运转。被文明完全掌握了的“自身”，消解为那种文明从一开始就想摆脱的非人性的一个要素。最古老的恐惧，即对失去本身名字的恐惧变成了现实。纯粹自然的实存，动物性和植物性的实存构成了对文明的绝对威胁。模仿的、神话的和形而上学的行为方式，依次被认为是已超越了的世界时代（Weltalter），退回到这些时代总是伴随着惊恐，即“自身”退回到那个它曾经以无以言表的努力摆脱了的单纯自然之中去，而这个自然却恰恰因此给它带来无以言表的惧怕（Grauen）。几千年（Jahrtausend）来，对史前时代的鲜活回忆，对游牧阶段，甚至更多的是对本真的前父权制阶段的鲜活回忆，都被借助于最可怕的惩罚从人们的意识之中销除。启蒙了的精神用其打在所有非理性之上的烙印（因为它会导向毁灭）来替代火刑和车裂。享乐主义是有

[1]　这里的阶梯教室在德国一般是大学的一种单向教育活动场所，其主要内容是权威教授宣讲，而学生则单纯地听讲并做笔记，此类大课一般针对低年级学生。在此比喻逻辑与思维之间的单向参引关系，以及这种关系通过教育而在社会上获得确立。——中译者注

[2]　在维也纳小组中，首要地是为纽拉特和卡尔纳普所宣扬的“科学的统一性”假设。——霍版注

节制的，其对走极端的憎恨并不逊于亚里士多德。[1] 资产阶级的自然性理想指的并非无定形的（amorph）自然，而是中庸之德。荒淫无度与禁欲苦行，穷奢极欲与清心寡欲（Hunger），他们尽管是对立的，但作为瓦解的权力却是直接同一的。由于整个生活都受制于其持存的要求，发号施令的少数阶层就与其本身的安全一道也保证了整体的继续存在。从荷马到现代的统治精神，从沦落到单纯再生产的斯库拉（Szylla）和无限制满足的卡律布狄斯（Charybdis）[2] 之间驶过；除了两恶相权取其轻之外，它从不相信其他的指路明星。德国的新异教徒（Neuheiden）和战争舆论的操控者们想要重新恢复快乐。[3] 但是，因为在这个千年的劳动压力下，快乐已经学会了自我憎恨，所以在通过自身蔑视而实现的总体解放中，它始终是令人厌
49 恶和残缺不全的。[4] 它将当前被废除了的理性预先培育成了自身持存，并始终被其囚禁。在西方文明的诸多转折点上，从向奥林匹亚宗教的过渡到文艺复兴、宗教改革和资产阶级的无神论，总有新兴民族和新兴阶层排斥神话的时候，对不可掌控的、恐怖的自然的畏惧，这个自然本身材料化和对象化的后果，都会被贬低为泛灵论的

[1] 中庸之德是亚里士多德伦理学的重要概念。亚里士多德认为人的任何行为都有三种倾向，过度和不及都是恶的，而两者之间的中庸才是美德，例如勇敢就是中庸之德，因为过度勇敢是鲁莽，而勇敢不够就是怯懦。中庸之德是通过理性而获得的。——中译者注

[2] 此处参引了《奥德赛》中奥德修斯冒险经过海怪斯库拉和卡律布狄斯悬崖的故事。斯库拉是六头食人海怪，会从驶过的船只上为它的每个头抓走一个人，卡律布狄斯则是斯库拉对面悬崖上的吞吐海水的怪物。二者都极其恐怖，但奥德修斯只能从她们之间狭窄的航道中穿行，在卡律布狄斯吞吸海水的时候，奥德修斯将船紧靠斯库拉一侧航行，但就是此时斯库拉抓走了他的六位同伴。这一切都是女神基尔克（Kirk）向奥德修斯预言了的，她告诫奥德修斯切不可反抗，要选择损失最小的方案，“因为即使损失船上的六个伙伴，也胜于全体遭覆灭”。参见荷马：《奥德赛》，王焕生译，人民文学出版社 1997 年版，第 224 页以及整个第十二卷。——中译者注

[3] 暗指纳粹主义对那种指向种族主义—生物遗传学的目标的身体卫生所作的宣传，这种目标的设置是借助于对特定的两性私人空间禁忌的废除而做出的。（“通过欢娱获得力量”“生命源泉注册协会” 等等）Vgl. dazu Friedrich Pollock, ›Is National Socialism a New Order?‹, in: *Studies in Philosophy and Social Science* Bd. IX , 1941, S. 448f. ——霍版注

[4] “德国的新异教徒……残缺不全的”（Diedeutschen ... verstümmelt），1944 年版为：“快乐，新异教徒和战争表决的操控者们想要重新恢复的快乐，在其总体解放的道路上，已经将下流行为（劳动纪律将这快乐排挤进这种下流行为之中）内化为了自身蔑视。”——霍版注

迷信，并且对自然的统治都会被彻底变成绝对的生活目标。如果自身持存最终是下意识的，那么理性就被这些人放弃了，他们是继承了理性的遗产而现在又害怕被剥夺继承权的生产管理者。启蒙的本质是这样的选项，其不可回避性就是统治的不可回避性。人们总是必须在屈服于自然或者让自然屈服于自身之间做出选择。随着资产阶级商品经济的扩张，神话的昏暗视野被计算理性的太阳照亮，在其冰冷的光线下，新野蛮的种子就成熟结果。在统治的强迫下，人类劳动从一开始就脱离了神话，而在统治之下又一再地陷入这个神话的魔力范围之中。

在荷马史诗的一个故事中，保存了神话、统治与劳动之间的相互纠缠。《奥德赛》的第十二卷记述了从塞壬们（Sirenen）旁边经过的航程。她们的引诱是消失在往昔岁月中的事物的引诱。但是，她们引诱的这位英雄在磨难中变得成熟。他必须抵抗住各种各样的生死危险，并加强了其本身生命的统一性和人格的同一性。对他来说，时间的诸范围就像水域、土地和空气那样被区分开。对他而言，过往事物的洪流从当下的岩石上退去，而未来则位于乌云密布的地平线上。被奥德修斯抛在身后的，都进了阴曹地府：“自身”脱胎于史前神话，在此他与这个神话如此之近，以至于他本身所经历的过去对他而言已成了神话般的史前时代。“自身”试图通过固定的时间秩序来应对神话。三分图式应该将当下时刻从过往的权力中解放 50
出来，因为它将这个权力驱逐到不可挽回之物的绝对界限后面，并将其确立为可实用的知识，以为现在所支配。将过去的事物作为有生命力的东西来拯救，而非将其作为进步的材料来利用，这种追求（Drang）只有在艺术之中才得以满足，历史作为对过去的生活的陈述（Darstellung）本身就属于艺术。一旦艺术放弃作为知识而起作用，并因此而与实践相隔绝，那么它就会像快乐一样为社会实践所容忍。但是塞壬们歌唱的权力还没有被剥夺，还没有成为艺术。她们知道“丰饶的大地上的一切事端”[33]，尤其是奥德修斯自己所参与的部分，“在辽阔的特洛伊阿尔戈斯人和特洛亚人按神明的意愿忍受种种苦难”[34]。由于她们直接地召唤新近逝去的东西，她们以不可抗拒的快乐许诺（正如她们的歌声里唱的那样）来威胁父权制的秩序，这个秩序只用每一个人的生命去换取其全部的时间。在这里只有持续的精神在场才能从自然那里夺取生存，谁要是中了她们的花招，就会堕落。如果塞壬们知道过去发生的所有事情，那么她们就要求未来为此付出代价，并且对欢乐的归途的预告乃是一个欺骗，过往的一切用这个欺骗来俘获这个渴望的人。奥德修斯被基尔克（Kirke）这个能将人变回动物的女神警告；他反抗这个女神，并且这个女神使他变得强大，以对抗其他使人涣散的权力。但是塞壬们的诱惑力仍然是强大的。闻其歌声者，无一能够幸免。人类必须经历可怕的事情，直到“自身”，即人类同一的、目的明确的、具有阳刚之气的特征得以形成，这其中的一些东西在每个人的童年时代都会重复发生。聚合自我的努力，是所有阶段上的自我所固有的，并且失去自我的诱惑总是与其持存的盲目果敢相伴随。“自身”沉溺于其中的亢奋，是要以死一般的沉睡为代价的，为了获得这种亢奋而酗酒，是介于自身持存和自身毁灭之间的最古老的社会活动之
51 一，是“自身”延续生命的一种努力。失去“自身”的恐惧，害怕将“自身”与其他生命之间的界限连同“自身”一道取消，对死亡和毁灭的畏惧，与一个幸福的诺言紧密相连，这个诺言无时无刻不在威胁着文明。文明的道路是服从与劳动的道路，在这条道路上，完满性永远放出光芒，但那只是单纯的假象和被剥夺了权力的美。奥德修斯知道这一切，这种思想同时与他本身的死亡和幸福相对抗。他知道只有两种逃脱的可能性。一是命令他的随从。他用蜡块堵住

他们的耳朵，并且他们必须竭尽全力地划桨。谁想存活下来，就不能听到这不可抗拒的歌声的诱惑，而他能做到这点则只有通过让自己耳不能听。社会总是为此而操心。这些劳动者必须打起精神，集中精力眺望前方，不得左顾右盼。他们必须将导致偏离航向的欲望顽强地升华为不断的努力。这样他们便为可用之人。——而奥德修斯自己，这个让其他人为自己劳动的领主，选择了另外一个可能性。他要听这歌声，但是要被绑在桅杆上动弹不得，并且引诱越是强大，他就被绑得越紧，正如后来资产阶级越是随着自身权力的增长而接近幸福，就越是顽固地否认自身的幸福。他听到的歌声对他毫无伤害，他只有通过点头示意，让他们给他松绑，但是已经太晚了；这些“充”耳不闻的随从，只知道歌声的危险，不知道歌声的美妙；他们将他绑在桅杆上，以拯救奥德修斯和他们自己。他们让压迫者的生命连同他们自己的生命一道获得再生，而压迫者已不再能够摆脱他的社会角色。那条不可挽回地将他绑在实践之上的绳索，同时也使塞壬们远离这个实践：她们的引诱被中性化为思辨的单纯对象，变成了艺术。这个被束缚的人犹如出席了一场音乐会，就像后来的听众一样静静地倾听，他对解放的激动的呼喊已经回响（verhallen）为掌声。所以，艺术的享受与手工劳动在告别史前世界的过程中就 52
已经相互区分开了。史诗已经蕴含了正确的理论。文化产品处于与遵令而行的劳动的确切的关联之中，并且这二者都建立在趋向社会的自然统治那种无法逃避的强制之上。

在奥德修斯的船上针对塞壬们所采取的措施，是对启蒙辩证法的前瞻性比喻。正如统治的尺度是可替代性，而最强大的人乃是那种在最大多数日常事务中可以被替代的人，同样可替代性乃是进步和倒退的车轮（Vehikel）。在现有关系中，不工作不仅对失业者来说是残缺不全的，而且本身对社会性的对立一极来说也是如此。上层统治者将那些他们不再需要与之打交道的定在仅仅作为基底（substrat）来认识，并且他们完全僵化为发号施令的“自身”。原始人将自然事物单纯地作为欲望的难以捕捉的对象，“但是主人把奴隶放在物与他自己之间，这样一来，他就只把自己与物的非独立性相结合，而予以尽情享受；但是他把对物的独立性一面让给奴隶，让奴隶对物予以加工改造”[35]。奥德修斯在劳动之中被替代了。正如他没有听从自身放弃的引诱，作为有产者的他也就缺少了对劳动的参与，最终甚至不再对劳动进行指挥，而随从们在接近事物的过程中当然不能享受劳动，因为在强制之下这个劳动是丧失希望的，是在他们的感官被粗暴地堵塞的条件下进行的。奴隶无论是身体还是灵魂上都是被奴役的，而主人则是退化了的。若不付出这个代价，那么没有任何统治是可能的，历史之类似于循环，在其进步中被这样一种虚弱化，即这种权力的等价物一道说明了。人类的熟巧与知识随着分工而互相区分开来，这在人类学意义上要回溯到原始的历史阶段，因为在技术使现实生活压力得以减轻的过程中，统治的持续是以通过
53 愈加强烈的压迫来固化本能为条件的。想象力枯萎了。构成这个灾难的，并不是个人隐退到社会或者其物质生产的后面。机器的发展已然转化为统治机制的发展，向来相互纠缠的技术倾向和社会倾向，在对人的总体性掌控上是一致，这个过程中倒退并不仅仅代表非真理。相反，对进步权力的适应推进了权力的进步，它每次都以新的方式导致退化，这种退化证明了成功的进步（而非失败的进步）乃是其本身的对立面。对永无止境的进步的诅咒就是永无止境的倒退。

这种倒退并不仅限于与身体紧密相连的感性世界的经验，而且也影响到了脱离感性经验以压制感性经验的专断的理智。借助于理智功能的统一化（Vereinheitlichung），对感官的统治才得以实现，思维放弃对一致性的生产，意味着思维的贫乏化，也同样意

味着经验的贫乏化；这两个领域的分裂，让双方都蜕化为残缺不全的。在组织和宰制对思维的限制过程中——对此从狡猾的奥德修斯到头脑简单的企业管理者们都谙熟于此——，这样一种限制性（Beschränktheit）被附带地确立下来，一旦它不是单纯地用来操纵小人物的话，那么它就会伤及大人物。精神事实上变成了统治和自我统治的装置，成为了资产阶级哲学向来所误认为精神的那个东西。从神话时代以来，逆来顺受的无产阶级的聋聩不闻与统治者的漠然不动不相上下。社会的过度成熟依赖于被统治者的不成熟。社会、经济和科学的装置越是复杂和精细——生产体系已经调校身体来服务于它，身体有能力获得的体验就越加贫乏。诸质之被清除，诸质之被换算为功能，借助于合理化的劳动方式传输到民众的经验世界之中，这个世界又重新趋向于类似两栖动物的经验世界。今天，大 54
众的倒退，就是不能亲耳听到那些未闻之声，不能亲手触摸那些难及之物，这是一种脱离了神话之蒙蔽的新的蒙蔽形态。通过总体性的、囊括所有的关系和运动的社会的中介，人们恰恰又重新被变成了社会发展法则，即“自身”的原则所反对的那种东西：成为单纯的类存在物，在被强行操纵的集体性中，他们通过孤立化而彼此相同。桨手之间不能互相说话，一个个都被束缚住，按照同一个节拍活动，正如工厂、电影院和集体中的现代工人一样。社会[1]中的具体劳动条件迫使人们顺应潮流，而不是有意识地施加影响，以额外地使被压迫的人们变得愚钝，远离真理。劳动者的无力，并不单纯是统治者的一种花招，而是工业社会的逻辑后果；人们竭力逃脱的古老命运，最终转化到了这个工业社会之中。

但是这个逻辑的必然性并不是最终的。它仍然是被捆绑在统治

[1] “社会”（Gesellschaft），1944 年版为：“阶级社会”（Klassengesellschaft）。——霍版注

之上的，同时作为它的反照（Abglanz）和工具。从而，它的真理性是可疑的，其可疑程度并不亚于其明证性之不可反驳。当然思维总是有足够的能力将自身的可疑性具体地描述出来。思维是一个主人所不能任意制止的奴隶。自从人类定居以来，以及在商品经济之中，统治物化为了法则和组织，因此它必须自我限制。工具获得了独立性：精神的中介性机关，独立于指挥者[1]的意志，减轻了经济上的不公[2]的直接性。囊括一切的统治工具，语言、武器，最终是机器，必须能被所有人掌控。这样，合理性因素作为一种不同于统治的东西，在统治之中得到贯彻。手段的对象性使得它普遍地可支配，手
55 段对于所有人的“客观性”，已隐含了对统治的批判，思维是作为这个统治的手段而成长起来的。在从神话学到逻辑主义的道路上，思维失去了反思的要素，并且机器使得今天的人们残缺不全，即便是这些机器供养着的人们也是如此。但是，异化为机器形态的理性，走向了这样一个社会，这个社会让被固定化为物质和理智装置的思维与被解放的鲜活生命相互和解，并将其与作为其现实主体的社会关联起来。长久以来，思维的特殊起源与其普遍视野之间就是不可分离的。而今天，随着世界变迁为工业的世界，普遍的视野，思维的社会现实化，已经是如此显而易见，以至于统治者们为了他们本身的缘故，将思维作为意识形态来否认。从元首的直觉到动力论的世界观，这种公开启示与早期资产阶级的辩护截然对立，不再将自身的罪行承认为法则性背景的必然后果；这是小集团的问心有愧的奸诈表达，经济的必然性最终体现在这个小集团身上。[3]他们用来

[1] “指挥者”(Lenker)，1944年版为“支配者”(Verfügenden)。——霍版注

[2] “经济上的不公”(des ... Unrecht)，1944年版为“剥削”(der Ausbeutung)。——霍版注

[3] “经济的必然性最终体现在这个小集团身上”(der Cliquen ... verkörpert)，1944年版为：“垄断，这个经济必然性最后的化身”。——霍版注

冒险的关于使命和命运[1]的神话学谎言，从未说出完整的非真理：不再是主宰着企业家活动并将他们驱向灾难的客观市场规律，毋宁说，总裁们[2]的有意识的决定作为合力，在强制性上并不亚于最为盲目的价格机制，正是这种合力执行着古老的价值规律，从而执行着资本主义的命运。统治者们自身并不相信客观必然性，即使他们偶尔将自己谋划的东西称作这种必然性。他们以世界历史工程师自居。只有被统治者才将这个发展（发展号称让生活水平提高一个台阶，这反倒让被统治者们变得愈加软弱无力）作为的神圣不可侵犯的必然性来接受。在那些一般地还被用来侍奉机器的人们[3]的生计能够用（为社会的主人所支配的）劳动时间的一个最小部分来维持之后，现在剩余的劳动力，总人口中的庞大部分，就被训练为经济 56
体系的后备军，作为物质力量服务于今天或明天的宏伟计划。他们被作为失业大军来喂养。他们沦为统治机构的单纯客体，这种沦落预先塑造了现代生活的所有领域，直至语言和知觉；这种沦落对他们来说反映为一种客观的必然性，对此他们相信自己无能为力。贫困[4]作为权力与无力的对立，与持续消除所有贫困的生产能力一道无限增长。林林总总的小集团和机构对于个人来说是捉摸不透的，上至经济的最高层[5]，下至底层的职业骗子[6]都在为了这个状态的无限延续而操心。一个无产者在工会大佬（一旦落入其手）的面前，更不用说在管理者的面前，不过是一个多余的样本，而这个大佬在

[1] “直觉”“动力论的世界观”“使命”和“命运”等曾是有教养的纳粹主义惯用语中被频繁使用的表达。——霍版注

[2] “总裁们”（Generaldirektoren），1944 年版为：“垄断企业主们”（Monopolherren）。——霍版注

[3] “那些一般地还被用来侍奉机器的人们”（derer, die ... noch），1944 年版为：“用来侍奉日益增长的固定资本的双手”。——霍版注

[4] “贫困”（Das Elend），1944 年版为：“贫困化”（Verelendung）。——霍版注

[5] “经济的”（der Wirtschaft），1944 年版为：“资本的”（des Kapital）。——霍版注

[6] 保护费的敲诈体系；在更宽泛意义上的确保统治的群体。关于这个概念的含义，参见《霍克海默文集》德文版的“编者后记”，第 439 页以下。——霍版注

自己被清除之前也必定会瑟瑟发抖。

体系对人的宰制随着其对自然的宰制而逐步增长，这种状态的荒谬性揭露了理性社会之理性[1]已陈腐过时。其必然性是一个假象，如同企业家的自由是个假象一样，这个自由最终在其不可避免的斗争和协商中公开了其充满强迫的本性。彻底被启蒙了的人类迷失在如此的[2]假象之中，思维不能够消解这种假象，它作为统治的工具，必须在命令与屈从之间做出选择。思维不能摆脱使其陷入史前时代[3]的这个窘境，但是它足以将非此即彼的逻辑、一贯与吊诡的逻辑——思维曾借助这个逻彻底从自然中解放出来，以非和解和自我异化的方式重新识别为这个自然。思维在其强制机制中反映自然，并继续推进自然，而恰恰借助于其不可阻挡的一贯性，也将自己反映为本身已被遗忘了的自然，反映为强迫机制。表象（Vorstellung）固然只是一个工具。人们以思维的方式远离自然，以
57 按照自然应当被统治的方式将自然树立于面前。物质性工具在不同处境中保持为同一个东西，从而将混沌、多面和分离的世界与已知的、单一的和同一的世界区分开；与物和物质性工具一样，概念是观念性的工具，在人们能够抓住物的地方，它适用于所有的物。但是，如果思维一再地否认其分裂、疏远化和对象化功能，那么它也是虚幻的。所有神秘的统一化仍然是欺骗，是打了折扣的革命内部无力的痕迹。但是，与乌托邦的任何固化相对的启蒙是有其道理的，并且统治无动于衷地宣布自身为分裂，因此启蒙拒绝掩饰的主客体之间的断裂就变成了其自身非真理和真理的索引（Index）。[4]驱除

[1] “理性社会之理性”（die Vernunft der vernünftigen），1944 年版为：“这个”（diese）。——霍版注

[2] “公开……如此的”（offenbart. Solchen），1944 年版为：“当权者的。如此双重的”（der Machthaber offenbart. Solchen doppelten）。——霍版注

[3] 此处关联到马克思那种社会主义社会之前的历史的概念。——意大利文版注

[4] 此处作者在转写一个著名的经院哲学表述，即“真理是其自身和谬误的标准（verum index sui et falsic.）”。——意大利文版注

迷信除了意味着统治的进步，往往同时还意味着它的暴露。启蒙不仅仅是启蒙，而且是自然，是在其异化中可觉察到的自然。在精神的自身认识中，它将自己称呼为与自身分裂的自然，就像自然在史前时代称呼它自己一样，但是不再直接以臆想的、意味着全能的名称，即称作曼纳，而是被称为盲目的、残缺不全的东西。自然沉沦（Naturverfallenheit）存在于精神无法须臾离开的自然统治之中。由于精神承认自身为统治者并撤回到自然之中，他的统治要求便消解了，而恰恰是这个统治要求使它为自然所奴役。如果人类在逃离必然性的过程中，在进步和文明的过程中仍然不能停止无意识地放弃自身，它至少不会再将它针对这个必然性所构筑的堡垒误认为未来自由的保障，不会再将统治的机构和实践程序，即那些长久以来击退了自然对社会的征服的那些统治的机构和程序误认为未来自由的保障。随着文明发展的每一次进步，统治及其缓和的前景都一并得到更新。然而，现实的历史是由现实的苦难编织而成，这个苦难从不会随着消除苦难的手段的增加而成比例地减轻，这个前景的实现就只能依靠概念。因为，概念不单纯是作为科学使人远离自然，而且也恰恰作为思维的自身思考（Selstbesinnung）——这思维以科学的形式被 58
束缚在盲目的经济趋势之上，让那个将不公永久化的距离得到衡量。通过主体之中对自然的这样一种“想起”(Eingedenken）——其实现过程中内含着所有文化的被误认的真理，启蒙就与统治在根本上相对立；而制止启蒙的呼声，即使在瓦尼尼（Vanini）[1] 的时代也并非出于对严格科学的恐惧，而更多地是出于对肆无忌惮的思想的憎恨，这种思想将自身理解为自然在面对启蒙时的颤抖，从而摆脱了自然

[1] 瓦尼尼（Lucilio Vanini，1585—1619），意大利哲学家，泛神论者，神甫，因被控信奉异端和无神论而在图卢兹被处死。瓦尼尼受到彭波那齐、切扎尔皮诺、卡达尔塔，特别是布鲁诺的影响。他留下了两部用拉丁文写成的著作：《永恒神意的园剧场》和《论大自然的神奇秘密》。——中译者注

的魔力。祭师总是用曼纳来报复启蒙者，而后者则通过在这所谓的恐吓面前表现得胆战心惊而与曼纳和解，而启蒙的预言家们就其傲慢而言与祭师们别无二致。启蒙作为资产阶级的启蒙，早在杜尔哥（Turgot）和达郎贝尔（d'Alembert）[1]之前就已经失去了其实证主义的因素。在自由与自身持存的运作之间的混淆（Verwechslung）中，它始终毫发无损。概念的悬置（Suspension），无论是以进步的名义还是以文化的名义（二者长久以来都在反对真理这一点上秘密地取得一致），都让谎言大行其道。这个世界只证实被记录下来的东西，并且大思想家的功绩被贬低为“名人名言”保存下来，在这个世界中，谎言与那些被中性化为文化产品的真理再无区别了。

但是，将深入到思想本身之中的统治识别为未得和解的自然，是想要松动那种必然性，那种必然性作为对反动的常识的妥协，甚至连社会主义也草率地将其证实为永恒性。[2]由于社会主义将必然性提升为所有未来的基础，它便以十足唯心主义的方式让精神蜕变为顶峰（höchste Spitze），这样它就牢牢地坚持了资产阶级哲学的遗产。这样，必然性与自由王国的关系就仍然是单纯量上的关系和机械的关系，而自然被设定为完全陌生的东西，如同在最早的神话学中那样，变成了极权主义的自然，并将自由连同社会主义一并吞噬。思想的物化形态，即数学、机器和组织，对遗忘思想的人们进行了
59 报复；随着对思想的放弃，启蒙就取消了本身的现实化。由于它将所有个人都置于管教之下，它便给予未被把握的整体以自由，即作

[1] 杜尔哥（Anne Robert Jacques Turgot，1727—1781），法国经济学家，重农学派最重要的代表人物之一。出身于巴黎一个贵族家庭。主要经济著作是《关于财富的形成和分配的考察》（1766），他发展、修正了魁奈和其追随者的论点，使重农主义发展到最高峰；达朗贝尔（Jean le Rond d'Alembert，1717—1783），法国著名的物理学家、数学家和天文学家，一生研究了大量课题，完成了涉及多个科学领域的论文和专著，著有《数学手册》（八卷）、《百科全书》的序言，等等。两人均是法国启蒙运动时代的主要人物。——译者注

[2] Vgl. Karl Marx, *Das Kapital* Bd. III, MEW Bd. 25, Berlin 1959, S. 829.——霍版注

为对物的统治，对人的存在和意识进行回击。但是，真正的革命性的实践，依赖于理论对社会用来僵化思维的那种无意识性的毫不妥协。并非这个实践之实现的物质前提，也并非这被释放的技术[1]本身，让这个实践的实现成为了问题。现在，这一点为正在谋求救世良方的社会学家们所主张，甚至为了掌控这个救世良方，不惜采取集体主义的打击（Schlag）。[36]一种社会的蒙蔽关联要为此负责。民众对既有事物的神话般的、科学的尊重——尽管这些是他们所创造的，其本身最终也变成了一个实证的事实，变成了堡垒，在这个堡垒面前，革命的想象力本身作为乌托邦主义自惭形秽，并蜕变为对历史客观趋势的驯服的信赖。作为这种适应的工具，作为手段的单纯建构，启蒙是如此毁灭性的，正如它的浪漫主义敌人在背后非议的那样。当启蒙放弃与这些浪漫主义者的最终的一致，并果敢地扬弃虚假的绝对者和盲目统治的原则，它才能得以复元。这样一种不屈的理论的精神，能够扭转冷酷的进步精神，以指向自己的目标。在启蒙的先驱培根的梦想中，很多事物是“君王们倾其所有珍宝也无法换到，他们的命令控制不了，他们的探员和媚臣打听不到的”[2]。如他所希望，这些东西属于资产阶级，属于这些国王的被启蒙了的继承人们。由于资产阶级经济通过市场的中介而使得其威力倍增，它的财物和力量也成倍增长，以至于掌控它所需要的不再仅仅是国王以及资产者，而是所有人。它在物的权力那里学到的，是 60
最终放弃权力。当最近的实践目标被揭示为已达到了的最远的目标，并且当“他的密探和媚臣打听不到”的地方，也就是统治的科学误认为自然的地方，被作为起源的领地来回忆的时候，启蒙便得以完

[1]　“被释放的技术”（losgelassene Technik），1944 年版为：“被释放的技术性生产力”（losgelassenen technischen Produktivkräfte）。——霍版注

[2]　参见德文版第 20 页尾注 2。——霍版及中译者注

成，并扬弃自身。今天，既然我们在全球范围内实现了培根的乌托邦，即“在实践中掌控自然”，那么强制的本质就昭然若揭了——而这种强制曾被他划归那些未被征服的东西。那就是统治本身。在培根看来，“人的优越性”无疑在于知识；在消除统治的过程中，知识现在或许会发生转变。但是，正是由于这样的可能性，启蒙在服务于当代的过程中转变为了对大众的彻底欺骗。

注释

1. Voltaire, Lettres philosophiques XII. *Œuvres complètes.* Ed. Garnier. Paris 1879. Band XXII. S. 118.

2. Bacon, In Praise of Knowledge. Miscellaneous Tracts Upon Human Philosophy. *The Works of Francis Bacon.* Ed. Basil Montagu. London 1825. Band I. S. 254 f.

3. Vgl. Bacon, *Novum Organum* a. a. O. Band XIV. S. 31. 中译参见培根：《新工具》，许宝骙译，商务印书馆 2000 年版，第 8 页。

4. Bacon, Valerius Terminus, of the Interpretation of Nature. Miscellaneous Tracts a. a. O. Band I. S. 281.

5. Vgl. Hegel, *Phänomenologie des Geistes.* Werke. Band II. Berlin 1832. S. 410 f. 中译参见黑格尔：《精神现象学》下，第 79 页以下，“启蒙”章。

6. 色诺芬尼、蒙田、休谟、费尔巴哈和萨洛蒙·雷纳克（Salomon Reinach）在这一点上是一致的。Vgl. zu Reinach: Orpheus. From the French by F. Simmons. London und New York 1909. S. 6 ff.

7. Bacon, De augmentis csientiarum a. a. O. Band VIII. S. 152.

8. Joseph de Maistre, Les Soirées de Saint-Pétersbourg. 5ième entretien. *Œuvres complètes*. Lyon 1891. Band IV. S. 256.

9. Bacon, Advancement of Learning a. a. O. Band II. S. 126. 中译参见培根：《学术的进展》，刘运同译，孙宜学校，上海人民出版社 2007 年版，第 79 页。

10. Genesis I, 26. 中译参见《圣经》，创世记 1，中国基督教协会 1998 年发行，第 1 页。

11. Archilochos, fr. 87. Zitiert bei Deussen, *Allgemeine Geschichte der*

Philosophie. Band II. Erste Abteilung. Leipzig 1911. S. 18.

12. Solon, fr. 13, 25 folg. a. a. O. S. 20.

13. Vgl. etwa Robert H. Lowie, An Intrduction to Cultural Anthrophology. New York 1940. S. 344 f.

14. Freud, Totem und Tabu. *Gesammelte Werke*. Band IX. London 1944. S. 106 ff. 中译参见弗洛伊德：《图腾与禁忌》，赵立玮译，上海人民出版社 2005 年版，第 108 页。译文有改动。

15. A. a. O. S. 110. 中译参见弗洛伊德：《图腾与禁忌》，第 111 页。

16. Hegel, *Phänomenologie des Geistes*. a. a. O. S. 424. 中译参见黑格尔：《精神现象学》下，第 98 页。

17. Vgl. W. Kirfel, Geschichte Indiens, in: *Propylaeen Weltgeschichte*. Band III. S. 261 f., und G. Glotz, Histoire Grècque. Band I. In: *Histoire Ancienne*. Paris 1938. S. 137 ff.

18. G. Glotz a. a. O. S. 140.

19. Vgl. Kurt Eckermann, *Jahrbuch der Religionsgeschichte und Mythologie*. Halle 1845. Band I. S. 241, und O. Kern, *Die Religion der Griechen*. Berlin 1926. Band I. S. 181 f.

20. 胡波特（Hubert）和莫斯（Mauß）这样描述“同情”、模仿这种表象的内涵：“一即是所有，所有即是一，是自然战胜了自然。”H. Hubert et M. Mauß, Théorie générale de la Magie, in: *Lannée Socialogique*, 1902–1903. S. 100.

21. Vgl. Westermarck, *Ursprung der Moralbegriffe*, Leipzig 1913. Band I. S. 402.

22. Vgl. Platon, Der Staat. Buch 10. 中译参见柏拉图：《理想国》，郭斌和、张竹明译，商务印书馆 1986 年版，第 10 卷。

23. *Erster Entwurf eines Systems der Naturphilosophie*. Fünfter Hauptabschnitt. Werke. Erste Abteilung. Band II. S. 632.

24. A. a. O. S. 626.

25. Vgl. E. Durkheim, ›De quelques forms primitives de classification‹. *L'Année Sociologique*. Band IV. 1903. S. 66 ff.

26. G. Vico, *Die Neue Wissenschaft über die gemeinschaftliche Natur der Völker*. Übers. Von Auerbach. München 1924. S. 397.

27. Hubert et Mauss a. a. O. S. 118.

28. Vgl. Tönnies, Philosophische Ternimologie, in: *Psychologisch- Soziologische Ansicht*. Leipzig 1908. S. 31.

29. Hegel, *Phänomenologie des Geistes* a. a. O. S. 65. 中译参见黑格尔：《精神

现象学》上，第 56 页。贺麟和王玖兴译为“特定的否定”。

30. Edmund Husserl, Die Krisis der europäischen Wissenschaften und die transzendentale Phänomenlogie, in: *Philosophia*. Belgrad 1936. S. 95 ff. 中译参见胡塞尔：《欧洲科学的危机与超越论的现象学》，王炳文译，商务印书馆 2001 年版，第 32—34 页。

31. Vgl. Schopenhauer, *Parerga und Paralipomena*. Band Ⅱ. § 356. *Werke*. Ed. Deussen. Band Ⅴ. München 1913. S. 671.

32. Spinoza, *Ethica*. Pars Ⅳ. Propos XXⅡ. Coroll. 中译参见斯宾诺莎：《伦理学》，贺麟译，商务印书馆 1997 年版，第 186 页。

33. Odyssee, Ⅻ, 191. 参见荷马：《奥德赛》，王焕生译，人民文学出版社 1997 年版，第 228 页。

34. A. a. O. Ⅻ, 189–90. 参见荷马：《奥德赛》，第 228 页。

35. Hegel, *Phänomenologie des Geistes*, a. a. O. S. 146. 中译参见黑格尔：《精神现象学》上，第 129 页。

36. “我们今天这代人所面对的最高问题——对这个问题，其他一切问题都仅仅是其必然结果——是，即使技术是否能够被控制住的问题……没有人能够确定实现这个目标的方法……我们必须利用一切资源去以获得这个通道……”（*The Rockefeller foundation. A Review for 1943*. New York 1944. S. 33 ff.）

中篇

否定辩证法的形而上语境

经验的客观内涵

——阿多诺对黑格尔唯心主义的阐释

阿多诺的否定辩证法可以说是直接针对黑格尔提出的，其意图乃是要将辩证法从“否定之否定”“这类肯定之物中解放出来，却丝毫不削弱它的确定性”[1]，这正是阿多诺之前预告的“改变了的辩证法概念”[2]；针对黑格尔说逻辑科学就是“同一性与非同一性之间的同一性”，阿多诺则主张同一性是虚假的，主客体之间的真实关系是非同一的（nichtidentisch）。[3]这种针锋相对的关系，也将阿多诺塑造成一个传统辩证法的激进批判者，似乎与传统的决裂才是他的首要贡献。然而这无疑将阿多诺与传统哲学，尤其是黑格尔辩证法的关系简单化了。断裂和颠覆或许只是阿多诺的激进姿态，但是其学理支撑则必须从连续性着眼。我们不难发现，阿多诺不仅在其代表作中操着黑格尔辩证法的语言，而且在他唯一专门论述黑格尔的著作《黑格尔

[1] Theodor W. Adorno, *Negative Dialektik*, S. 9.

[2] Theodor W. Adorno, *Drei Studien zu Hegel*, in: *Gesammelte Schriften*. Bd.5, Suhrkamp Verlag 1997, S. 250.

[3] Theodor W. Adorno, *Negative Dialektik*, S. 17.

三论》中表达出了对其辩证法的决然捍卫。在从康德、黑格尔、马克思到批判理论这条线索上，阿多诺的批判性和革命性是显而易见的，但是若考虑到后黑格尔时代的德国哲学发展，尤其是现象学、实证主义和非理性主义等当代思潮，那么阿多诺则完全可以被视为德国古典哲学传统的忠诚捍卫者，内在批判和理性精神的坚定支持者。

一、经验概念与内在批判

要准确把握阿多诺对黑格尔的解读，就必须首先考虑20世纪德国哲学的语境，而其中最具影响力的就是海德格尔哲学。在《经验内涵》一文的开头，阿多诺首先将海德格尔对《精神现象学》“导论”的解读竖为靶子。就此阿多诺对海德格尔的批评主要体现在两个层次上：首先，海德格尔对黑格尔经验概念的解读结论是错误的，是立足于存在哲学对黑格尔思想的直接篡改。我们知道，海德格尔存在哲学的基本结构乃是“存在论差异”，即存在者与存在本身之间的鸿沟。在他看来，之前的形而上学都将目光局限在存在者之上，而遗忘了存在，但真正的任务则是在存在论差异的前提下沟通这二者。海德格尔在《精神现象学》这个“意识经验的科学”中发现了这种沟通的可能性：“经验乃是一种在场方式，也即一种存在方式”，“经验的决定性本质环节在于：意识在经验中获得新真实对象”，而这个新对象“并不是某种真实之物和存在者，而是真实之物的真理性，是存在者之存在，是显现者之显现，是经验。”[1] 海德格尔将意识之“经验”与存在者之“生存”做类比诠释，意识通过经验而走

[1] 海德格尔：《林中路》(修订本)，孙周兴译，上海译文出版社2008年版，第169、170页。

向一种先于存在者、前主体的领域，但是他却故意忽略了，“存在”本身在黑格尔那里乃是一个“反思规定”，是无法脱离主体这个存在者的，与海德格尔的“发生事件”(Ereigneten)“根本不是一回事”[1]。其次，在阿多诺看来，海德格尔导向这个结论的解读方法也大成问题。因为海德格尔只是截取《精神现象学》的“导论”来逐段解释，而并不打算真正进入黑格尔体系本身。这种“断章取义”在黑格尔那里尤其不适当，因为黑格尔的体系作为整体是“一种并非外在于其特殊规定的整体”[2]，其中的任何局部因素脱离了这个整体就都是虚假的。所以我们不难发现，海德格尔用以解释“经验”的存在概念，与绝对精神和《逻辑学》中的存在概念都无法兼容。[3]

当然，海德格尔解释黑格尔的目的绝不是要如实地呈现黑格尔，反而是要借助黑格尔来阐发自己的存在思想，正如其对康德的解释一样。在此阿多诺也不会像卡西尔那样作为一个康德专家指责海德格尔，但是其对黑格尔的“尊重”态度却是异常鲜明的。哲学界往往会在某些编年史节点上对历史上的伟大哲学家进行纪念，对其思想进行评价和致敬（Würdigung），但阿多诺却认为，这样的评价包含着态度上的傲慢和不恭，例如克罗齐“自告奋勇地要将黑格尔哲学中活的东西和死的东西分拣开来”[4]。这本质上是自上而下地对黑格尔哲学进行切割，以表明其思想中哪些部分在当下仍具有现实性，哪些部分已经过时，应予以抛弃。这种看似合理的态度，不仅无法把握黑格尔哲学的实质，反而迎合了黑格尔本人所蔑视的知性哲学的“二分法”。与此相对，唯一尊重黑格尔的态度只能是“去

[1] Theodor W. Adorno, *Drei Studien zu Hegel*, S. 295.

[2] Ibid., S. 298.

[3] 海德格尔已意识到这个显而易见的问题，并做了辩解。参见海德格尔：《林中路》(修订本)，上海译文出版社 2008 年版，第 138 页以下。

[4] 参阅 Theodor W. Adorno, *Drei Studien zu Hegel*, S. 251.

探究黑格尔本人所探讨的整体，而不是仁慈地承认或者冷漠地否认黑格尔的功绩”[1]。探讨黑格尔哲学的整体，其实就是探讨它的“实体”，也就是探讨这种哲学的自在的真理。阿多诺反复声明他的研究并不是注疏意义上的研究，他也不认为存在什么黑格尔语文学(Philologie)，在这点上倒是有些接近海德格尔，但是阿多诺强调努力去做黑格尔“本人”的那种探讨，强调通过整体来把握黑格尔哲学的核心，更强调这种把握应该获得黑格尔哲学文本的支持，无论是《精神现象学》还是《逻辑学》，抑或是《法哲学原理》。这的确是超出海德格尔的地方，因为海德格尔试图从前期的一份“导论”得出黑格尔哲学的核心，甚至是“哲学本身”的要义，而这个结果是否适用于黑格尔的其他著作，海德格尔本人也还是存疑的。[2] 相反，阿多诺直接声明，我们不是要“背叛黑格尔，而是保持对其本身哲学的忠诚：他所愿望的内在批判，这可以被算作其方法的核心部分”[3]。

与海德格尔将经验解释为某种无法兼容于黑格尔哲学文本的“存在者之存在”不同，阿多诺首先要尊重黑格尔本人的表述：“意识对它自身——既对它的知识又对它的对象——所实行的这种辩证的运动，就其替意识产生出新的真实对象这一点而言，恰恰就是人们称之为经验的那种东西。”[4] 这是经验在黑格尔哲学中最确定的表述。应该说，辩证运动对于马克思主义哲学传统而言并不陌生，但是它所带来的不确定性，却是与传统形而上学和认识论相互抵触的。

---

[1] Theodor W. Adorno, *Drei Studien zu Hegel*, S. 252. 阿多诺这个解释进路与马克思是一致的，后者在早期就试图批评黑格尔辩证法和“整个”黑格尔哲学。参见马克思：《1844 年经济学哲学手稿》，人民出版社 2014 年版，第 90 页。

[2] 参见海德格尔：《林中路》(修订本)，上海译文出版社 2008 年版，第 169 页，注释 [2]。

[3] Theodor W. Adorno, *Drei Studien zu Hegel*, S. 297.

[4] 黑格尔：《精神现象学》上，贺麟、王玖兴译，商务印书馆 1979 年版，第 60 页。

在阿多诺看来这正体现黑格尔哲学的伟大之处。如果按照黑格尔的说法，近代精神的核心结构乃是分裂，那么同一性诉求就是克服分裂并使近代精神走向完成的唯一途径。同一性诉求在黑格尔这里正是通过辩证运动来实现的。从微观的角度看，辩证运动的触发环节在于，单个概念“直接地”就是自身的中介，直接地就超出自身而走向他者；而从宏观的角度看，正是辩证运动将诸多单个的部分组织为一个无法脱离诸部分而存在的整体。这就是由《精神现象学》完整地表达出的“思辨”哲学的核心观念。正如阿多诺所说，黑格尔的体系并不能被“抽象地预先思考”，并不是“无所不包的框架”，而应该是“潜在于单个因素中发挥着影响的力量中心”，是一个内在于诸特殊规定的“整体”，“当然，这并不确保，诉诸经验就是证实了整体中对立双方的同一性”，“但或许这种诉诸经验对于同一性诉求来说是性命攸关的”[1]。可见，阿多诺承认诉诸经验对于理解黑格尔哲学动机至关重要，但是却不等于说它能“证实”这个动机的实现，相反黑格尔哲学的同一性诉求与其不得不选择的经验内涵之间始终存在一道裂缝，二者自始至终处于一种不可缓解的张力之中。

将思辨的理念诉诸经验，阿多诺认为这是统摄黑格尔哲学的核心动机，由此也可以展开超出黑格尔本人视野的内容。类似的解释策略，事实上在黑格尔和费希特等人面对康德的时候就已经出现了。黑格尔曾说：“在诸范畴演绎的原则上，康德哲学是真正的唯心主义”，“在那个知性形式的演绎之中，思辨的原则，主体与客体的同一，得到了最确定的表达。知性的这种理论由理性提到超乎命名之上。”[2] 黑格尔认为这是康德哲学“精神”超出其“字面”的地方，

[1] Theodor W. Adorno, *Drei Studien zu Hegel*, S. 298.

[2] 黑格尔：《费希特与谢林哲学体系的差别》，宋祖良、程志民译，杨一之校，商务印书馆 1994 年版，第 1、2 页。

也是德国唯心主义继承和超越康德的地方。而在阿多诺的解释中，黑格尔强调绝对精神应该是囊括所有经验内涵的总体，那么从质料的角度看这个总体也是一个非同一物的总体，黑格尔的唯心主义在顶峰之处同时也可以被理解为一种唯物主义。阿多诺坚持着黑格尔的“精神”和意图，将黑格尔体系爆裂开的时候，其经验内涵便喷涌出来，一种唯物主义的辩证法就产生了。尽管这种解释进路常被认为是一种“六经注我”式的研究，也不乏专业学者批评阿多诺对黑格尔的解释乃是基于误解[1]，但如果阿多诺的内在批判能够接续德国唯心主义的运思策略，那么主张其与黑格尔辩证法的一致也不无道理。

二、意识的经验与彻底的怀疑主义

黑格尔一开始就将精神现象学构想为“意识经验的科学”，这对于黑格尔区别于康德、费希特等人来说至关重要。一般的黑格尔阐释倾向于将“经验”(Erfahrung) 理解为“经历”(Erlebnis)，从而将历史性维度引进来，这样就契合黑格尔自己所说的“辩证的运动”。这一理解的确抓住了黑格尔经验概念的最主要特征，但很有可能忽略这个概念与认识论的关系，也在一定程度上掩盖了黑格尔哲学的问题意识。事实上，黑格尔的哲学体系构想就是从认识论出发的：《精神现象学》的“导论”开始于对认识的“工具论”的批判，而它的终点，也就是绝对精神穿越其所有形态而回到原点的过程，也被称为“绝对知识”。阿多诺明确意识到了黑格尔哲学的这个方面：“《精神现象学》的动力开始以认识论的方式冲破孤立的认识论立场，

[1] Michael Rosen, *Hegel's Dialectics and its Criticism*, Cambridge University Press 1982, p. 162.

或者用黑格尔的话说，冲破抽象的认识论立场。”[1] 如果黑格尔的意识的经验是从认识论中生长出来的，那么我们就不能将其与认识论的经验概念分隔开，而且也要深入考察其与认识论问题史之间的连续性，尽管黑格尔深刻地改变了传统认识论的经验概念。

认识论视域中的经验概念，涉及知识的可能性问题，而这一问题的另一面则是知识的可怀疑性。正如海姆伦所说：“当一位哲学家问某事物是否可能时，他的问题一定是针对那种认为该事物也许是不可能的考虑的，一定是针对一般怀疑主义对该事物的态度的。”[2] 那么知识的可怀疑性又意味着什么呢？这在根本上与近代主体挣脱宗教神学而获得独立有关，因为一旦离开最高实体或上帝的保障，有限的主体就必须为知识的可能性负责，而这从一开始就处于矛盾之中，即处于起源与有效性、经验特殊性与真理的普遍性之间的张力之中。如果说人类知识的真理诉求实质上是普遍有效性的诉求，那么近代认识论的任务便是基于有条件的主体去满足这个诉求。有限主体的有条件性，在知识领域中表现为对象性和经验性，基于此，知识的真理性诉求就具体表现为如何将特殊经验与普遍原理统一起来的问题，也就是如何克服主体在根本上的可怀疑性的问题。

在黑格尔看来，康德的先验哲学是克服怀疑主义的最重要的努力，其理性批判也是黑格尔思辨哲学的起点。与将知识的普遍性维系在习惯之上的怀疑主义者休谟不同，康德试图通过扩展感性经验的概念来解决知识的真理性问题，从而克服怀疑主义。康德说：“尽管我们的一切知识都是以经验开始的，它们却并不因此就都是从经验中发源的。”[3] 如果说知识除感性经验之外另有起源，那么康德就

[1] Theodor W. Adorno, *Drei Studien zu Hegel*, S. 253.
[2] 海姆伦：《西方认识论简史》，中国人民大学出版社 1987 年版，第 4 页。
[3] 康德：《纯粹理性批判》，人民出版社 2004 年版，第 1 页。

有义务表明这个知识是如何通过这种起源而成为可能的。当然康德并没有走向与经验主义对立的唯理主义立场，而是以一个新的经验概念来容纳以往认识论的诉求，即如何得出经验中的普遍概念。这样就导向一个更为广义的经验概念，它很可能是我们“通过印象接受的东西和我们固有的知识能力（感官印象只是诱因）从自己本身中拿来的东西的一个复合物”[1]。从康德的批判眼光来看，时空和范畴因为是先天的认知形式，所以它们必然是普遍有效的，从而避免了怀疑主义的危险；同时作为认知主体的活动形式，它们又是认知对象的构成条件。这样先天综合判断如何可能的问题就转换成了“我思”如何能够必然地伴随其所有表象的问题。按照黑格尔的理解，先验演绎就是康德认识论的“核心经验”，因为它试图表明经验知识是如何可能的，而且也试图表明“经验对象”是如何可能被构成的。这恰与黑格尔那种使得“新的对象”得以产生的“辩证运动”相呼应，二者的目标都是主体与客体的同一性。尽管在黑格尔这里，同一性已不可能仅仅是一个狭义的认识论概念了。

在黑格尔看来，康德也没有彻底克服怀疑主义，因为康德专注于批判认识“媒介”和认识“工具”，而这二者却与认识的真实对象是脱离的。这与其说是“害怕错误”，倒不如说是“害怕真理”。[2]因为康德反复主张我们能认识的不过是认知能力使之可能的对象，是认知者构成的产品，它始终与感官相连，并处于经验性的现象世界之内；而引起感觉的自在之物却永远在经验知识的范围之外，尽管它始终是不可或缺的必然设定。自在之物的概念，引起了康德同时代人和后继者们的不满，甚至我们也可以一般地将康德称为一个“不可知论”者。在德国唯心主义者看来，知识的可能性条件，就是

[1] 康德：《纯粹理性批判》，人民出版社2004年版，第1页。
[2] 黑格尔：《精神现象学》上，贺麟、王玖兴译，第53页。

认识对象的可能性条件，而实在的认识对象就只能是自在之物。所以雅可比就认为康德的知识体系实乃逻辑严密、但不涉及实在对象的“虚无主义”。而要克服这种虚无主义，就必须通过某种方式将自在之物整合进来。在这个意义上，批判康德也被视为实现康德，因为如果不真正关涉实在对象，那么知识就仅仅是单纯的自身关涉，就是没有新内容的同语反复了。[1] 而避免同语反复正是康德认识论的最初动机之一，它要求认知者的综合活动必须以令人信服的方式关涉对象。所以如阿多诺所说，“挑战康德的自在之物不可认识的学说”，是“黑格尔哲学最深刻，也是其本身隐秘的动机之一”。[2]

在黑格尔看来，要克服康德哲学，就需要发展已经潜藏在其中的同一性因素。这主要表现在“当我们以概念的方式来把握障碍（Block）和主体性所设定的界限时，当我们将这些透视为‘纯粹的’主体性时，我们就已经超出这个界限了。从很多方面看，黑格尔就是一个自身实现了的康德，他被这样一种观念推动着：知识，无论是什么知识，按照其自身的理念说就应该是总体的知识；任何片面的判断，都通过它的单纯形式无休止地意欲着绝对者，直到它在绝对者之中被扬弃”[3]。这个绝对者也就是绝对精神，在黑格尔看来它就是康德那里未得彻底实现的同一性。不仅如此，黑格尔还坚持用概念而非直观的方式来呈现这个自在的绝对真理，并进而必须引入黑格尔自己曾激烈批判过的知性和反思。虽然“黑格尔说‘反思’和‘反思哲学’以及其同义词常常带有鄙视的语调”，但是他的哲学中却充满了各种反思。[4] 黑格尔将这些有限内容按照其自身的逻辑秩序，陈述为一种“辩证的运动”过程。这个过程也是有限的意识

[1] Theodor W. Adorno, *Kants critique of pure reason*, Stanford University Press 2001, S. 137.
[2] Theodor W. Adorno, *Drei Studien zu Hegel*, S. 304.
[3] Ibid., S. 255.
[4] Ibid., S. 310.

经历“一联串的过站，即经历它自己的一系列的形态，从而纯化了自己，变成为精神”的过程，因为意识“充分地或完全地经验了它自己以后，就认识到它自己的自在”[1]。对于有限的意识来说，这个过程同时就是一系列的“否定”和“怀疑”，将自身揭示为虚假的，这就是“彻底的怀疑主义”。与各个阶段上的不真实情况相反，“意识在这条道路上所经历的它那一系列的形态，可以说是意识自身向科学发展的一篇详细的形成史”[2]。各个有限的形态都是不真实的，只有这些有限因素的总体才是真实的。这种“辩证的运动”，作为黑格尔的经验概念，保障了真理的具体性和现实性，正如经验在康德那里作为有效知识的标准之一，检验和防止了独断论一样。所以，黑格尔经验概念的内涵，是一系列有限规定的总体，而作为一个整体的绝对真理，如果脱离这个总体，便会陷入虚幻。

三、经验的意识形态内涵

绝对真理作为经验的总体，是阿多诺所认同的黑格尔哲学的内核，这个经验所形成的体系和绝对同一性，则超出了单纯的认识论。为此黑格尔首先需要表明，理论哲学和实践哲学中的理性实乃同一个理性。这一观念在黑格尔早年就已经提出，并在《精神现象学》中得以成功贯彻。但是黑格尔也必须应对他自身特有的分裂问题，即《精神现象学》与《逻辑学》的关系问题。黑格尔将《精神现象学》作为哲学科学的“导论”，认为现象学作为绝对精神的自我意识实现过程包含着逻辑科学的基本理念和方法，但是其《哲学全书》

[1] 黑格尔：《精神现象学》上，贺麟、王玖兴译，第54—55页。
[2] 同上书，第55页。

却从纯粹的逻辑开始，“精神现象学”被置于应用的逻辑之中，确切地说乃是精神哲学中的一个较低的环节。[1] 将经验作为黑格尔哲学整体关切的阿多诺，并未陷入争论的繁琐求证之中，而是选择从“起源”的角度来考虑问题：逻辑范畴来源于主客体的同一性，而这个同一性就是精神运动的经验总体。所以，《逻辑学》不能脱离其经验的起源，尽管众多黑格尔的形而上学解读甚至黑格尔本人一度也这样认为。在此，阿多诺借助于马克思哲学思想的资源，将传统的学术问题转换为一个意识形态的问题：绝对精神的实现必须借助于意识的经验内涵，它的理性和逻辑如果要脱离这个经验内涵，便是虚假的意识形态；黑格尔哲学整体上是无法脱离其经验内涵的，否则就退回到主观的唯心主义，在这个意义上黑格尔哲学又是真实的。以往我们更多地关注意识形态的“虚假性”，以便突出阿多诺对黑格尔辩证法的批判，却甚少注意到，意识形态的虚假性“必然地”是与其真实性连接在一起的。

要准确理解阿多诺的意识形态概念，首先就是要避开经济基础与上层建筑的二元框架，正如脑力劳动与体力劳动并不是两个孤立的对立面。在这种阐释中，社会性劳动扮演着关键的角色。黑格尔的精神概念超越了康德和费希特哲学的那种“单纯主观性”活动，那么精神的运动就是“客观的”，并且正是在这一意义上说它是“生产性的”。在阿多诺看来，这无非是“社会性劳动”的哲学表达。显而易见的是，阿多诺这个观点直接来自马克思，后者高度赞扬了黑格尔理解“劳动的本质”，将“真正的人”理解为“劳动的结果”。[2] 但是阿多诺并未将这个论断局限在《精神现象学》，而是扩展到了整

[1] 关于此问题的讨论，可参阅 Werner Marx, *Hegels Phänomenologie des Geistes. Die Bestimmung ihrer Idee in „Vorrede" und „Einleitung"*, Vittorio Klostermann 2006, S. 7–10。

[2] Theodor W. Adorno, *Drei Studien zu Hegel*, S. 265.

个黑格尔哲学。当然阿多诺也意识到，“将黑格尔的精神概念转写为社会劳动，会引起一种社会学主义的指责，即将黑格尔哲学的起源和影响与它的内涵相互混淆”[1]。阿多诺并非不知道社会劳动作为“客观精神”在黑格尔体系中的位置，而如果我们仔细分析社会性劳动，那么尽管唯心主义者对精神的本源性的规定无一例外地排斥社会劳动的领域，也会同意阿多诺的论断：“社会是一个像精神一样具有本质性的概念”，它本身乃是“诸事物下面的事物”。[2] 在此阿多诺将劳动和社会视为一体。劳动必定是社会性的劳动，而社会也必定是在劳动中结成的关系。劳动与社会，正如意识活动与精神，互相不可分离。

指出精神活动与社会劳动之间的同构性和同样的本质性，虽不能充分说明黑格尔的哲学体系源于社会性劳动，但至少可以借助于黑格尔的总体性观念，说明这二者是一体的。在黑格尔那里，绝对精神是无所不包的总体，而在阿多诺这里，我们的世界无不是被社会性劳动中介过的。所以说黑格尔的精神并不意味着在它之外仍有非精神的东西，而阿多诺的社会，也无非是被主体的劳动中介了的所有事物。用带有马克思主义色彩的话来说，精神的活动与社会劳动其实乃是同一的。在阿多诺看来，黑格尔其实已经承认了这一点：“即使不是在理论上，也是借助于其语言做出了承认。”[3] 例如黑格尔就认为，精神现象学中最初的知识如果要成为“真正的知识”，就必须经过概念的“艰苦而漫长”的“劳动”(arbeiten)，这个劳动绝不是形象化的修辞，而精神所依据的“社会进程的模型”[4]。不仅如此，人类劳动的模型还直接出现在“主奴辩证法”和“自然宗教”等部

[1] Theodor W. Adorno, *Drei Studien zu Hegel*, S. 266.
[2] Ibid., S. 267.
[3] Ibid., S. 268.
[4] Ibid.

分。[1] 按照阿多诺的理解，这些都透露出了黑格尔的哲学实质上乃是以社会性劳动为原型的，尽管黑格尔或许没有充分意识到这一点。

如果以此为前提的话，我们就需要解释，黑格尔哲学是如何必然地要排斥社会劳动，要将精神的活动绝对化，换言之，黑格尔哲学何以必然包含意识形态的因素。阿多诺将黑格尔称为资产阶级的哲学家[2]，因为他的哲学典型地表达了这个阶级的倾向和要求。当然，这不是说黑格尔主观地去选择一个阶级立场，而毋宁说是客观的现实将这个立场强加给了黑格尔。阿多诺和霍克海默在《启蒙辩证法》中通过对奥德修斯神话的阐释，形象地再现了这一过程。奥德修斯在归乡的途中经历了海上漫游，“这位英雄在磨难中变得成熟。他必须抵抗住各种各样的生命危险，并在这个过程中加强了自身生命的统一性和人格的同一性”[3]。荷马史诗的这个结构与黑格尔《精神现象学》甚至整个哲学是类似的，而“塞壬之歌”的部分则可以与“主奴辩证法”来对应阐释。阿多诺和霍克海默着重分析了劳动与阶级分化的关系。在其中，“奥德修斯在劳动之中被替代了。正如他没有听从放弃自我的引诱，作为有产者的他也就缺少了对劳动的参与，最终甚至不再对劳动进行指挥，而随从们在接近事物的过程中当然不能享受劳动，因为在强制之下这个劳动是丧失希望的，是在他们的感官被粗暴地堵塞的条件下进行的。奴隶无论是身体还是灵魂上都是被奴役的，而主人则是退化了的。”[4] 从哲学的层面说，阶级的分化包含着劳动类型的分化，而主人奥德修斯逐渐远离了肢

[1] Theodor W. Adorno, *Drei Studien zu Hegel*, S. 271.

[2] Theodor W. Adorno, *Drei Studien zu Hegel*, S. 288. 阿多诺借助于马克思阶级分析的方法，但并不全然接受马克思的整个阶级理论，尤其是无产阶级革命的理论。有学者据此认为阿多诺不是真正的马克思主义者。参阅 Buck-Morss, Susan, *The Origin of Negative Dialectics,* The Free Press, New York 1979, pp. 24–32。

[3] Max Horkheimer, Theodor W. Adorno, *Dialektik der Aufklärung: Philosophische Fragmente*, S. 49.

[4] Ibid., S. 52.

体劳动，在塞壬的歌声中维持自身，也成了一种精神的“辛劳”，成为主体的“功绩”(Leistung)。这种主体形上学的操作，“无非是对其‘质料’的合乎逻辑的清除，这种质料是与任何劳动真切地结合在一起的，是标定着劳动的边界”[1]；“如果劳动脱离了与其自身不同的东西，那么它就变成了意识形态。……劳动形而上学和占有别人的劳动是互相补充的。这种社会关系将非真理性强令给黑格尔，即主体之乔装为主体—客体，也就是在总体中否认非同一物，而无论那非同一物在任何局部判断的反思中获得了怎样的应有权利。”[2] 阿多诺的这个解释显然与马克思在《1844 年经济学哲学手稿》中对黑格尔的分析是一致的。马克思认为人作为自我意识可以设定一个独立的、不属于其自身本质的外部世界，这没什么神秘莫测的，神秘莫测的反倒是相反的情况，即“自我意识通过自己的外化所能设定的只是物性，即只是抽象物、抽象的物，而不是现实的物”，它的独立作用“只是在一瞬间”。[3] 阿多诺不仅赞同马克思的这个解释，还引用《哥达纲领批判》中马克思对财富与劳动的关系的批判来针对性地批判黑格尔的精神劳动。[4]

这样黑格尔的经验概念就被还原为社会性劳动的现实过程。在阿多诺看来，这个经验内涵关乎黑格尔哲学的整体，而非仅仅局限在“现象学”部分。这就不得不涉及上文提到的《精神现象学》与《逻辑学》的关系问题。其实，黑格尔已经确认思辨逻辑与先验逻辑皆为“内容的逻辑”，但在阿多诺看来，这个内容绝不是纯粹的内容：“如果谁将启蒙运动的这份遗产排除在黑格尔哲学之外，并激动地抨击，说他的《逻辑学》其实与世界的理性组织了无关系，那

[1] Theodor W. Adorno, *Drei Studien zu Hegel*, S. 272.
[2] Ibid., S. 271.
[3] 马克思：《1844 年经济学哲学手稿》，人民出版社 2014 年版，第 102 页。
[4] Theodor W. Adorno, *Drei Studien zu Hegel*, S. 270.

么他就是歪曲黑格尔了。即使是在他后来为他青年时代所攻击的实证之物，即那曾经的实证之物辩护的地方，他也还要呼唤理性，即在人类自我意识和自我解放的视角下，将那些单纯现存的东西理解为不单纯是现存的。绝对唯心主义不能挣脱其在单个人自身持存的理性中的起源，也无法摆脱他们的客观理性概念；早在康德的历史哲学中，自身持存就借助于其本身的运动，转化为客观性，转化为'人性'，转化为一个适当的社会。"[1] 可以看出，阿多诺承认黑格尔哲学的形而上学诉求，甚至认为它是必然的诉求，但是这个诉求本身却是虚假的。也就是说，阿多诺并不承认一种脱离其发生道路的形而上学。这样阿多诺事实上支持了黑格尔阐释中的马克思主义进路，即从"意识经验的科学"出发来理解整个黑格尔哲学，包括黑格尔哲学的瓦解也被解释为"科学"与经验之间的矛盾。在这一意义上，我们才能理解黑格尔将哲学视为"时代精神"的精华，也才能理解阿多诺追溯黑格尔哲学的经验内涵的时候需要回顾黑格尔同时代其他哲学家的努力。

我们一般认为，马克思倾向于将黑格尔哲学的合理内核理解为辩证法，而唯物主义和感性自然的观念则归功于费尔巴哈，但是辩证法与唯物主义之间的内在关系却尚不清晰。阿多诺直接指出了辩证法与唯物主义之间的内在关系，即如果彻底坚持辩证法，那么最终必然走向唯物主义。这无异于说，马克思哲学的唯物主义动机早就蕴含在黑格尔哲学之中了。那么阿多诺这里就出现了两个截然冲突的黑格尔，或者说黑格尔哲学本身就内含着一种双重目的的张力结构。一方面是绝对唯心主义的同一性诉求，另一方面则是对被给予物的独立性的尊重。第一方面是我们熟悉的黑格尔，而第二方面

[1] Theodor W. Adorno, *Drei Studien zu Hegel*, S. 288.

则代表着阿多诺的独特解读。在阿多诺看来，这两个方面都是真实和现实的。阿多诺将现代被“宰制”的总体社会视为黑格尔同一性体系的“证实”，但这个总体社会又无时不处于“对抗”之中，同一与矛盾一道构成了黑格尔辩证法。用阿多诺的话说，“唯心主义的极致就隐含着其唯物主义的内容”[1]。

四、经验与非同一的哲学

到此我们就获得了一个非同一性哲学家的形象，或者说黑格尔的非同一哲学形象，在其中同一性与非同一性、形而上学和辩证法、唯物主义和唯心主义、真的方面和假的方面等都交织在一起。这是阿多诺读出的两个黑格尔，但是他并不是像克罗齐那样要“分割”黑格尔哲学，保留“活的东西”，抛弃“死的东西”。在阿多诺这里，真与假是相互纠缠的总体，正如意识形态乃是必然的虚假意识。“对绝对主体的分析必定要承认经验和非同一因素的不可溶解性，而绝对主体的学说，即唯心主义的同一性体系却无法缓解地不允许对此的承认。按照其自身概念的封顶贺词（Richtspruch），黑格尔哲学是不真的。”[2] 那么黑格尔哲学为何又是真的呢？这就是上文论述的，精神的活动的原型实质上乃是社会的、生产性的劳动，后者就是黑格尔哲学的经验内涵。尽管黑格尔的形而上学努力极力否认这一点，但是其真正的目的乃是去捕获与自身相区别的东西，这种同一化必

[1] Theodor W. Adorno, *Drei Studien zu Hegel*, S. 307. 当然，阿多诺的唯物主义乃是基于“客体优先性”来理解的主客体关系，其基本内涵与马克思在《1844 年经济学哲学手稿》中的黑格尔批判是一致的，但是他更倾向于将其与形而上学批判连接起来，以容纳马克思的政治经济学批判，但也因此错过了劳动和资本等经济学要素，丧失了现实性。当然这一问题展开需要另一篇论文来探讨。可参见谢永康：《形而上学的批判与拯救》，“形而上学批判与‘辩证’的唯物主义”小节，江苏人民出版社 2008 年版。

[2] Theodor W. Adorno, *Drei Studien zu Hegel*, S. 264.

然要关联到非同一物。[1] 因此黑格尔哲学始终处于概念与非概念物、同一性与非同一物的紧张和纠缠之中，或者说黑格尔哲学在客观上说就是“一体两面”：“同一性在其巅峰之处成为了非同一物”。[2] 作为最终目标的同一性并非不重要，但阿多诺要强调的是达到这个目标所必须经历的“艰辛”经验，而这恰恰是黑格尔在批评雅可比和谢林等人的直观学说时要表达的核心观点。

所以黑格尔哲学的核心动机，尤其是相对于费希特等人来说，就是对被给予物的尊重，这种尊重在很大程度上乃是更加严肃地对待康德的自在之物，尽管其最终态度与康德是相反的。“任何哲学都允许被定义为一种努力，即说出人们不能说的东西；帮助表达出那非同一物，尽管这表达总是要将它同一化。黑格尔尝试这么做。因为根本不可能直接地说出，因为任何直接之物都是虚假的，并且因此在表达中必定是不明白的，所以他才不知疲倦地以中介的方式来言说它。”[3] 这种态度不仅与康德相反，而且也与维特根斯坦相反，后者明确地提出对于不可说的东西我们应该保持沉默，而这在阿多诺看来就是彻底反理性的。黑格尔这一动机的展开，直接导致其哲学本身的悖谬。“按照黑格尔的观念，它在构成性上还需要非同一物，从而概念和同一性才得以产生；正如反过来说，它需要概念，以让一种非概念物、非同一物被意识到。黑格尔不违背他本人的辩证法概念，将它聚拢到最高的、无矛盾的统一性中，正因为这样他却伤害了那个应该针对他而得到辩护的辩证法的概念。法之极，恶之极(Summum ius summa iniuria)。”[4] 在阿多诺看来，黑格尔主观的哲学努力与他所必须采取的途径之间的紧张关系其本人或许还没有深刻

[1] Theodor W. Adorno, *Negative Dialektik*, S. 18.
[2] Theodor W. Adorno, *Drei Studien zu Hegel*, S. 308.
[3] Ibid., S. 336.
[4] Ibid., S. 375.

地意识到，但是黑格尔哲学客观上呈现出的张力结构却给后人读出黑格尔哲学的非同一性的机会。当然我们也不可认为阿多诺的解读是单纯主观的操作，因为他的意图本身就是为了呈现客观的黑格尔思想，正如黑格尔本人在《精神现象学》中提出的“单纯的袖手旁观”，让精神呈现自身的悖谬，让悖谬成为推动逻辑向前的驱动力。

这种悖谬在黑格尔哲学的文本中比比皆是。阿多诺专门探讨了《逻辑学》开端处的存在和虚无的问题，强调二者之间关系的“直接性”。在他看来，“虚无不应该是从外部添加到纯粹存在之上的范畴，而相反是，作为全然无规定者的纯粹存在，其本身自在地就是虚无”；正是这种直接性“变成了对存在的尊严的异议，变成了存在的截然的否定性，成为了那种辩证步骤的发动力，这个动力将存在与虚无完全等同起来”[1]。一个范畴直接地、自在地就是它的反面，这种客观矛盾造成了概念自身的紧张，也给辩证法的演进提供了内在的动力。直接、自在等范畴对于形而上学而言是属于实体的，而在黑格尔和阿多诺这里还属于矛盾，它意味着事物的矛盾本身是客观和自在的。只有在这个意义上，任何概念都多于它的所是。“一个纯粹同一性判断的环节的非同一性，是属于这个同一性判断的意义的；在一个单个的判断中，等同性本身只能由不等同性来谓述，在这个意义上，判断形式的内在要求，即某物是这个或者是那个，就应该得不到满足。”[2] 可见，《逻辑学》这个黑格尔的形而上学，在阿多诺这里被解释成典型的非同一哲学，因为它的内核是断裂的，同一性逻辑本身就隐含着非同一性，正如作为总体的资产阶级社会，本身充满着对抗性，而且这种对抗性是其内部运动的根源。

满载着矛盾的《逻辑学》，陈述的是一个流动的过程，在其中

[1] Theodor W. Adorno, *Drei Studien zu Hegel*, S. 279.
[2] Ibid., S. 365.

单个概念莫不超出自身。这就要求我们不能用静止的形而上学标准来要求黑格尔。阿多诺举了一个著名的例子，即黑格尔本人对“概念”的矛盾规定。在这里“概念之概念毫无疑问在两次之中是被有区别地使用了。一次是强调其作为‘绝对基础’，因此是客观的、事物本身意义上的使用，它本质上是绝对精神；但是概念不应该只是这个意思，而同时是‘主观的前提’，是造作之物，思维将它的他者都归纳入其下”[1]。这种矛盾的规定在静止形而上学中是无法被容忍的，黑格尔长期以来受到的攻击也多来源于此。但是对于辩证法而言，这种前后不一是可以被容纳，甚至是运动过程所必需的，正如赫拉克利特那里不能被“两次”踏入的河流。概念抽象地流动，是黑格尔哲学的风格，它“呈现出一种音乐性的质，而这正是冷静的浪漫主义者谢林所缺少的。正如瓦格纳抱怨古典音乐时所做的类比，对黑格尔的阅读必须从纷乱嘈杂的咯咯作响的困窘中识别出奉献的美德”[2]。一段音乐，可以说就是阿多诺所说的“整体”，尽管其中充满着“经验与概念的无数断裂”。

但是我们也不难从这个整体中看出阿多诺的特殊兴趣，即挖掘黑格尔哲学的隐秘目的，呈现黑格尔对卑微的、有限的和成问题的被给予物的尊重。“应该从相反的方向去阅读黑格尔，包括这样一种阅读方式，即任何逻辑操作，尽管它还是形式性的，都要回溯到其经验的内核。”[3] 因为黑格尔不遗余力地将概念的对象，将经验保存在其哲学之中，本身就是出于对事物的尊重甚至敬畏。“他的哲学本身也掩盖着对所是之物的固执坚持。敢于在存在的事实的总概念中去寻访精神的人，其对这事实的服从，因此要比竭力声明这个事实

[1] Theodor W. Adorno, *Drei Studien zu Hegel*, S. 344.
[2] Ibid., S. 372.
[3] Ibid., S. 368.

的人深刻得多。”[1] 这种敬畏，阿多诺将之比作博尔夏特的文学创作，在后者看来，写诗的活动就是对语言本身的侍奉，让语言自行发声。这样，阿多诺就颠覆了黑格尔哲学的传统形象，因为辩证法“直接地”就是反对自身的：“辩证法只有通过将其自身的逻辑贯彻到底来牺牲其逻辑的一贯性，这样它才可能是一贯的。”[2]

结　语

在20世纪的众多黑格尔研究中，阿多诺的解读颇有创造性。但这种创造性却不意味着脱离黑格尔，反倒是在对黑格尔哲学核心精神的坚持中引出一种“后黑格尔”哲学。阿多诺阐释的关键点乃是借助于马克思哲学的诸多资源，将纯粹哲学的真实与虚假转换为一个意识形态问题，而其总的视野乃是一个由社会劳动构成的对抗性社会总体。阿多诺旨在表明黑格尔和马克思到否定辩证法的内在传承关系，表明黑格尔辩证法必然走向唯物主义，而唯物主义的辩证法，则必然走向其非同一哲学。应该说，这一思路总体上是连贯的，但是在诸多关键细节上仍必须面对专业界的挑战，例如，如何表明其基于马克思思想资源的黑格尔批判是一种内在批判，这种内在批判成果如何面对黑格尔哲学的其他可能性等等。这些均仍然是开放的问题，需要进一步的研究来解决。

[1] Theodor W. Adorno, *Drei Studien zu Hegel*, S. 373.
[2] Ibid., S. 375.

被遗忘的理性精神
——论阿多诺对海德格尔哲学批判的客观逻辑

海德格尔的“黑色笔记本”从2014年开始出版，其中直白的反犹言论又一次激起了关于海德格尔纳粹问题的讨论。[1] 一般而言，海德格尔的辩护者要么将其与纳粹牵连归结为短期的、政治上的天真，而这些并不影响其思想本身的纯净性和中立性，或者说对海德格尔的思想不可做政治解读，而应该做哲学—科学的解读（冯赫尔曼）；也有学者指出，黑色笔记本中的反犹言论与卷帙浩繁的著作相较而言篇幅极少，无法改变思想家海德格尔的形象，而海德格尔本人已经能为自己辩解了（特拉夫尼）；而海德格尔的批评者，要么将矛头指向海德格尔的政治表现（如纳粹党员身份以及接受纳粹官方职位，等等），以找出海德格尔同情纳粹的确凿证据（法利阿斯和法耶等人），要么进一步主张，这些不可否认的事实乃是其世界观的一部分，政治态度和政治行动乃是其一贯的世界观的表现，

[1] 值得一提的是，中国学界在2000年前后曾以《开放时代》杂志为基地，集中探讨过这一问题。当时诸多知名学者均对此发言，一时蔚为大观。

任何将其分而论之的企图，其性质与海德格尔本人的表现一样恶劣（沃林）。[1]

鉴于以上争论仍纠缠于海德格尔哲学理论的“纯净性”问题，阿多诺于20世纪60年代对海德格尔那种深刻而复杂的批判就显得尤其难能可贵。但遗憾的是，除个别学者基于《否定辩证法》对此做过介绍之外[2]，这个批判几乎从未被提起。事实上《否定辩证法》中的海德格尔批判乃是一个视野更为开阔的意识形态批判和文化批判的哲学表达，而这些批判已经作为《本真性的行话》提前发表了。[3]《本真性的行话》在创作方式上用“哲学、社会学和美学的方式来写作，而不是按照习惯将这些范畴区分开，并尽可能地分别讨论”[4]，应该说更接近批判理论的跨学科社会研究的风格，尤其与《启蒙辩证法》相契合。在这一著作中，阿多诺将海德格尔哲学以及整个存在主义视作20世纪上半叶“德意志意识形态”的一部分，海德格尔哲学则是其中最为深刻和狡猾的部分。尽管在此书中海德格尔哲学批判所占篇幅颇大，但它却并不是批判的逻辑起点，反倒是20世纪德国现实社会发展的一个精神结果。唯有基于这一框架，海德格尔哲学的纳粹问题的实质才真正得到揭示，而海德格尔面对现实社会和历史表现出的那种矫饰的傲慢也才能被彻底拆穿。

---

[1] 参阅弗里德里希-威廉·冯·赫尔曼：《论原在历史之思的纯净性——从“黑色笔记本”（GA94—97）出发》，严登庸译，载《中国现象学与哲学评论》2019年第1期；彼得·特拉夫尼：《海德格尔与犹太世界阴谋的神话》，靳希平译，载《中国高校社会科学》2015年第1期；埃曼纽尔·法耶：《海德格尔、〈黑色笔记本〉与灭绝犹太民族》，刘剑涛、张晨译，载《伦理学术》第7辑；理查德·沃林：《国家社会主义、世界犹太集团与存在的历史》，李旸译，载《中国高校社会科学》2014年第4期。

[2] 参阅张一兵：《存在：一个专横的学术暴君——评阿多诺对海德格尔基础本体论的批判》，载《开放时代》2000年第11期。

[3] 《本真性的行话》一开始就直接被构想为《否定辩证法》的一部分，但在写作过程中被单列了出来。这不仅是因为其体量与计划其余的部分已不协调，而且因为这个文本中的面相学和社会性要素也与原计划不相称了。参阅阿多诺：《本真性的行话》，谢永康译，上海人民出版社2021年版，第129页。

[4] 阿多诺：《本真性的行话》，第129页。

一、意识形态批判的必然性

阿多诺的海德格尔批判对后者的政治行动并不特别关注，而是从意识形态观念切入这个问题的探讨。这个切入点的选择本身已经隐含了对政治实践与理论思辨之间二分法的反对，因为意识形态本身就是一种实践着的理论，或者说理论姿态本身就具有某种政治内涵，包括标榜理论纯净性和中立性的主张也不例外。阿多诺这个批判策略，明显区别于海德格尔的诸多辩护者的那种“一分为二”，倒是与海德格尔本人的哲学基本精神颇为接近，因为后者从不承认存在一种单纯的理论，反而认为实践包含着理论思维，而理论本身也是一种行动，二者都从属于存在本身。但阿多诺的意识形态理论显然与海德格尔没有继承关系，而是来自马克思主义哲学传统，甚至要向前回溯到黑格尔哲学。但是身处 20 世纪的阿多诺，已不能满足于传统的理解，他和霍克海默试图结合传统的意识形态概念和晚期资本主义时代的特殊处境，得出一种有效的意识形态批判路径。

《本真性的行话》的副标题“论德意志意识形态”，公开了阿多诺与马克思主义传统的紧密关联。我们知道，马克思和恩格斯在《德意志意识形态》中批判了 19 世纪上半叶重要的哲学流派即“青年黑格尔派”的观点。正如拿破仑对特拉西及其朋友“大加辱骂而对‘ideology’一词作负面的变调，马克思、恩格斯也嘲笑他们的同胞的观点。如同观念学家（理论家们）那样，青年黑格尔派热衷于一个幻想，认为要打的真正战役是观念的战役，认为对所接受的观念采取批判态度，就可以改变现实”[1]。但他们没有认识到，观念的

[1]　约翰・B. 汤普森：《意识形态与现代文化》，高铦等译，译林出版社 2005 年版，第 37 页。

独立性仅仅是假象。马克思从历史唯物主义出发，将这种看似独立的观念还原为客观的社会历史过程，因此“意识的一切形式和产物不是可以通过批判来消灭的”，“而只能通过实际地推翻这一切唯心主义谬论所由产生的现实的社会关系，才能把它们消灭；历史的动力以及宗教、哲学和任何其他理论的动力是革命，而不是批判”[1]。阿多诺接受了马克思关于观念起源于社会现实的论点，但是基于20世纪西方社会的发展，以及受卢卡奇对马克思意识形态学说改造的影响，他放弃了马克思的阶级革命学说，并将理论批判提到了前所未有的高度。

当然，作为马克思主义在西方世界的传承者，阿多诺必须表明理论的批判具有与阶级革命类似的“改变世界”功能。阿多诺这一理论操作是通过深入分析资本主义最新发展来实现的。按照阿多诺的时代诊断，20世纪的资本主义实际上是生产力（技术）与生产关系、经济基础与上层建筑的一种“合谋”，其结果便是理论与实践的同一：“生产关系和生产力如今成为了一个东西，人们因此也就能够毫不费力地从生产力出发来构成社会，这便是社会地必然的假象的现实形态。它是社会地必然的，因为社会过程的那些事实上早先被分开的要素，包括活生生的人，都被变成了某种要点（Generalnenner）。物质生产、分工、消费都一道被宰制。它们的界线，曾经在相互关联的诸领域的总体过程中相互区分，从而也就尊重质的差异，现今这些界线都消逝了。一切即一。”[2]按照马克思的历史唯物主义，生产力在社会进步过程中扮演着一个客观和积极的角色，是社会革命的最终动力来源，但是阿多诺发现，随着现代社

[1] 《马克思恩格斯选集》，第一卷，人民出版社2012年版，第172页。

[2] Theodor W. Adorno, Spätkapitalismus oder Industriegesellschaft? Einleitungsvortrag zum 16. Deutschen Soziologentag, in: *Gesammelte Schriften*, Bd. 8, Suhrkamp Verlag 2003, S. 368–369.

会的生产力发展，其核心部分即科学技术逐渐成为了社会的总体构成模式，进而便倾向于维护社会关系的现存状态。在这个意义上，生产力变成了社会发展中的保守力量，其直接效果就是掩盖了差异和矛盾的根源。在阿多诺看来，既然技术包含的合理性原则成为了社会的现实原则，那么马克思那里的理论批判与革命实践的区分也就消失了，因为理论批判对象与现实革命对象已然成为了同一个东西，阶级统治也演变为了某种匿名的、直接承担者消失了的总体统治。从而，理论的批判在此无需另外的“实践应用”环节，它本身已然是现实的一部分。

简言之，阿多诺对20世纪资本主义社会的诊断便是实现了的总体社会。在其中，一切差异和界限都消失了，在这个意义上，现代社会乃是古典哲学时代绝对唯心主义核心原则的一种实现，或者如阿多诺所说就是黑格尔哲学体系的一种“魔幻般”的“证实”。[1]这一方面意味着，黑格尔哲学按照其最终的结论乃是一个总体，而这个总体中的“一切”实质上乃是“一”，这样“总体”就被提升为“整体”，“多”就被提升为“一”。在阿多诺看来，这其中隐含着黑格尔哲学的一个总矛盾：一方面黑格尔主张精神经验的总体必须内在于其所有的环节，从而是实质性的知识，而另一方面，黑格尔又试图将这个总体提升为一个单一的整体，从而必然地摆脱产生这个总体的诸环节。后者就是黑格尔哲学作为意识形态的虚假性。与马克思的黑格尔批判不同，阿多诺强调的重点不再仅仅是说黑格尔的思辨脱离现实社会，而且也强调黑格尔的思辨在当代社会中的实现；从而，马克思的主要批判努力是将思辨主体还原为现实的人类主体，强调现实主体乃是生活在一定社会环境中并对环境进行积极改造的

[1] 阿多诺：《黑格尔三论》，谢永康译，上海人民出版社2020年版，第21页。

人类，青年黑格尔派对观念的倚重仍然是幻想，而阿多诺的批判面对的则是观念对现实的统治这个既定事实，因此他的批判便在于揭露这个总体统治的虚假性。从阿多诺的黑格尔批判中我们已经知道，借以拆毁黑格尔思辨体系的，是同样内在于黑格尔哲学中的批判精神，即规定了的否定。基于此，阿多诺对黑格尔也做出了类似马克思的肯定评价，不过在阿多诺这里，黑格尔哲学的真精神使其获得了一个非同一哲学家的形象，因为否定终究是出于非同一精神，是阿多诺赖以否定黑格尔另一重形象，即作为同一性哲学家的资源。

我们已不难发现，阿多诺与马克思对各自时代的社会现实的判断已经发生了微妙的变化，这个变化首先与对黑格尔的理解密切相关。马克思的时代，可以说普鲁士国家哲学家黑格尔哲学本身还属于未来，因为现实社会还没有真正体系化，而在20世纪，黑格尔的思辨体系与现实统治的结合却以一种令人意外的方式得以实现。与马克思、恩格斯不同的是，阿多诺认为这种统治是与黑格尔哲学的形而上学本性必然联系的，因为后者的目标是实现具体的同一性，而这个具体性必然要求将他者作为真实的存在纳入主体的范围，而一旦承认对象的真实存在，则又与其同一性目标相矛盾。所以，尽管阿多诺与马克思共享着宽泛意义上的唯物主义，但是马克思的唯物主义要具体得多，而且从中可以引出诸多社会变革的指引，而阿多诺则从这种唯物主义引出理论批判，并认为这种批判已具有实践的意味。这一点阿多诺在其《否定辩证法》“导论”的一开头就已清晰地点出来了：否定辩证法的理论批判，是从“改变世界”的失败开始的，也就是说，马克思所倡导的那种理性的实践，也就是承诺要主导世界的实践，早已被裹挟进现实世界的统治之中并丧失了启蒙的精神，因此时下当务之急乃是理论对自身的反思，乃是发掘自身的理性精神。所以阿多诺说，“对它应当追问的是，在黑格尔哲学崩溃之后，哲学究竟还是否可能，以及如何可能，正如康德在批判了唯理论之后追问形而上学的可能性那样。如果说，黑格尔的辩证法学说是一种未竟的努力，即它未表明自己借助哲学概念能对付那些异于概念之物，那么就应当对辩证法与其努力的失败的不可推卸的关系给出解释。”[1] 可以看出，阿多诺认为20世纪的现实是黑格尔哲学的一种实现，但却只是其思辨形式的实现，而绝不是其“合理内核”的实现，相反，这个实现对于其合理内核来说恰恰是一个失败，因为黑格尔哲学本身表现出那种双重目的和内在紧张消失了，真正的辩证精神消失了。在阿多诺看来，辩证法精神的消失意味着哲学对现实统治一味地服从，这直接且赤裸裸地表现在20世纪德国哲学之中。按照这个逻辑，我们就不难理解阿多诺认为其理论批判接续了改造世界的功能，即因为哲学统治的实现从而这一批判也恰恰能够作用于现实。所以阿多诺说，“意识形态批判便不是边缘性的、科学内部的（innerwissenschaftlich）事情，不是对客观精神或主观限制的产品的批判，而是哲学的核心的任务：是对建构的意识自身的批判。”[2]

二、“本真性”的学理虚假性

阿多诺对20世纪资本主义社会现实的判断，自然包含着对其意识形态的判断。与对黑格尔哲学不同，阿多诺对20世纪德国哲学几乎没有过积极评价，如果说黑格尔哲学契合于蒸蒸日上的自由资本主义，那么20世纪德国哲学则与“一战”和“二战”，以及垄断资

[1] Theodor W. Adorno, *Negative Dialektik*, S. 16.

[2] Ibid., S. 151.

本主义的现实紧密相关，而所有这些在阿多诺看来就是极端的罪恶。若将意识形态与社会现实关联起来考虑，尤其是在阿多诺判断的社会总体统治的框架内，那么20世纪哲学与其时代实质上是一致的，有些甚至直接就是纳粹主义的帮凶。其实，不仅是阿多诺，其他马克思主义者也对20世纪哲学做过类似的判断，最著名的是卢卡奇，他追溯黑格尔、马克思之后德国哲学的非理性传统，将“理性的毁灭”定位为那个时代的哲学精神，定位为是资本主义发展到帝国主义阶段的精神表现。[1]就此阿多诺与卢卡奇是一致的，但是他却需要一个兼容于其非同一哲学的表述和论证，而且这个表述和论证也要与黑格尔哲学甚至整个近代启蒙精神相一致。

在阿多诺哲学涉及的当代思潮中，现象学和存在主义与实证主义是最为突出的两个方向，对于后者的批判阿多诺主要是在与波普及其追随者关于社会学方法的争论中表达出来，而关于前者则主要体现在其对胡塞尔和海德格尔以及整个存在主义思潮的批判之中。我们知道，阿多诺认为黑格尔哲学的意识形态性在于其绝对体系脱离意识经验的实质性内涵，这种超越性也是其对以存在主义为中心的20世纪德意志意识形态判断的核心内容。阿多诺还认为，伴随着这种超越性的乃是主体的普遍无力，这种无力“并不单纯是统治者的一种花招，而是工业社会的逻辑后果；人们竭力逃脱的古老命运，最终转化到了这个工业社会之中”[2]。这里“古老命运”与“工业社会”的逻辑之间的转化，乃是启蒙辩证法的核心。这一核心在“本真性的行话”中的表现，我们可以概括为两个方面，一是伪超越，一是伪具体。这两个方面都是以近代哲学尤其是黑格尔哲学为参照

[1] 参见卢卡奇：《理性的毁灭》，王玖兴等译，江苏教育出版社2005年版。
[2] Max Horkheimer, Theodor W. Adorno, *Dialektik der Aufklärung: Philosophische Fragmente*, S. 54.

的。阿多诺曾说："意识若是外在的（用黑格尔的话说就是不在事物之中），它将自身置于事物之上，并自上而下地将其毁坏，那么这个意识是虚假的，同样，当批判自以为是地表示，思维必须拥有一个基础的时候，它就变成了意识形态的。……复活的形而上学倒退并落后于辩证法，这种行话将这个过程记录为通向母体的道路。"[1]与黑格尔哲学类似，本真性的行话以及作为其哲学基础的存在主义也有具体性"需要"，但它却不打算将超越性的抽象概念"具体化"，"它想直接就是具体的，而又不贬值为单纯的事实性，并因此被迫变成了一种隐秘的抽象性，逐渐变成了被海德格尔本身的学派，即现象学学派曾一度大声呵斥的那同一种形式主义"[2]。比照阿多诺对黑格尔的判断[3]，本真性的行话"在本性上总是将一种缺位的具体物的假象与这种具体物的净化集于一体"[4]，这种超越性和具体性都是虚假的，因为它的基本结构是"直接的"，而非"中介的"，也就是非辩证的。

如前所述，20世纪的德意志意识形态批判，核心任务就是要揭露其实质乃是这种古老命运的当代体现。当然，这种命运并不总是以"命运"的名号出现，与它等价的还有以上帝、存在、本性、真理、飞跃、委命等方式出现，总而言之一切都代表了严肃思想向来追寻的"本真性"的东西，而且这类本真之物总是以脱离具体事物为代价的。这个"脱离"首先意味着二者的否定性关系，即"克尔凯郭尔式的飞跃（Sprung）"，或者是"理智的牺牲"。这二者均表达了一个普通人在转变到信徒的过程中对世俗生活的弃绝，投向上帝

[1]　阿多诺：《本真性的行话》，第36—37页。
[2]　同上书，第72页。
[3]　阿多诺将黑格尔哲学定位为超越性与具体性的复合体，参见谢永康：《经验的客观内涵：阿多诺对黑格尔唯心主义的阐释》，载《哲学研究》2021年第7期。
[4]　阿多诺：《本真性的行话》，第63页。

的超越性“意向”(Gesinnung)。值得注意的是，这里的“飞跃”和“意向”，并不像黑格尔哲学所主张的那样保证其指向的彼岸世界的实在性，而其重心反而是与此岸世界的关系。阿多诺将这种转变概括为“宗教滑入主体之中，自身转变成了宗教性”[1]。这个转变过程其实就是启蒙辩证法中呈现的古老神话和宗教中的超自然权力在社会现代化过程中逐步消失，而且其基本的统治性结构却沉淀下来，改头换面潜入了现代人的精神世界，在所有严肃和神圣的场合出现。阿多诺引用博尔诺夫《新的庇护》中一段对康宁生活的煞有介事的描述之后说：“从一种大多已经不再存在的日常生活中抽取出的表达和情势被持续夸张，好像它们是被某个默然在此的绝对者授权和保障似的。狡猾的人会忌惮于诉诸启示，但同时他们就以倾慕权威的方式准备让词语升天，让它超然于事实性的、有条件和可争辩的领域之上，即他们通过将它说出来（包括以印刷的方式），好像上天的祝福就已直接被一道编入其自身中了。”[2] 如果说博尔诺夫提供了这个历史转变的文学版本，那么马丁布伯则提供了一个哲学版本：“自从马丁·布伯（Martin Buber）将克尔凯郭尔的生存者概念从他的基督学（Christologie）中分离出来，并直接将其美化为一种态度，如下这种偏好就流行开来，即将形而上学的内涵表现为捆绑在所谓‘我与你’的关系上的东西。……在此被继续施魅（fortzaubern）的无非就是自然与超自然之间的界线。”[3] 我们不难看出，宗教性的超越性追求，其目的已不再是构建一种传统意义上的“宗教”，一种“神”，而是在寻常生活中发现神圣性、虔诚性。

这样，本来极其激烈的否定性关系，即脱离此岸生活，向往神

[1] 阿多诺：《本真性的行话》，第 18 页。
[2] 同上书，第 9 页。
[3] 同上书，第 13 页。

性事物，一下子就转变成了某种肯定性。其结果就是，用那种拥抱超越者的意向来改写日常生活，使得这个生活本质上获得了某种宗教的色彩，神话和宗教那些严肃和高尚的词汇被移植到个人的内在生活之中。也就是说，本真性的行话“将人们与宗教的一种肯定关系直接算作彻底肯定的东西（Positivum），哪怕他们的宗教已经坍塌，已经被看穿为非真实的。合理性社会那种从未降低的非理性，促使人们将宗教挑选出来，将其抬高为以自身为目的的，而不顾及宗教的内涵；他们将宗教视为单纯的意向，最终作为主体的特性；而宗教本身却被牺牲掉了。人们只需做一个虔信之人，至于信仰什么，就无所谓了”[1]。超越性因为缺乏了超越之物而失去了实在性，那么这种超越性唯一的依托便返回了日常生活，这样本真性的行话就重新获得了一张回归具体性的形式。因为它主张超越性的、神性的生活必定要在寻常生活中寻找，超越者当下即有，向来已是。从而克尔凯郭尔的纵身“飞跃”其实并未真正脱离日常生活本身，最终只是将日常生活宣布为神圣生活。

在否定性和肯定性的这种转换之间，牺牲掉的是传统宗教和哲学的立体和深度，也就是此岸世界与彼岸世界之间的张力。如果说超越者就是本真之物的话，那么这个本真的意义已然发生了变化。按照黑格尔辩证法，要获得这个本真者，或者说要达到这个绝对者，必须要经过漫长概念劳作和中介过程，而在这种行话中，超越者是直接地在此的，获得真理至多只依赖于某种“恍然大悟”或“当头棒喝”，一切理性的路径均已失效。另一方面，深度的消失同时也是真正具体性的消失。一般认为，20 世纪哲学经历了德国古典哲学的失败，从而否定了古典哲学中那种抽象的理想，转而从肯定直接的

[1] 阿多诺：《本真性的行话》，第 17 页。

经验事物开始。但是在阿多诺看来，这种直接的指认却是非辩证的，其对象也不过是未经反思的直接经验，因而其揭示的并非真正的具体性。用马克思的话说，真正的具体乃是经历了抽象和中介的，而直接的具体事实从来都不是科学研究和哲学思考的目标。因此，在本真性的行话中，通过伪超越而获得的具体，实质乃是一种虚假的真理，一种伪具体。

三、“行话”的统治结构

如前所述，意识形态批判不仅要揭示虚假意识的学理结构，同时也要表明这种虚假的真理紧密关联着的统治结构，这个统治结构同时是客观社会现实的一部分。正如阿多诺所说：“绝对者的权威性由被绝对化了的权威性推翻了。法西斯主义并不仅仅是一个阴谋（它的确也是），它也是在一种强有力的社会发展趋势中发源起来的。”[1] 旧的统治仰仗“绝对者的权威性”，而今绝对者及其秩序被消灭了，统治转而仰仗“被绝对化了的权威性”并得以延续，因此这种权威性乃是一种抽空了实体的属性。这一转变本身就源于客观的社会发展趋势，其表现也带有强烈的实践特征。事实上阿多诺对真理性上的虚假和实践上的统治这两个方面的揭示是综合进行的，而本文为了行文清晰之故而将二者适当分开，上一部分重点阐述了其学理结构（本真性）之后，接下来则将重点放在其实践特征（行话）之上。

“行话”(Jargon）类似于“江湖黑话”或者暗语，其措辞都是寻常的措辞，但对话者领会到的却是另外的、约定或非约定的特殊意

[1] 阿多诺:《本真性的行话》，第 4 页。

义，行话的本质不在于其寻常含义，而在于其意义的特别指向。行话的这种寻常与非寻常的并存给人一种从现实中抽身出的错觉，给人一种隐秘身份，而如果这个身份的标签被相信是本真性的，那么这种从外部添加的非同寻常性，就是支持着行话流行的一切神圣、崇高、严峻、伟大、深刻的来源。某种意义上说，行话就像密码，任何一种解码方式之间都竖起一道绝对的界限，两侧之间除了极端的肯定和否定之外，完全不可沟通；这种特征构建起行话的一种排他性，以支持着自己人和其他人的严格划分。不过这种排他性的构建和自己人圈子的形成已不再依赖客观的标准，而仅仅依赖一种任意的本真性“意向”。从而这种截然划界的结构投射到社会群体的划分上便会导致非理性的激进行为。阿多诺在《本真性的行话》开篇便举了一个例子说明这一点：一个主张通过哲学而重新获得宗教的小圈子排斥一个怀疑其宗教“意向”的人，“这个团体的成员都是反智的知识分子。通过排斥一个不承认他们之间互证的那种东西的人，他们便确证了一个更高级的共识。他们在精神上捍卫的任何东西，都被登记为他们的伦理风尚（Ethos），好像一个人追随一种更高境界的学说，便提高了其内在的精神层次似的。”[1] 在实际生活中，这种“更高境界”成了本真之人与其他人分隔开的标准，尽管从来没有人能够说出这个“更高”的内涵确切为何，只要表达出超越的“意向”便足够了。而若欲表达的超越程度越高，离本真的真理越接近，那么其表达方式就会越激进，与他人划出界限的方式就会越直接和决绝，对被排斥者来说，这个标准就像命运的暴力一样不可违抗。

本真性的行话不仅有类似宗教和神话的超越性，同时还具有文

[1]　阿多诺：《本真性的行话》，第 3 页。

化工业的传播结构，这种传播是通过对超越性的标准化改装来实现的。我们知道，在商业社会中，品位与“唯一性”和“特殊性”紧密关联，而后者从技术的角度说则代表着机器大生产之前的传统社会，因此挖掘旧有事物就成为一种商业规则，其目的并非要实现真正的特殊性，而是要借助这种特殊性来获得商业的成功。本真性的行话一开始就带着发掘旧事物的基因，这必定让它对文化工业感到愤怒，但事实上“它本身就是一种文化工业”[1]。阿多诺说：“在从布道到广告的整个范围内，这种行话都会变得实用。借助概念的媒介，这种行话与广告的习惯之间存在惊人的相似。行话的这些词汇与诸如‘职业猎手’‘老修女’和‘小酒馆’这些品牌构成一个系列。那种必定坠落的东西的幸福允诺，被它们毫无顾忌地利用；那种唯独因其坠落之故而事后作为具体物闪闪发光的东西，其血液都已被它们放干了。”[2] 的确，对古旧事物的崇拜与对超越性事物的崇拜是同构的，二者均有一种永恒性（超越时间）的“意向”。尽管本真性的行话往往反对甚至蔑视文化工业，但是二者的逻辑却并无二致，在它们这里，“滞销品听起来也是摩登的”[3]。当“古朴”成为一个卖点的时候，本真性的行话与文化工业的同构性就显而易见了，阿多诺更倾向于用“工艺美术”来表达，也就是一种标榜特殊性的千篇一律。

当然，本真性行话的主要目的并非商业上的成功，而是现实的社会统治，或者更准确地说，它并没有什么明确的目的，因为其本身在当代社会的流行就已经是对严峻现实的一种掩盖，已然是社会统治的一部分。阿多诺着重分析了本真性的行话对“痛苦”和“庇

[1] 阿多诺：《本真性的行话》，第 39 页。
[2] 同上书，第 35 页。
[3] 同上书，第 15 页。

护”的升华，表明其乃是以一种宗教性的方式对现实严酷状况的掩盖。在提到贝根格律恩在其诗集《神圣的世界》说他的“耳朵听见的，无非是颂歌”，是“对此在的感恩的赞同”的时候，阿多诺特别点出这本诗集的出版与集中营里犹太人惨遭迫害在时间上的接近，那时“人们将没有被毒气完全彻底杀死的犹太人，扔进火里活活烧死，在那里这些犹太人恢复了意识，惨叫不止。这个诗人，这个我们绝对不可能模仿他说出廉价乐观主义的诗人，这个以哲学武装头脑的教育家（他利用了乐观主义），听见的无非就是赞歌”[1]。阿多诺将行话诗人“对存在之虔诚”与当时大行其道的“对德意志之虔诚”关联起来，并暗示这种行话身后的现实暴力。本真之人的这种升华实质上也是假装从严峻现实的体面逃离，其目标“或者是正确的生活，或者是尚未被工业主义占领的社会飞地，或者直截了当地说，就是尼采和启蒙运动还没有流传开的地区”[2]，在这些地方，本真之人便可以不顾现实的痛苦而设想救赎，寻求庇护。

当然，这些庇护所正像商品广告中的那些考究的品牌名称（如职业猎手、老修女等），其实质内涵早已沦为被发达资本主义淘汰的旧时代的标志，庇护不过是一种通过庇护的意向而产生的错觉。在阿多诺看来，这种错觉连接着资本主义现实的严酷，“因为任何人都知道，只要是为了生产而生产的话，按照技术状况来说他自己将是多余的，每个人都感觉到他们的薪酬就是被伪装起来的失业救济，是社会总产品为了维持生产关系之故而有意发放的，是向被分流出去的人支付的补偿。那些没有领到食品配给券的人，原则上说明天就有可能被打发走；民族大迁徙可能还会继续，独裁者们曾经将这个迁徙推进了奥斯维辛集中营之中。人们不厌其烦地将之与世界之

[1] 阿多诺：《本真性的行话》，第 20 页。
[2] 同上书，第 21 页。

内的、经验性的惧怕（Furcht）划分开的畏（Angst），还远远不必是生存论上的性质”[1]。在此阿多诺道出了存在主义的秘密，即通过区分日常经验的“生存上的”性质和“生存论上的”性质，巧妙地为“生存上的”否定性痛苦经验赋予一种“生存论上的”肯定意义，当然这个肯定性并不是通过一个实在的“肯定者”来担保，只要认同肯定的“意向”就足够了。

如果说当代社会中的否定性经验乃是来自这个被宰制社会整体的威胁，那么这种主观的庇护之所便失去了任何内容的约束，以至于“在这种新的庇护中，失去社会地位的人厚颜无耻地炫耀胜利，这种人知道，他可以放肆地做什么。一方面，他没有什么可以失去；另一方面，被宰制的世界还尊重市民社会的妥协结构，只要它出于自身利益，在面对极端情况，即清除其社会成员的时候被吓退，并在诸多宏大的经济计划中暂时使用着延缓的手段。这样，雅斯贝尔斯式的此在操持和社会的操持，就涉及被掌控的恩赐。基于这种行话将完完全全的否定性重新解释为肯定之物的社会根据，这应该被怀疑为怯懦意识的被胁迫的坚信（Zuversicht）”[2]。新的庇护的随意性，事实上给精明世故提供了机会，而任何精明世故最缺乏的就是对现实的反抗，而且能够将接受认同装扮成各种体面的模样。

四、海德格尔：本真性行话的哲学支持

了解本真性的行话的本质结构之后，我们最后将重点转向海德格尔哲学。按照阿多诺逻辑顺序，海德格尔哲学作为本真性行话的

[1] 阿多诺：《本真性的行话》，第 28 页。
[2] 同上。

哲学源泉，本身就是一种本真性的行话，而本真性的行话则属于20世纪的德意志意识形态，进而德意志意识形态又从属于晚期资本主义的总体统治，有其客观精神上的支撑。因此我们不难理解，海德格尔哲学在阿多诺的视野里既重要又不重要。说它不重要，是因为这种哲学必定从属于20世纪这个时代的客观精神，或者说，阿多诺对海德格尔哲学的批判并不仅限于否定这个哲学家的思想，更不是要揭露他的政治态度和政治行为，最重要的乃是展示其身后的意识形态必然的虚假性，以及其社会性统治的结构。而说它重要，则是因为海德格尔哲学无疑是20世纪最具影响力的哲学，它的本真性结构为行话提供了哲学支持，海德格尔在其《存在与时间》中“直接地以生存论存在论的方式将本真性（Eigentlichkeit）作为一个专业哲学术语引入进来，这样他就断然地将那些本真之人很少在理论上竭力追求的东西浇铸到哲学之中；他由此而赢得了一些追随者，他们都含混地满足于那种本真性。通过他，教派的各种苛求变得可有可无。他的著作为他赢得了声望，因为它敏感地描述出了1933年之前知识阶层的隐秘渴望的走向，并将这个走向诚实而负责地呈现于眼前”[1]。因此，海德格尔哲学的传播本身也必须被视为一种“行话”现象，尽管他对任何大众化的行为都谨慎地保持距离，但是本真性的行话正是借助于这样一种“拒斥态度”背后隐藏的高贵和神秘姿态来传播的。其结果往往是，这种拒斥态度表达得越是激烈，人们越是觉得其中隐藏着深刻的内涵，至少是一种深刻的意向，最后这种主观的深刻性成为了其追随者的显著标志。正是基于海德格尔哲学地位的这种双重性，阿多诺在其著作中一开始并不急于直接展开分析海德格尔哲学本身，而是先阐述这种哲学赖以产生的时代背景

[1]　阿多诺：《本真性的行话》，第4页。

和客观逻辑，然后再重点解析其具体内容。

按照阿多诺的阐述，本真性的行话在20世纪初已开始在德语的文化圈流行起来，除了社会历史的客观逻辑之外，我们也可以将其视为德国古典哲学尤其是黑格尔哲学崩溃的一个结果，海德格尔哲学不过是这种行话的一个更加纯粹和学理化的总结。因此在海德格尔哲学中我们几乎可以找到本真性的行话的所有要素，而且在纳粹的政治话语没落之后，它一度取代其政治意识形态而成为本真性行话的权威性保障。[1]

如前所述，本真性的行话最显著的特征是一种绝对超越的意向，这种超越性尽管在雅斯贝尔斯和布伯那里获得过哲学思考，但只有在海德格尔这里才获得了正统的哲学形式。哲学，尤其是形而上学和存在论，在人类的精神世界中始终占据着最高位置，占据着神庙里的"神"的位置（黑格尔），海德格尔的存在论就是在这个高度为本真性行话的绝对超越意向提供了最纯粹的、最具有学理性的支持。首先本真性行话的宗教性意向，在海德格尔哲学中产生了深远的回响，世俗与神圣之间的鸿沟，在这里表现为存在者与存在本身之间的"存在论差异"，即存在不是存在者。基于存在论差异，海德格尔对整个传统形而上学进行了清算，认为后者根本性错误在于错将各种存在者，尤其是各种宏大的存在者视为存在本身，从而遗忘了真正的存在。当然，这个存在本身是拒绝任何哲学理论的规定的，因为理论本身的对象性结构已经是非本真的存在者层次了。

这样，对存在本身的接近就只有通过一种否定性操作，以超脱出存在者层次，投身于那个无可规定的领域。其实，对于存在本身这样的概念，黑格尔早在其知性哲学批判中就已经有所涉及，在

[1] 阿多诺：《本真性的行话》，第16—17页。

他看来无可规定的最高者，也就是不能用概念来把握的对象，就如同“黑夜中的黑牛”，人们不可能获得其清晰的形象。海德格尔当然也不能无限纠缠于这个存在本身，而是反复地进行否定此岸生活的操作。我们知道，海德格尔对都市生活相对陌生，他更愿意隐居山林，过返璞归真的生活。在阿多诺看来，这与海德格尔哲学的乡土主义密切相关。因为海德格尔认为资本和技术造就的城市是非本真的，而唯有乡间生活有着“光彩夺目之质朴”，因而更加接近于存在本身。海德格尔以一种“介于诗歌和前苏格拉底残篇”之间的形式来颂扬这种生活，以赋予其一种“原初意义”(Ursinn)。而在阿多诺看来，这无非是将被淘汰了的生活方式按照“傲慢的没落精英的希望”进行提升，将消失的东西秘密地转变为永恒。海德格尔赞扬农民的沉默寡言，认为这事实上在言说存在本身，“质朴而深入本质”。但是海德格尔从来只给出这种沉默思想方式，而从不给出这思想的结果或内涵。事实上，20 世纪的小农生活无疑已是一种没落生活方式，其空间早已被资本主义工商业挤占，“小农阶级的继续生存，唯一要感谢的是那个交换社会的施舍，……这种被掏空的生存，小农经营的持续危机，回响在这种行话的空洞贫乏之中。付给他们的补贴，是这些古怪的行话词汇加注到它们的含义中去的东西的存在根据”[1]。小农经济代表了社会发展的一个过时的阶段，而海德格尔及其追随者却将其作为永恒的规范来使用，将其作为更高等级的生活方式来赞美。当然，这种社会发展造成的紧张和不协调，不免会产生社会群体之间的积恨，如果考虑到海德格尔的这一倾向与纳粹“血与土”的口号之间的接近，那么其哲学作为 20 世纪中叶的意识形态就更容易理解了。

[1]　阿多诺：《本真性的行话》，第 44 页。

当然，海德格尔哲学的“复古”有其更深刻的理由，即已成为过去的农业生活方式代表着更原初的、因此是更加接近人类本质的生活方式，而当前生活方式则由于资本和技术的统治将人连根拔起，因此乡间的农业关系就应该是“未受损毁的生活，作为受损毁的生活的对立面，基于其社会化的（sozialisieren）意识就是‘不景气的生活’（malaise）的对立面……这种生活通过本真性的行话那种磨砂过的语言形态，远离了所有社会性思考，被等同于农业的关系或者至少是简单的商品经济，作为一种完整的生活，一种防护性的封闭生活，在固定节奏和不间断的连续性中流逝着的生活。这里让人联想到的领域是浪漫主义的残余，它被轻而易举地安置在当代状况之中，其与这个状况的尖锐矛盾，甚于从前。”[1] 海德格尔的浪漫主义倾向自然也主张未受损的生活乃是更符合人性的完满生活，不过这与启蒙传统的理性构造的生活却是背道而驰的，如阿多诺所说，海德格尔及其追随者对“人”的强调，与康德、黑格尔等古典哲学家不同，因为在后者那里，“只有经历过对抗，出于自身的强制，而非出于纯粹理念，才能出现一种符合人类尊严的状况”，而这些在海德格尔这里“全部被排挤掉了”[2]，本真的人性向来在此，只是长久以来被遮蔽掉了，我们需要做的不过是向本真人性的复归，这种复归对本真之人来说触手可及，甚至不过是转变一下“看法”而已。值得注意的是，海德格尔哲学这种“回归”与马克思的异化理论的结构恰恰相反，因为马克思乃是启蒙精神的继承者，他绝不否认当前的统治是人为的结果，但正是因此也要通过人类实践来改变，因此马克思从不对过去的时代抱任何幻想，任何对共产主义的规定都是指向未来的，并且要经过面对严酷现实的艰苦斗争才能实现。而在

[1] 阿多诺：《本真性的行话》，第 46 页。
[2] 同上书，第 47 页。

海德格尔这里，“‘人’据说在当代人中间直接在场，据说应该在此实现他的原型（Urbild）。过去的前分工的社会化形式，被秘密地歪曲为自身永恒的形式。”[1] 最终，海德格尔的“人”就变成了“去人类化的意识形态”[2]。

应该注意的是，与早期浪漫主义那种可以与理性共存的激情不同，海德格尔具有晚期浪漫主义色彩的论调却是一副过时但却傲慢的贵族形象。窘迫的小农生活被束缚在固定的空间，此时正承受着社会整体的压力，海德格尔及其追随者急切地将这种束缚解释为一种“更高秩序的束缚”，而且这个秩序与所有非本真生活不相容的程度与小农生活所受到的压力似乎恰好成正比，因此这些本真之人对非本真的“常人”生活始终带着一种蔑视和愤怒。这种束缚对人而言是一种约束（Bindung），对权威的超越者来说则是一种委命（Auftrag）。“‘约束’是用来表示训诫的苛刻要求的流行用词。这个词的名字（Name）将最低级的宗教小册子与海德格尔和雅斯贝尔斯焊接在一起”[3]，从词源的角度看，这个“约束”曾被用来改造“宗教”这个外来词，但是将各宗教中的特定神性法则和戒律过滤掉，只剩下一种神圣性和权威性，而它们所依托的基础却被掩盖了。通过约束这样的词汇，旧有的权威性便在当代社会中保存下来，融入自由社会的日常事物之中，阿多诺专门提到“在希特勒帝国的早期，冲锋队员们（SA-Leute）的外貌让人难以忘记，在他们中间，管理与恐怖在光天化日下汇聚出现：手上拿着文件夹子（Aktenmappe），脚下则蹬着翻口靴子（Stulpenstiefel）。这个画面中的某些东西被本真性的行话保存在如‘委命’这样的词汇之中，在那里，由公正或

[1] 阿多诺：《本真性的行话》，第 47 页。
[2] 同上书，第 46 页。
[3] 同上书，第 55 页。

不公正的权威机关所命令的东西与一种绝对必需的东西之间的区别，权威性与抱有成见的情绪之间的区别都经过算计而变得模糊了”[1]。管理与恐怖的这种结合，让我们不难理解本真性的行话将委命的内容改写为陈述语态，从而将权威意志所希望的事情转换为正在发生的事实，将主观性篡改为了客观性。

海德格尔哲学的基本结构不仅与现实统治相契合，而且还具有很隐蔽的欺骗性。海德格尔在20世纪初就提出存在论，这事实上迎合了此时思想界对整体性的要求，“在前法西斯主义的德国，整体性是所有狂热分子的格言，他们以此来反对被马马虎虎地作为过时的时代处置掉的19世纪。”[2]与19世纪的宏大叙事不同，海德格尔哲学的整体性是通过分析具体的、有限的此在而获得的。此在与传统意义上的主体不同，它的特征在于其有限性和短暂性，而非永恒性，但是海德格尔哲学却将这种短暂性直接反转为永恒。阿多诺说：“神学以对永恒的希望反驳了那种在错误和其愿未尝的生活中不堪忍受的人的短暂性。在将短暂性颂扬为绝对者的过程中，这短暂性就消失了——这当然就是黑格尔曾经不情不愿地干过的事情。正如这种行话所说，痛苦、灾祸（Übel）和死亡都是应该被接受的：是不需要改变的。”[3]海德格尔及其追随者试图在此在的内心设下“祭坛”，通过它的有限性和短暂性去接近超越性的存在本身。海德格尔不厌其烦地分析此在作为终有一死者的生存论意义：任何此在都经历自身的死亡，不能分享他人的死亡，这种转向自身的回路按照传统哲学的标准恰好提供给此在自足的本质，因此海德格尔就通过此在的短暂性直接给出了此在的永恒性，终有一死的另一面便是永恒，

[1] 阿多诺：《本真性的行话》，第64页。
[2] 同上书，第104页。
[3] 同上书，第52页。

传统哲学通过艰苦的理性努力仍未达成的理想，在海德格尔这里却一劳永逸地实现了，因为它据说向来在此。对于普通人来说，海德格尔这种繁复之中的简单具有特别的诱惑力，因为只要投身于本真性的行话之中，即使现实生存上的生活不做任何改变，也可以在乏味的常人生活的躯壳下实现超越，接近存在本身，恰如海德格尔的《存在与时间》采取学院化的繁琐写作方式，讲述的却不过是克尔凯郭尔式的纵身一跃。其实海德格尔哲学提供了一个诀窍，让常人无需艰苦劳作，在现有的命运中即可获得本真的永恒。如果海德格尔哲学包含着某种伦理学的话，这应该就是它的一个秘密。

形而上学经验还是否可能
——试论否定辩证法的思辨动机

阿多诺曾说，“即使在拒绝了唯心主义之后，哲学也不能放弃思辨。当然，这是一种比黑格尔那种过于肯定的思辨更为宽泛意义上的思辨”[1]。按照黑格尔的规定，思辨是其辩证法的最高部分，也就是主客体实现最终统一的部分，在阿多诺看来这种统一不可避免地包含有同一性的内涵，而这却是这个非同一哲学家所极力批判并主张抛弃的。[2] 如果拒绝了黑格尔的“过于肯定的思辨”，或者说拒绝了作为“否定之否定”的“肯定”，哲学又将在何种“宽泛意义上”主张思辨呢？我们不难看出，回答这个问题其实正是阿多诺《否定的辩证法》的最终意图，因为在这部著作的一开篇，阿多诺就说“否定辩证法”是一个违背传统的表达，其目标乃是抛弃整个肯定的辩证法传统而拯救其“确定性”(Bestimmtheit)。显然，这个“确定

[1] Theodor W. Adorno, *Negative Dialektik*, S. 27.

[2] 关于阿多诺对黑格尔哲学的同一性和非同一性的论述，参阅阿多诺：《黑格尔三论》，谢永康译，上海人民出版社 2020 年版，以及谢永康：《经验的客观内涵：阿多诺对黑格尔唯心主义的阐释》，载《哲学研究》2021 年第 7 期。

性”我们也可以理解为阿多诺所说的“宽泛意义上的思辨”。这种思辨对阿多诺来说具有根本意义，因为如果最终不能呈现出某种肯定，那么否定辩证法便只能像流行看法那样不过是做破坏性的工作，其意义便大打折扣了。当然，在“否定之否定”之外寻求通过否定来获得肯定的另一套方案，其难度可想而知。所以阿多诺在《否定辩证法》中致力于解决这一问题的最后部分之深奥复杂和令人费解就可以理解了。本文将通过对这一部分的核心概念“形而上学的经验”（metaphysische Erfahrung）的考察，试图表明阿多诺在抛弃了黑格尔哲学的思辨结局之后，在更接近康德的方向上获得了这种宽泛意义上的思辨概念，而在这个过程中，马克思的身影又不时若隐若现。[1]

一、思辨：从黑格尔回望康德

在放弃了黑格尔那种过于肯定的思辨观念之后，阿多诺将否定辩证法的致思方向指向了黑格尔之前的康德。从哲学史的角度看，这是哲学在同一性程度上的一种后退策略，阿多诺试图借此将否定的独立性解放出来。当然这一策略绝不是追随新康德主义者“回到康德去！”的口号，而是要借康德批判哲学的开放性来稀释黑格尔思辨体系的封闭性。我们不难看出，这与黑格尔当初建构思辨唯心主义的努力方向恰好相反。正如费伽尔指出的，阿多诺的核心思想无疑最接近黑格尔，但这种关系却是一种“批判性的追随”；黑格尔通

[1] 法兰克福学派传统内对这一方案通常做消极评价。例如哈贝马斯认为否定辩证法的动机是自相矛盾的，即试图借助意识哲学的概念手段来超越意识哲学，不过其非同一的结局却已接近了交往理性，维尔默也认为“关于形而上学的沉思”部分的论证是困窘的，并致力于改造阿多诺的审美化表达，使之与哈贝马斯的交往哲学兼容。参见哈贝马斯：《交往行为理论》上卷，上海人民出版 2004 年版，第 375 页；Albrecht Wellmer, Metaphysik im Augenblick ihres Sturzes, in: *Theodor W. Adorno: Negative Dialektik (Klassiker Auslegen Band 28)*, Akademie Verlag 2006, S. 189.

过努力建构了“自身”的同一性，“而阿多诺则相反，他要回忆这历史的过程。他反向阅读了这个历史；他从结果追踪到它的发展，并拆毁了这个结果，‘解构’了这个结果。在‘它自身’(es selbst) 那平滑但又并非不透明的平面下，他者借助于这种解构又重新显现出来”[1]。阿多诺的这一努力，其实是以康德哲学为参照和支撑的，这个“他者”也显然有“自在之物”的影子。换言之，如果说以费希特、谢林和黑格尔为代表的德国唯心主义的一项核心努力乃是消灭康德的自在之物，那么阿多诺则是要从德国唯心主义在思想和现实均已获得完成的 20 世纪回溯这一过程[2]，以找回在这个过程中失去的东西。当然，这并不意味着阿多诺要恢复“自在之物”概念，而是想在这个方向上寻求黑格尔体系清除了的开放性。

在《费希特与谢林哲学体系的差异》中，黑格尔对康德哲学做了如下评价：在康德的“知性形式的演绎之中，思辨的原则，主体与客体的同一，得到了最确定的表达”[3]。我们知道，对于黑格尔，甚至对于所有的德国唯心主义哲学家来说，思辨具有特别的意义。参考古代的新柏拉图主义传统，他们把思辨规定为“知识的最高形式”，规定为“关于绝对者的知识”[4]。思辨的知识与知性关于有限对象的反思性知识相对，掌握着最终的肯定性和直观性。当然，在这个共同的结论下，黑格尔与谢林、费希特等人之间也存在着根本的差异，黑格尔认为后两者均将思辨诉诸“理智直观”，从而使得思辨成为了某种不可规定的东西，而“可规定”乃是知性的概念思维认

[1] 君特 · 费伽尔：《论非同一物：阿多诺的辩证法》，载《求是学刊》2009 年第 1 期。

[2] 阿多诺对 20 世纪资本主义社会的一个诊断是黑格尔逻辑体系的“实现”，因此呈现出一种总体的统治，生产力和生产关系、经济基础和上层建筑之间的结构性差异消失了，社会呈现为一个“整体”：“一切即一”。参见 Theodor W. Adorno, Spätkapitalismus oder Industriegesellschaft? Einleitungsvortrag zum 16. Deutschen Soziologentag, S. 368–369。

[3] 黑格尔：《费希特与谢林哲学体系的差别》，宋祖良、程志明译，第 2 页。

[4] S. Ebbersmeyer, „Spekulation“, in: *Historische Wörterbuch der Philosophie*, Bd. 9, Hrg. Joachim Ritter und Karlfried Gründer, Schwabe & Co Ag Verlag, 1995, S. 1365.

识事物的基本条件，所以单纯以直观来理解思辨，便如同黑夜里的黑牛，其知识内涵其实是空虚的。所以黑格尔主张思辨，也就是最终的肯定性必须要经过以否定为阶梯的辩证历程，或者说是扬弃了“否定性”之后所获得的肯定性“总体”。“这种扬弃否定、否定中包含肯定的基本特性，就是具有逻辑真理的第三种形式，即思辨的形式或肯定理性的形式”；这个“思辨的阶段或肯定理性的阶段在对立的规定中认识到它们的统一，或在对立双方的分解和过渡中认识到它们所包含的肯定”，“因为它有确定的内容”，而不是“空的、抽象的虚无”，从而这个阶段尽管是“思想的、抽象的东西，但同时也是具体的东西，因为它并不是简单的形式的统一，而是有差别的规定的统一”。[1] 而按照黑格尔的目的论，这个最终的统一作为“总体”，不过是精神“以太”的展开，因此它实质上也就是一个“整体”，一个“一”。如果说作为“以太”的“一”首先是以直观的方式获得的话，那么黑格尔的辩证法则是要借助于矛盾和否定将其展开为一个总体，并最终恢复其直观的特性。对“整体”这种经历了抽象的直观，被黑格尔视为哲学的终极真理。

这种思辨观念，可以被视为康德哲学基本精神的完成，或者说是主客体同一性发展的极致。但是对这一趋势康德并非没有意识到，而是从一开始就极力避免，因为独断论和神秘主义也是康德批判哲学的主要对手。康德所谓的神秘主义首先就是柏拉图式的理念学说，而黑格尔在解释思辨时也说，“一切理性的真理均可以同时称为神秘的，但这只是说，这种真理是超出知性范围的，但这决不是说，理性真理完全非思维所能接近和掌握”[2]。所以新康德主义者认为德国唯心主义是一种向前康德的、前批判哲学的倒退。因为在康德那里，

[1] 黑格尔：《小逻辑》，贺麟译，第181—182页。
[2] 同上书，第184页。

思辨知识与经验知识之间存在一种否定的关系："一种理论的知识，如果它指向一个我们在任何经验中都不可能达到的对象或关于一个对象的那些概念，那么它就是思辨的。它是与自然知识相对立的，后者仅仅只是指向一个可能经验中所能给予的那些对象或它们的谓词。"[1] 因此，在康德看来，知性的任何运用都不可能引出神学的知识，因为知性只能给出发生的事件（作为现象）中的因果关系，而决不能给出事件本身（作为实体）的原因。从而在康德这里，超验理念的证明交给了实践理性，而这种证明并不具有知识的客观有效性，如果真的存在这样一种知识的话，那必定不属于人类理性，而只属于神性的理智直观。显然，康德认为知性的知识与超越性存在之间存在着一条不可逾越的界限，这一点黑格尔原则上是认可的，但是他强调思辨尽管超出了知性，也绝非思维不可把握。鉴于黑格尔那里思维与概念在外延上的一致，那么那种给出思辨知识的思维仍然必须借助概念[2]，从而他势必主张知性与思辨的某种连续性。

到此，康德和黑格尔在面对思辨理念的态度上的差异便显而易见了。阿多诺作为辩证法的传承者，在这个问题上并未站在黑格尔一方，而是试图以自己的方式重新肯定康德哲学的断裂结构。阿多诺说："康德将先验辩证论称为幻象的逻辑：矛盾的学说，任何将超验物作为可肯定的认识之物的探讨都必然地陷入这矛盾之中。他这个判决并未因黑格尔将幻象的逻辑作为真理的逻辑来索回的努力而过时。"[3] 因此阿多诺认为拯救康德所说这个必然的幻象仍然具有重大的形而上学意义，当然这必定是在黑格尔的方案之外的另一个方案。阿多诺的拯救动机其实正源于康德批判哲学的动机，也就是为一种未来

[1] 康德：《纯粹理性批判》，邓晓芒译，人民出版社 2004 年版，第 501 页。

[2] 如阿多诺所说，"离开概念的思维根本不是思维"。参见 Theodor W. Adorno, *Negative Dialektik*, S. 105。

[3] Theodor W. Adorno, *Negative Dialektik*, S. 385–386.

的形而上学探索可能性条件的动机。尽管从康德的批判中可以引申出激进的形而上学批判，例如后来的实证主义对形而上学的批判，但不可否认的是康德哲学也开启了德国唯心主义这个强大的形而上学传统。阿多诺可以说正延续了这个传统，但他的工作毋宁说是对这个传统的反思，因此康德最初的形而上学动机就显得尤为重要。阿多诺说："理性批判的康德曾在理念学说中表示，理论离开形而上学便是不可能的。而它是可能的这一事实，隐含着这个通过其著作的影响击溃形而上学的康德所坚持的那种形而上学的权利。"[1]

阿多诺在此显然也在面对一个分裂的康德，即经验知识的康德和形而上学的康德，而要彰显后者，则必须打开康德自己设下的桎梏。对于经验知识而言，认知形式是其可能性的条件，康德禁止我们去追问其背后的根据。而阿多诺却说："形式并非康德所描述的那种最终的东西。"[2] 我们知道，康德的认知形式来自对牛顿科学的批判，而"科学是资产阶级社会的产物。康德的理性批判模式的严格的二元论基础结构增强了一种生产关系的基础结构。在这种生产关系中，商品从机器中产生出来就像康德的现象从认识机制中产生出来一样，材料及其自身的规定性相对于利润来说是无关紧要的，就像现象对冲压现象的康德来说无关紧要一样。"[3] 这里阿多诺将康德的知识理论与近代科学技术的形式性统治联系起来，这不禁让我们回忆起他对黑格尔哲学的判断，即 20 世纪的资本主义社会可被视为黑格尔哲学体系的实现。这样我们又回到了康德与黑格尔之间的连续性，我们也可以将其理解为一个从经验到思辨的过程，尽管康德并不同意这个思辨，但它的的确确是从康德哲学中发展出来的。那

[1] Theodor W. Adorno, *Negative Dialektik*, S. 377.
[2] Ibid., S. 378.
[3] Ibid., S. 379–380.

么阿多诺回望康德的目的何在呢，显然是被康德判定为虚假的“幻象的逻辑”。阿多诺也要拯救这个“幻象的逻辑”，但是在已经知道黑格尔的拯救方式是“错误的”情况下，他必定要以自己的方式拯救这个逻辑。

二、形而上学的经验是否可能

到此我们除了跟随阿多诺回溯到康德之外，并未在否定辩证法的肯定性方向上获得任何进展。但是这个准备性工作至少可以让阿多诺在黑格尔哲学“实现”之后重新提出形而上学可能性的问题。从阿多诺的视角看，德国古典哲学在本质上都与经验有关，例如康德的纯粹理性批判工作主要部分就是改造经验概念，以至于新康德主义者柯亨可以从这个概念入手来阐释康德哲学，而黑格尔则将其精神现象学命名为“意识经验的科学”，试图通过精神的辩证运动来把握现实生活经验的总体。在阿多诺看来，这个方向无疑是正确的，但是康德和黑格尔的路径却存在问题，这一路径的结果便是当代社会的总体统治状态，以及从属于这种状态的诸多暴力和野蛮。如果说康德哲学是一个以必然性和形式命令构成的系统，那么这种必然性在当代社会已然成为了每个人的切身体验，而且这种必然性最终给人们带来的并不是乐观的图景，而很可能是“绝望”(Verzweiflung)。在这一背景之下，阿多诺说：“取代康德关于形而上学如何可能这个认识论问题的，是如下这个历史哲学问题，即形而上学的经验究竟是否还是可能的。这个问题的根本不像对形而上学这个词的学院用法那样是超越时间性的。”[1]

[1] Theodor W. Adorno, *Negative Dialektik*, S. 365–366.

“形而上学的经验”这个词并非阿多诺在《否定辩证法》中的首创，之前就有学者以这个概念讨论形而上学的可能性这个康德哲学的问题了：“在形而上学的经验中涉及的，是形而上学是否可能这个古老的问题。……证实关于物性世界陈述的是感性经验，那么相应地，关于形而上学对象的陈述，必须以一种适当的经验来证实……正如感性经验是感性对象之陈述的起源，那么形而上学经验也被设定为这样一种形而上学陈述的起源。”[1] 我们不难看出，这种形而上学经验的定位仍然是出于后康德唯心主义的问题意识，不过作者试图用形而上学经验的直接性来替代理智直观的直接性。这种经验要求直接面对的存在者之本质和根据，就如同眼前看到的那样，它是“直接可经验的”[2]。而且，作者提出的形而上学经验除了超越于日常生活之外，其本身也必须是肯定性的，或者说是与超越性事物的直接相遇。

阿多诺的形而上学经验的动机显然不同于此，因为他的目标并不是一个肯定性的形而上学原则，而是恰恰相反。如前所述，阿多诺的形而上学经验的问题绝非超时间的，因为它本质上是一个“历史哲学问题”，这表明阿多诺对日常生活中感性经验的坚持。如果说形而上学经验必须具有某种超越性的话，那么也是一种内在超越。而且像康德一样，阿多诺力主经验与超越者之间的否定性关系，也认为超越者也是一种“幻象”。当然，对此阿多诺还是借助于黑格尔来陈述的，“规定了的否定的形态是这样的形态，在其中形而上学的经验仍然存活至今，那么我本人至少也在这个思想方向上前进。但是这个过渡本身是强制性的：因为当我说，否定之否定乃是肯定，

[1] Wilhelm Weischeldel, Zum Problem der metaphysischen Erfahrung, in: *Zeitschrift für philosophische Forschung*, 9(1955), S. 421.

[2] Ibid., S. 423.

那么在其中恰恰做出了一种同一性哲学的论断；如果我已经预设了主体与客体的统一，那么它就会在结论中出现，这就完全实现这种思想了。但是，如果……这种思想的真理内涵是直接粘连在其虚假存在的可能性之上，直接粘连在其失败的可能性之上的，……那么这个思想就因此而无效了”[1]。我们知道，阿多诺认为黑格尔辩证法的精髓是“规定了的否定”，也就是说否定本身就是肯定的，用这里的话说就是“思想的真理内涵直接粘连在其虚假存在的可能性上”。当然，阿多诺也为“否定之否定”给出原因，这个原因不仅是说形而上学内在于人类本性，而是“在生活不再存在的地方，在直接性实际地已经被扬弃的地方，就如同在我们生存的这个世界中，恰恰有双倍强烈的引诱，引诱人们将生活的剩余，甚至将支配性状态的否定与绝对者混淆起来”[2]。这个原因就需要我们特别考虑到阿多诺对当代社会的诊断以及其与康德和黑格尔哲学的关联。如果说将认知理性思辨地运用于超越者，在康德看来是出于人类的本性的话，那么在阿多诺的诊断中，这种指向超越者的肯定性思考则是来自外部社会的引诱，康德认定的辩证幻象，在黑格尔这里却是最终的真理。阿多诺想说的是，黑格尔的终极真理是虚假的，但是正是这种虚假本身成为了另一种真理。用阿多诺早年的话说，就是一种“崩溃的逻辑”。

阿多诺主张的这种真理性令人费解，但我们也不难在与黑格尔和康德的比较中看出阿多诺的意图。相对于黑格尔，他承认规定了的否定，放弃否定之否定，认为前者包含着形而上学的经验，相对于康德，阿多诺则强调幻想逻辑本身的真实性，而且是在与社会现实关联中的真实性。阿多诺无疑处于两位古典哲学家的夹缝之中，留给他思

[1] Theodor W. Adorno, *Metaphysik Begriff und Probleme (1965)*, S. 225.
[2] Ibid., S. 224.

考的空间极其有限。所以阿多诺在讲座中让“人们必须到这样一个层级去追寻形而上学的经验，这个层级是它最初异常陌生的。也就是说这个层级包含着的真正就只剩下否定的内容了”[1]。如果举例说明的话，那么它就是一种“这就是全部吗?”的经验，或者是一种“徒劳等待”的经验。这种经验都已经触及寻常思维的边界，边界之外的超越者呼之欲出。阿多诺认为这个超越者本身并不是真实的对象，但是它却通过与现实生活保持着否定性的关联而提供了真实性。换言之，形而上学的经验乃是处于日常知识边界上的经验，那么也就是“他者”之可能性的经验。这种可能性不能说是真实的，但确确实实可以被经验（erfahren）到。所以阿多诺说：“如果生活不包含着一种超越生活之物的预告，那么就没有什么东西会被经验为生活了。这个超越者是因此是**存在的**，但它同时也**不存在**，——对于思维来说，这对矛盾大概是非常难以超越的，似乎根本就不可超越。”[2]

尽管如此，形而上学的经验也并非不可思议。在阿多诺这里，超越性并不等于普遍性，反而形而上学的经验却都以特殊和个别的方式出现。阿多诺在不同的场合都举了普鲁斯特的小说和每个人童年时代对幸福的期待来解释形而上学的经验。在普鲁斯特的作品中有许多诸如“奥特巴赫”（Otterbach）这样的村庄，它们的名称本身就隐含着某种幸福的许诺，“人们相信，如果他们到那里去，那么他们就会如愿以偿，仿佛那就是存在的一样。而如果人们实际到了那里，所许诺的东西就将如彩虹一般消退。尽管如此，人们并不失望；毋宁说他们感到，现在他们离它太近了，并因此而看不到它”[3]。这个“它”是什么呢？阿多诺坦承这很难说清楚，但是无论在普鲁斯

[1] Theodor W. Adorno, *Metaphysik Begriff und Probleme (1965)*, S. 223. 以及本书第 206—207 页。

[2] Ibid., S. 226.

[3] Theodor W. Adorno, *Negative Dialektik*, S. 366.

特还是在任何孩子那里，“它”其实就是幸福，而这些地名就是一种幸福许诺的踪迹。[1] 而且对他们而言，对普鲁斯特而言，“人们必须神往于那一个地方，而不用垂涎于普遍之物，那么这种普遍之物，即普鲁斯特的陈述的本真的东西就借此形成了。对于孩子来说，如下这点是不言自明的，即他喜爱的小镇让他着迷的东西，唯独只有在那里能找到；他弄错了，但是他的错误建立了经验的模式，一个概念的模式，这个概念最终是事物本身的概念，而不是从事物还原而得的贫乏的东西。”[2] 阿多诺还是在个别与一般、真实与虚假的相互纠缠中来理解和陈述形而上学的经验。作为经验，它首先必须是直接的和感性的，而作为形而上学的经验，它又必须是超越的和一般的。但是，超越之物作为经验的“他者”，也就是阿多诺所认可的真实性，却又是在错误中出现。这种多重的悖谬，让适当理解阿多诺的形而上学经验变得极为困难。但对阿多诺所举的例子，人们又很容易产生共鸣，甚至认为这些无非是日常经验的一部分，无甚高论。或许更多的读者会认为阿多诺是在重申一种浪漫主义的意图，或者是在为哲学寻求一种审美化的表达方式，尽管这两点阿多诺本人并不完全否认，但是他强调在这些之外还有更深刻和更严峻的内涵。如果这一内涵不能在单纯的理论话语空间明确表达的话，联系现实生活应该是一个推进理解的合理选择。

三、奥斯维辛作为极端的否定性经验

尽管阿多诺所举的例子只能处于现实生活的边缘位置，但还是

[1] Theodor W. Adorno, *Metaphysik Begriff und Probleme (1965)*, S. 218.
[2] Theodor W. Adorno, *Negative Dialektik*, S. 366. 以及本书第 207 页。

一定程度上回答了形而上学经验是否可能的问题，因为对这些经验人们都有同感，只不过若用理论语言来表达就会产生悖谬，阿多诺认为这悖谬的结构才是真实的。但是，这些并不代表否定辩证法作为社会批判理论的最终意图，因为阿多诺所面对的乃是 20 世纪上半叶极端严酷的现实经验，他最终必须用形而上学的经验来揭示现实的悖谬结构，这一现实指向显然来自马克思主义哲学传统。所以严格意义上说，形而上学的经验是否还是可能的，这一问题只有在面对现实社会的时候才具有真正的严肃性。上文提到阿多诺将 20 世纪的资本主义社会理解为黑格尔思辨哲学体系的实现，也就是总体的统治。这种统治被阿多诺和霍克海默理解为工具理性的统治，体现在启蒙辩证法之中。应该说，启蒙辩证法的表现有不同的形式，但阿多诺在陈述形而上学经验的时候，则主要倚重他体会到切身之痛的反犹主义，尤其是具有标志性的奥斯维辛集中营。如果考虑到集中营里的犹太人，被当作生物性材料和工具，在总体统治下劳作并面临着有计划的、工业性的屠杀，那么阿多诺的问题，即形而上学的经验还是否可能，就直击人类生存的本质，因为若这种经验不再可能，就意味着对此岸生活麻木和绝望，而若这种经验还是可能的，则意味着尚存超越的希望，尽管这个希望是以否定的方式获得的。鉴于这种希望是切身经验相关的，那么如果参考康德的实践哲学，它就应该被理解为幸福的希望，至少是避免继续痛苦的希望。

在涉及对现实的总体统治和个人的完全不自由的批判的时候，阿多诺同意叔本华的意志形而上学，但是却批判后者的“虚无主义”。因为叔本华“否认人们暂时地，或许甚至在彻底不自由的阶段都回忆起的自由的动机”[1]。我们知道，叔本华在否定了现象世界的

[1] Theodor W. Adorno, *Negative Dialektik*, S. 370.

总体之后，被这个否定带向了作为本体的意志，但这个意志其实构成了另一种总体的形而上学，其“总体的决定论的神秘性并不亚于黑格尔逻辑学的总体。叔本华是有违自身的（malgré moi-même）唯心主义者，是禁令的代言人”[1]。但是阿多诺认为，灰色的总体中从不缺乏不同色彩的踪迹（Spur），因为灰色本来就是生活被抹掉色彩的结果。“这踪迹往往发源于过去，希望往往发源于希望的对立面，发源于必定已经衰落的东西和现在被判决的东西。”[2] 我们不难发现，阿多诺的希望与自由的动机是紧密相连的，即便在叔本华和黑格尔的总体决定论中，自由的动机也不会消失，即便它真的消失了，也是有踪迹可寻的，至少可以通过回忆去追溯。联系上文阿多诺的例子，那么这被追溯的可以说是孩子的童真，或者人类精神的童真。而这种无处不在的追溯可能，则可以给人以希望的普遍性，也就是超出当下生活的普遍可能性。这样，完全的不自由状态与这种始终存在的可能性之间就产生了直接的冲突，阿多诺直接认同了这一冲突，并用本雅明的话说，“仅仅是为了无希望之故，我们才被给予了希望”[3]。这一点如何理解呢？我们首先想到的是虚假总体背景下的个人的状态，个人本身因为整个虚假生活的总体而是虚假的，但是他却获得了作为“他者”之可能性的自由的回忆。

当然，在阿多诺这里，完全的不自由作为“世间的现实地狱”，其典型就是奥斯维辛集中营。阿多诺曾说，奥斯维辛乃是完全的不自由状态的一个符号（Zeichen），或者说是奥斯维辛之后整个痛苦（Tortur）的世界的符号。奥斯维辛在事实上最深刻地改变了形而上学的概念，也就是形而上的经验。因为在此之后，“在存在之中逼索

[1] Theodor W. Adorno, *Negative Dialektik*, S. 370.
[2] Ibid.
[3] Ibid., S. 371.

意义的肯定性就变得不可能了。形而上学在亚里士多德和柏拉图的学说中首次具有的那种肯定性特征就已经变得不可能了。关于此在或者存在的主张，它们被理解为有意义的并被归入神性的原则……例如哲学家们想出来的所有真、美和善的原则，面对牺牲者，面对他们无限的痛苦（Qual），都不过是一种纯粹的嘲讽”[1]。在阿多诺的批判视野中，奥斯维辛就是当代世界的一个缩影，西方启蒙在此达到了它的“界限”，形而上学传统在这里必然发生翻转，用阿多诺的话说就是形而上学的崩溃（Zerfall 或 Sturz）。每个奥斯维辛的牺牲者，甚至当代社会的每个牺牲者的切身之痛，就是这一翻转或崩溃的推动力。切身之痛是个人性的，他人即使通过“同情”（Mitleid）也无法真正地分担。如果说痛苦的源头乃是社会总体的普遍统治，那么个人的生死便是最后的防线。而这在阿多诺看来乃是最低限度的人性，因为死亡便是生活意义的虚无，这个虚无从另一个方面看其实也是意义踪迹，正是这个虚无让我们获得了对意义的回忆，尽管这个回忆是通过对意义的否定触发的。所以阿多诺说：“唯有考虑到那被绝对地、不可消解地个体化之物，我们才能希望，恰恰是这个体化之物已然发生，并且将要发生；遵照这个希望，才能满足概念的概念。但是，这概念附着于对幸福的承诺，而拒绝这个幸福的世界，即统治性的、普遍性的世界，则顽固地（entêtiert）对抗着普鲁斯特对经验的重构。”[2]

从内容上看，奥斯维辛首先意味着对犹太人的有组织、有计划的屠杀，这是社会总体统治的极端表现。阿多诺在此更关心的是这个机制中犹太人的死亡。关于死亡，阿多诺主要探讨了两种状态。一是叔本华所描述的死亡，一是海德格尔所描述的死亡。在叔本华

[1] Theodor W. Adorno, *Metaphysik Begriff und Probleme (1965)*, S. 160.
[2] Theodor W. Adorno, *Negative Dialektik*, S. 366–367. 以及本书第 207 页。

看来，“每个人固然在抽象的一般性中，在理论上承认死的必然性，可是他将这种必然性和实际上无法应用的其他理论上的真理一样看待，放在一边，而不怎么把它放到自己现前的意识中去”，这是人类意识中的一种安全感，“因为有这一安全感，所以没有一个人在想到必然要来的，为期也决不太远的死亡时，就会显著地使他不安；反而是每一个人都是这么活下去，好像他必须永远活下去似的”。[1] 尽管这种安全感终究是虚幻的，但却也是生活的意义所在，即便死亡终究是生物性的死亡，是所有意义的虚无。对于生者来说，死亡是一个最终的他者，但是却始终伴随着生活，在生活中无处不在。正因为人们在生活中学习和感受着死亡，所以其日常情绪就与“被判处极刑的罪犯的情绪”极为不同，因为后者对死亡的恐惧被无限放大，远甚于死亡本身。海德格尔在《存在与时间》中也区分了面对死亡的两种情绪，并定性为本真的和非本真的情绪。按照海德格尔的分析，叔本华描述的寻求安全感的态度属于常人的非本真的死亡，而罪犯的死亡则应该是本真的，具有“生存论的”性质。因为对死亡的恐惧让此在洞见到死亡是其“最本己的可能性”，借助于这个洞见此在便脱离了常人。海德格尔主张死亡不可分享，从而它就标志着此在的极端个别性，进而“死亡变成了有死者的本质，与邻人相反，它就在此，并由此造作地变成一种存在者彼岸的东西，在常人面前被拯救出来，变成了常人的庄严的对立面，变成了本真之物；本真性就是死亡。单个人在死亡中的孤寂：它的‘无所关联状态’把此在个别化‘到它本身上来’，这一点变成了自身性的基底……海德格尔的语言将否定之物吹捧成了实质之物”[2]。如果说传统的形而

[1] 参见叔本华：《作为意志和表象的世界》，第 386 页。译文有细微改动；以及阿多诺：《本真性的行话》，第 110—111 页。

[2] 阿多诺：《本真性的行话》，第 111—112 页。

上学的动机在于构想不朽的理念来对抗死亡，那么海德格尔则将死亡直接转换为永恒，因为此在的自身性结构与主体性的自身反思结构是一致的。因此在阿多诺看来，海德格尔对形而上学传统的翻转是虚假的，相比黑格尔那种经过概念劳作达到永恒的路径而言，海德格尔的生存本体论更能迎合大众的思想口味，因为永恒据说本就隐含在此岸生活之中，并且可以一劳永逸地获得。

海德尔格的生存本体论包含着一种将死亡绝对化和永恒化的努力。联系到海德格尔在纳粹德国的表现，我们便不难发现海德格尔的本真性死亡与奥斯维辛集中营里犹太人的死亡的某种同构性，即对死亡的恐惧胜过死亡本身。海德格尔从这种情绪中区分出了一个通向永恒的维度，并且主张那才是本真的意义所在，从而将时间性的此在直接化作永恒。在某种意义上，海德格尔对死亡的解释与宗教人士对死者灵魂的超度有异曲同工之妙，因为他们都将死亡这个否定的、对个人来说陌生的事物转化为了肯定的和崇高的东西，但海德格尔并非借助于某个终极的肯定者来拯救，而是直接宣布此在的生活本就包含着超越性的本质。这个本质的必然性不亚于此在的命运，但并不是任何个人都具有的。当海德格尔的这一思想在 20 世纪上半叶的德国流行开，成为“本真性的行话”的哲学支持，那么就应和了纳粹对现实社会的统治，因为本真之人可以不顾现实生活的扭曲和痛苦，转而享受形而上的超越性意义，而非本真之人则因为这个截然区分被绝望地隔离在超越的可能之外。这样我们就不难理解阿多诺将海德格尔作为 20 世纪上半叶德意志的意识形态的哲学支持者来批判的用意了。

然而，即使在完全的不自由状态下，即使在本真性的行话这种文化氛围之中，希望的踪迹也从未消失。阿多诺说：“希特勒将一个新的绝对命令（neuer kategorischer Imperativ）强加给处于不自由状态中的人们：要着眼于奥斯维辛不再重复，类似的事件不再发生来安排他们的思维和行动。”[1] 阿多诺在此又一次呼应康德。与康德纯形式的绝对命令不同，阿多诺的“新的”绝对命令是质料性的，因为它不是来自理性的事实，而是来自个体的痛苦和死亡这个经验性事实。这种经验最终是个人性的，是“切身性的”，它可以直接地得出“最低限度的道德”，因此以推论的方式来对它进行探讨和论证，都是一种亵渎。这是阿多诺对道德的论证，一种不同于康德唯心主义的唯物主义论证。既然不能以推论性的方式来论证，那么阿多诺的道德论证就是能勉强被理解为基于事实的直接辩护。这样否定辩证法便得出了某种肯定的东西，因为这个新的绝对命令至少告诉人们如何行动，或者说是将康德的“应当”变换为了“必须不”。这种“必须不”事实上在当今的社会生活中也不时出现，并且它的否定始终能够关联到某个确切的内容上。如果说康德的“应当”所代表的道德性是一种人性的话，那么阿多诺的“必须不”也可以说关联着另一种人性。阿多诺将这种道德称为一种“唯物主义”的道德，那么我们就有理由相信，它最终指向的应该是马克思。阿多诺在这个方向上的推进有限，但不失为我们继续思索的一个可能的指引。

[1] Theodor W. Adorno, *Negative Dialektik*, S. 358. 以及本书第 198 页。

附译文二：关于形而上学的沉思（节选）*

阿多诺 著

谢永康 译

一、奥斯维辛之后

不变者是真理，运动者、变化者是假象，时间性之物与永恒理 354
念互相漠不相关，这些都不应该再主张了，即使借助于黑格尔那大胆的解救办法也不应该了；黑格尔的解救办法是，时间性的定在凭借其概念中固有的虚无而服务于永恒之物，这永恒之物呈现于虚无的永恒性之中。有一种关于内在世界之物和历史性之物对那种被传统形而上学提升为超越性的东西的重大意义的学说，或者用不那么灵知（gnostisch）和极端的方式说，至少是关于这些事物对意识的态度——即如何对待给形而上学指派哲学法规（Kanon）的诸多问题——的重大意义的学说，这种学说是世俗化为辩证法的诸多神话

* 本译文根据 Theodor W. Adorno, *Negative Dialektik*, in: *Gesammelte Schriften*, Bd. 6, Suhrkamp Verlag 1997, S. 354–368 译出。

冲动之一。在奥斯维辛之后，将每种对此在之肯定性的主张作为装腔作势的胡吹，作为对牺牲者所犯的不公来拒绝的感情，反对从牺牲者的命运中还可以压榨出如此贫乏化的意义的感情，在诸多事件发生之后有其客观的因素，这些事件已然将那种从超越性中放射出的内在性之意义的建构谴责为讽刺。这样的建构屈服于绝对的否定性，并以意识形态的方式协助其继续存活，这种存活本来就以现实的方式存在于现存社会的原则之中，直至其自身毁灭。里斯本大地震（Das erdbeben von Lissabon）足够使伏尔泰脱离莱布尼兹的正神论[1]，第一自然那一目了然的灾难比起第二自然和社会的灾难来说便微不足道，第二自然和社会，由于其出于人的罪恶所导致的现实地狱而超乎人类想象。因为发生的一切击碎了思辨形而上学思想与
355 经验之间一致性的基础，从事形而上学的能力便瘫痪了。从量到质的骤变这个辩证动机，可怕地再次获胜。随着用行政管理的方式对数百万人进行屠杀，死亡已变成了某种根本不再可怕的东西。死亡绝无可能再作为某种与单个人的生命过程相协调的东西进入其经验的生命之中。个人被剥夺掉其最终的和最贫乏的所剩之物。在集中营里，不再是个人死亡，毋宁说是样本死亡，这死亡（Sterben）必定会刺激到那些逃脱了屠杀措施的人们。种族灭绝是绝对的整合（Intergration），这种整合在所有人们被同一化（用军事术语说，就是被训练）的地方都在酝酿发生，直至他们，这些对其彻底虚无性概念的背离，被彻底清除。奥斯维辛证实了纯粹同一性即死亡这个哲

[1] 里斯本大地震（Das erdbeben von Lissabon）发生于 1755 年 11 月 1 日早上 9 时 40 分。震级约 8.9 级，是欧洲首次有科学记录和进行研究的地震。里斯本大地震对欧洲文明影响深远，地震造成大量的人员死伤和教堂损毁，引起了诸多神学家和哲学的争论。按照当时流行的莱布尼兹的正神论，地震是上帝惩罚人间的罪恶，但是地震无差别的毁灭却又让人对此产生怀疑，并激发了对地震的科学研究。伏尔泰在其 1756 年的《里斯本的灾难》诗歌中，表达了对基于存在链条的神义论证明的怀疑，认为人兽之间、人神之间存在着无限的界限。——中译者注

学论断。贝克特的《终局》(*Endspiel*) [1] 中最著名的格言：根本就不再有什么可害怕的，这是对这样一种实践（Praxis）的反应，这实践在集中营中获得了其第一份试验样本，而在其曾经令人崇敬的概念中，对非同一物的虚无化已经以目的论的方式潜伏下来了。绝对的否定性是可预见的，就不再让人感到意外了。害怕与自身持存的个体性化原则（principium individuationis）相结合，这个原则出于其一贯必然性而废除自身。施虐狂们对他们牺牲品的预告：明天你将从这座烟囱蜿蜒爬出，在天空之中灰飞烟灭，就叫作历史走向的对任何个人生命之冷漠：在其形式性的自由之中，他已然是如此的可互换和可替代，就像后来被清理者（Liquidator）们踩在脚下那样。但是，因为单个人在这个以普遍的、个人的利益为法则的世界中，根本无异于这个变得冷漠的“自身”(Selst)，久为人所信赖趋势的施行同时就是极为可怕的事情；任何东西都不能从此施行中走出，正如绝不能穿越集中营那通电的铁丝网一样。持续不断的痛苦有权被表达出来，恰如被严刑拷打之人有权发出嚎叫；因此，在奥斯维辛之后不让写诗，或许已然是错误的。但是，提出如下不甚文雅的问题却不是错误的，即奥斯维辛之后是否还能够继续生活，特别是那些偶然逃脱厄运以及按照正当程序本来必须被处死的人，是否还能继续生活。他的继续生活需要冷淡，需要资产阶级主体性的根本原则， 356
离开这个原则奥斯维辛就是不可能的了：(这冷淡是）被饶恕者的赤裸裸的罪责。如下梦幻追着他进行报复，即他根本就不再活着了，而是于 1944 年已经被以毒气杀死了；并且他之后的整个生存都不过是在如下幻觉进行，即某个二十年前被处死的人那精神错乱的希望

[1]《终局》(*Endspiel*) 是 20 世纪重要的荒诞派作家塞缪尔·贝克特主要作品之一，与《等待戈多》齐名。这部独幕剧在末世般的氛围中，四个奇怪的人相互依赖，却又彼此厌弃，表现出人类的苦恼。——中译者注

的发散（Emanation）。

沉思的人们，以及艺术家们，不时地记录了一种关于不完全在场，不参与的感受；似乎他们根本不是他们本身，而是某种旁观者。另外一些人则一再排斥这种感受；克尔凯郭尔就基于此建立了他反对他所谓审美领域的论战。在其中，对哲学人格主义的批判同情如下这点，即对直接之物的那种否认所有生存上的（existentiell）姿态的态度，在超出自身持存的动机的蒙蔽的因素上，有其客观的真理性。说“这根本没这么重要”，其本身当然倾向于与资产阶级的冷淡相结合，在其中个人最有可能无焦虑地觉察到生存的虚无性。在观看时保持距离并突出自身的能力中的非人性方面，最终恰恰是人道的，是其意识形态专家所反对的人道之物。说以如此方式行为的那个部分是不死的，并不乏说服力。萧伯纳（Shaw）[1]在去剧院的路上将证件递给一个乞丐，并匆忙地对他说“媒体”(Presse)，这一幕在讽刺中隐藏了关于如上这点的意识。这有助于说明让叔本华惊讶的那个事态，即在面对不仅是他人而且包括其本人的死亡时，人们的激动往往是很微弱的。或许人类无一例外地中了魔咒，已无人还有能力去爱，并因此任何一个人都觉得被爱得太少。但是旁观的姿态同时表达出了如下怀疑，即这是否可能就是全部：盲目地以为自己如此意义重大的主体，拥有的无非就是那种贫乏，以及在其感情冲动时的动物性短暂。在这魔咒之下，活着的人们可以在非自愿的心平气和（Ataraxie）——一种出于虚弱的审美生活——和被卷入者
357 的那种兽性之间做选择。这二者都是虚假的生活。但是这二者之中的某些东西也应该属于正确的超脱（désivolture）和同情。在被克服之后，自身持存那有罪的渴望或许正加强了持续在场的威胁。只是

[1] 萧伯纳（George Bernard Shaw，1856—1950），爱尔兰剧作家，1925 年获诺贝尔文学奖。代表作有《圣女贞德》《伤心之家》等。——中译者注

自身持存不得不怀疑，它所固定于其中的生活或许变成了让它毛骨悚然的生活，变成了幽灵，将清醒的意识洞察为并不实存的冥界的一部分。作为纯粹事实的生活，已经让其他生活窒息，这种生活的罪责按照一种统计学，是通过微不足道的被拯救者来补充数字庞大的被屠杀者，就像概率计算已经预见到的那样，这种罪责应该就不再会与生活和解了。那种罪责不间断地复制自身，因为在任何时刻它都不能完全被意识到。这无异于迫使我们走向哲学。哲学在此经验到如下令人震惊的事实，即它越是深刻和强有力地涉入，就越是呈现出对它远离事实状况的怀疑；据说本质曾一度被揭示过，这个说法让最肤浅和最平庸的观点有能力胜过那些旨在认识本质的观点。借此一道刺眼的光线便投向了真理本身。思辨觉察到一种特定的义务，即将校正者的地位让给它的对立者，让给常识。生活哺育着预感（Ahnung）的恐怖，必须要被认识的东西，毋宁说类似处于尘世之中的东西，而非类似自命不凡的东西；也有可能，那种预感在平淡无奇之物的彼岸就得到证实，而思想却只有在其上升过程中才获得其幸福，即预告真理。如果平淡无奇之物最终说了算，它便是真理，那么真理就被贬低了。平庸的意识，正如其在实证主义和未反思的唯名论中被表达出的那样，可能比崇高的意识更接近于“思维与对象相符合”(adaequatio rei atquecogitationis)，它在对真理的可笑的讽刺中，要比优越意识更加真实，除非另一种真理概念，而非符合（adaequatio）的真理概念获得成功。这种另一类的真理具有刺激(Innervation）的价值，形而上学只有放弃自身才可能获得胜利。这个真理尤其驱动着形而上学向唯物主义的过渡。这种倾向在黑格尔式的马克思，直到本雅明对归纳法的拯救中已有迹可循；这种倾向的神化让卡夫卡的著作得以形成。如果否定的辩证法要求思维做出 358
自身反思，那么这就明显地蕴含着，当今的思维若要是真实的，无论如何就必须也是反对自身而进行的思维。若思维不以逃脱概念的最外在的东西为准绳，那么它一开始就被党卫军（SS）喜欢用来盖过其牺牲者的惨叫的那种背景音乐的鼓点盖过了。

二、形而上学与文化

希特勒将一个新的绝对命令（neuer kategorischer Imperativ）强加给处于不自由状态中的人们：要着眼于奥斯维辛不再重复，类似的事件不再发生来安排他们的思维和行动。这个命令就像康德的绝对命令的被给予性那样倔强地不服从其论证。以推论的方式来探讨这个命令，就是对它的亵渎：在此人们可以亲身感觉到对道德之物的附加因素。说是亲身感觉到，是因为它乃是个人所遭到的不堪忍受的身体疼痛在实践上变成的憎恶，按照这种憎恶，甚至个体性这个精神性的反思形式也行将消失。道德仅仅在未经粉饰的唯物主义动机之中幸免于难。历史的进程迫使形而上学，这个按传统说唯物主义的直接对立面，走向唯物主义。曾经被精神一度自吹自擂地作为其同类之物来规定或者建构的东西，运动到那与精神不同的东西之上；移动到那逃脱了精神统治的东西之上，对它而言精神统治却公然地成了绝对的罪恶。活生生的人的躯体的、远离思想的层级是痛苦的舞台，这痛苦在集中营中将精神及其客观化，即文化的所有抚慰因素粗暴地烧毁了。形而上学由之不可阻挡地畸变为它曾经被构想来反对的那种东西的过程，已经到达了它的心点（Fluchtpunkt）。在青年黑格尔之后，假如哲学不是将自己出卖给被许可的思维店（Denkerei）的话，它就已经不能排挤其在多大程度上滑落入物质性定在的问题了。儿童在吸引力中预感到了如上的某些东西，这种吸引力是从剥兽皮工人的区域，从尸体那里，从腐烂的令人作呕的甜腻气味中，从对那个区域的难听的表达中散发出来的。无意识中的那个领域的权力可能并不比婴儿性欲（infantil sexuellen） 359
的权力弱；这二者交叠在肛门固着型性格（analen Fixierung）之中[1]，但却决不是同一个的东西。无意识的知识低声告诉儿童那种被文明的教育压制的是什么东西，这里涉及：脆弱的肉体生存领会了那几乎没有被压制的最高兴趣，领会了那是什么，以便及它走向何处。成功地想起曾经从“粪堆”和“猪圈”这些词汇蹦出的想法的人，或许比黑格尔的“绝对知识”章更接近绝对知识，在那里黑格尔向读者承诺绝对知识，以便为了拒绝他们掌握绝对知识。将身体的死亡整合进文化之中，这应该在理论上进行撤销，倒不是为了死亡在本体论上的纯粹本质，而是为了表达腐尸（Kadaver）的恶臭，为了欺骗性地将其变形为尸体（Leichnam）。一个叫作亚当的旅馆经营者，在曾经喜欢他的那个孩子的眼前用一根棍子将从洞穴涌入院子的老鼠打死；按照亚当的印象，这个孩子自己形成了第一个人（erste Mensch）的形象。这个形象之被忘记，人们之不再理解曾经在面对抓野狗者的囚车时的感受，这些都是文化的胜利，也是文化的失败。文化不能容忍对那个区域的回忆，因为它一再地干着老亚当同样的事情，而这又与它自身的概念是互不相容的。文化厌恶地拒绝恶臭，因为它就散发着臭味；因为正如在布莱希特那某个出色的段落所说的那样，文化的宫殿是用狗屎建成的。在那个段落被写下几年之后，奥斯维辛不可辩驳地证明了文化的失败。这在哲学、艺术和启蒙科学的所有传统内部能够发生，说明的不仅仅是，这传

[1]　肛门固着型性格（analen Fixierung）是弗洛伊德精神分析理论的术语。弗洛伊德认为人的性欲发展分为口腔期、肛门期、性蕾期、潜伏期和生殖期，肛门期涉及幼儿的排泄管理，若训练过严便会形成肛门固着型性格。——中译者注

统，即精神没有能力把握人类和改变人类。在那些领域本身中，在它们对自给自足的着重要求中，栖身着非真理。奥斯维辛之后的所有文化，连同对奥斯维辛的迫切批判，都是垃圾。由于在文化的地方不可阻挡地发生的事情之后文化自身得到了恢复，它就完全变成了（它潜在地所是）的意识形态，从此之后，文化在与物质性生存的对立中，便妄称给物质性生存注入光明，但是这光明却对物质性
360 生存隐瞒了脑力劳动与体力劳动之间的分裂。为保存这个极端有罪和卑劣的文化辩护的人，将自己变成了帮凶，而拒绝委身于这文化的人，就直接促进了文化所暴露的野蛮。甚至连沉默也未能走出过这个怪圈；唯一被它借客观真理的状态（stand）合理化的是其本身主观的无能，而由此再次将真理贬低为谎言。如果说东方国家不管对立面的空话而撤销了文化，并将其作为统治手段转变为了废品的话，那么对此悲叹的文化则会遭受它应得的东西，并且在人类民主权利的名义下，热切趋向那个在人们看来平等的东西。只不过，机关干部的行政管理上的野蛮由此变成了它的对岸，即将自身作为文化来赞美，并将其胡作非为视作不可失去的遗产来保护，那么它就转变为，它现实性，即下层建筑，其本身是野蛮的，正如由于它将其纳入管理而将其消除的上层建筑一样是野蛮的。在西方，至少是允许这样说的。——危机的神学记录了，它以抽象的方式因此而是徒劳地反抗的是什么：形而上学与文化的合体。精神的绝对性，文化的光环乃是那同一个原则，这原则不知疲倦地让它假装要表达的东西蒙受暴力。在奥斯维辛之后，任何高高在上的话语，即使是神学的话语，无不被变形才有其正当权利（ein Recht haben）。对传统话语的挑战，对上帝是否会容忍并不加愤怒干涉这个测试（Probe），将尼采早就取消了的那个关于理念的判决再次实施在牺牲者的身上。一个以惊人的力量挺过奥斯维辛或者其他集中营的人，带着剧

烈的激动反对贝克特说：如果贝克特在奥斯维辛集中营里待过，他
就会写一些别的更加积极的东西，也就是说包括幸存者的战壕宗教
（Schützgrabenreligion）的东西。这个幸存者在不同于他所认为的方
式上是正确的；贝克特，以及其他任何还能自我控制的人，在那里
都会被压垮，并且估计会被强制承认信仰那个幸存者用如下说辞来
包装的战壕宗教，即他是想给人们以勇气：好像是这就存在于任何
一种精神构成之中似的，好像求助于人们并适应人们的意图，即便
他们有着对立的信仰，也不是要掠夺他们所有权占有的东西似的。 361
人们已随着形而上学一道走到了那里。

三、如今的死亡

这赋予如下要求（Verlangen）以暗示性的力量，即让形而上学从头开始，或者如他们所说的，要对之进行彻底的追问，要刮除失败的文化借以掩盖其罪责和真理的假象。但是一旦那种不可避免的拆除顺从了对那未被破坏的底层（Grundschicht）的渴望，它便愈发献身于它所吹嘘要毁坏的文化。在法西斯主义者大声斥责破坏性的文化布尔什维克主义的时候，海德格尔却以可敬的方式将破坏变成了渗入存在的活动。文化批判与野蛮不无一致。这种一致在实践上迅速得到了检验。形而上学的权衡试图摆脱那些被中介为它们的文化的诸多要素，并否认其假装纯粹的范畴与社会性内容之间的关系。在忽视社会的情况下，它们便鼓起了以现存形式继续存在下去的勇气，而这些形式却对关于真理及其现实化的知识关上了大门。纯粹源始经验的偶像，恰如文化上被再次利用的东西（Aufbereitete）那样装腔作势，乃是（有待证明的）论题（θέσει）的脱销了的范畴

宝库。或许出路只可能是以其中介性来规定这两者的东西，即作为垃圾上的遮盖物的文化，以及自然，即使在它变成存在的母岩（Urgestein）的地方，作为单调的、文化的要求的投射，即它必须在所有变迁中始终保持为它“本身”。甚至死亡的经验都不足以作为最终的东西和不可怀疑之物，不足以作为类似笛卡尔曾经从失效的思维主体（ego cogitans）演绎出的东西的形而上学。

死亡形而上学要么退化为对英雄死亡的宣传，要么退化为对纯粹重复人恰恰必有一死这个显而易见的事实的陈词滥调，这种形而上学的全部意识形态的胡作非为或许就是基于人类意识那至今还持
362 续存在着的虚弱，即虚弱到不能承受死亡的经验，或许是不能在根本上接纳这种经验。任何开放和自由地对待诸客体的人类生命，都不足以实现每一个人精神中作为潜能存在的东西；人类生命与死亡之间是张裂开的。赋予死亡以意义的诸多反思，就像同语反复一样无助。意识摆脱兽性越多，变得越是自我坚定并且以它的形式持续存在，那么它就越是固执地反对所有质疑它本身永恒性的东西。这个欺骗与主体的历史性被加冕为精神联合了起来，它据说是不可失去的（unverlierbar）。如果说财产的早期形式与驱除死亡的巫术实操相互配合，那么所有的人类关系就愈加被财产决定，而理性（ratio）就愈加顽固地驱赶死亡，好像它不过是很久以前的仪式。在最后的阶段上，死亡自身在绝望中变成了财产。死亡的形而上学提升被它的经验解除了。流行的死亡形而上学无非是就社会的如下情况的无力安慰，即社会的变迁让人们丢失了那些曾经让他们可以忍受死亡的东西，即对死亡与圆满的生活的史诗般的统一性的感觉。这种感觉也可能只是借助于老年人和对生活厌倦的人的倦怠来美化死亡的统治，这个厌倦生活的人臆想自己正要死去，因为他过去的艰辛生活根本就不是生活，并且他本身得不到抵抗死亡的力量。但是，在

社会化了的社会中，在内在性那密不透风的组织中，人们唯一还感受到的只是，死亡对他们来说乃是外在和陌生的东西，全无与其生活的可通约的幻觉。他们不能同化（einverleiben）他们必须死亡这个事实。随之而来的是希望的一种奇怪的（quer）和溃散的片段：正是因为死亡并不像在海德格尔那里一样构成此在的整体性，所以只要他们不是痴呆的，就会将死亡以及其征兆，即疾病经验为异质的和与自我陌生的。人们可能会敏捷地对此说出理由，即自我无非是与死亡相对立的自身持存原则，并且自我没有能力借助于意识（这意识本身就是自我）将其吸收。但是意识的经验给不出多少养料；面对死亡，它并不必然是人们期待的那种安慰的形态。黑 363
格尔的学说，即存在的东西自身自在地毁灭，几乎不会被主体承认。人必有一死，这个事实对觉察到脆弱迹象的老去的人而言，毋宁说它显得是一种由本身的身体所引起的不幸事件，具有与如今典型的外在不幸事件相同的偶然性特征。这加强了与客体优先性的洞见相对照（kontrapunktiern）的思辨：无论精神是否具有独立和纯净的因素，如果它本身并未吞噬一切并从自身出发再生产出死亡厄运（Todverfallenheit），那么这种因素就会立即变得自由。尽管有对自身持存的迷惑性的兴趣，康德仍然怀有的灵魂不朽理念的阻力几乎不能离开这种因素而得到说明。当然，那种阻力看起来已下沉到衰老的个人之中，也下沉到人的类历史之中。在许诺消除死亡折磨的客观宗教（它们）那种长久以来被秘密认可的衰落之后，如今死亡就通过持续性经验本身的为社会所决定的衰落而彻底变成了完全陌生之物。

主体活得越短，死亡便越是突然和恐怖。死亡将诸主体确实地转变为物，就此他们就意识到其永久的死亡、物化和这个他们之间由他们共同的过失造成的关系形式。对死亡的文明化整合，并非用暴力压制它，也不是以在它面前显得可笑的方式来美化它，乃是形成对这种社会事物的反应，乃是交换社会去堵塞商品世界还在让其敞开的那个最后窟窿的笨拙尝试。死亡和历史，尤其是个人范畴之集体的历史，构成了一个星丛（Konstellation）。如果哈姆雷特这个个人，曾经从对死亡之不可撤销的逐渐清醒的意识中推论出他的绝对本质性来，那么个人的坠落就将资产阶级生活（Dasein）的整个形式结构牵连进来。一个自在的，或许也已然是自为的虚无者被虚无掉了，从而就陷入了面对死亡的持久的恐慌。这恐慌除了通过
364 死亡的挤压之外，不再需要去抚慰。不应该将死亡本身，或者作为生物学的源始现象（Urphaenomen）的死亡从历史的纠缠中剥离出来[1]；对此，背负着死亡经验的个人就是太过（viel zu sehr）历史性的范畴了。死亡始终是同一个死亡，这个命题既是抽象的，也是不真实的；意识满足于死亡的形式，连同死亡的具体条件，即一个人是如何死亡的，都改变了，直至深入到身体之中。集中营里的死亡具有新的恐惧：奥斯维辛以来，畏惧死亡意味着畏惧比死亡更糟糕的东西。死亡给以社会的方式被判决的人带来的东西，可以以生物学的方式在一个被爱戴的高寿之人身上被预期；不仅仅是他们的躯体，而且也包括他们的自我，所有被他们用来将自己规定为人的东西，在没有疾病和暴力侵袭的情况下统统崩裂了。对他们那超越性的持续存在的信任的残余，在尘世生活中仿佛消退了：他们身上有什么是不死的呢？信仰的安慰，在这样的解体和精神错乱中继续存在的人类的内核，对那种经验漠不关心，具有某种愚蠢和犬儒的特征。死亡延长了狂妄自大的小市民的智慧：人们总是还保持着他们之所是，直到永远。嘲弄形而上学需要的人，回避了那种拒绝这种

[1] Vgl. Heinrich Regius, *Dämmerung*, Zürich 1934, S. 69 f.

需要的可能的满足的东西。

尽管如此，死亡乃是绝对的最终者，这个思想还是无法想象的。语言表达死亡的努力，甚至在逻辑上都是徒劳的；谁若是在此被（“死亡”）谓述的主词，那么它此时此地便是死的。不只是快乐——按照尼采这个清楚阐明了的词汇，快乐想要永恒性——抗拒消逝（Vergängis）。如果死亡便是哲学徒劳地宣誓效忠的那个绝对者，那么所有事物在根本上便是虚无，甚至任何思想都是在虚空中被思想，任何思想都不以真理来思考。因为，真理连同其时间内核一道持续，这是真理的一个因素；离开所有的持续者，便没有任何真理，甚至其最后的痕迹也将被绝对的死亡耗尽。绝对死亡的理念对思维的嘲弄并不亚于灵魂不朽对思维的嘲弄。但是死亡的不可想象并非要让思维不受任何形而上学经验的不可靠性的侵袭。围困所有人的蒙蔽关联（Verblendungszusammenhang）部分地也覆盖了他们妄想借以撕碎遮蔽物的东西。取代康德关于形而上学如何可能这个认识论问题的，是如下这个历史哲学问题，即形而上学的经验究 365
竟是否还是可能的。这个问题的根本不像对形而上学这个词的学院用法那样是超越时间性的。人们已经注意到，神秘主义这个名称希望抵抗机构建制的损伤而拯救形而上学经验的直接性，这种神秘主义本身构成了社会的传统，并且源于传统，横跨了宗教之间互为异端的界线。犹太教神秘主义的主体文献之名，即卡巴拉（Kabbala）指的就是传统。在其冒险前进的最远的地方，形而上学的直接性不曾否认其如何是被中介的。但如果它要引证传统，它就必须承认其对精神的历史状况的依赖。在康德那里，形而上学的理念虽然脱离了一种充满物质经验的生存论判断，但是它们尽管必然导致二律背反却终究应该是处于纯粹理性之中的；如今，它们却如此荒谬，正如人们用有意的分类性拒绝来称谓它们的缺席一样。然而，拒绝否认形而上学理念之历史哲学坠落的意识，若不连带否认作为意识的自己就不能忍耐这种坠落，它倾向于不仅仅是以语义学混淆的方式将形而上学理念的命运本身直接地提升为一种形而上学之物。对世界的绝望——这个绝望拥有世界的事实上的基础和真理，并且它不是审美上的人间痛苦（Weltschmerz），也不是错误的、该受谴责的意识——，这个绝望已然保证了（这样秘密地错误推论）毫无希望的缺乏者的定在，而这种定在却又变成了普遍的罪责关联。在所有因神学原因而遭受的侮辱中，实定宗教（positive Religion）对无信仰者的绝望爆发出的哄笑是最为恶劣的。他们简直在任何拒绝上帝（Gottesleugnung）的地方唱出他们的感恩赞美诗，因为他们至少用了上帝之名。就像在吞噬了地球上所有居民的意识形态中，手段篡夺了目的，在如今已复活的形而上学中，需要也篡夺了它所缺乏的
366 东西。缺席者的真理内涵变得无关紧要；人们坚持缺席者，因为它据说对人类是好的。形而上学的辩护人的论证与他们蔑视的那种废除先天形而上学的实用主义是一致的。恰如绝望是最终的意识形态，是以历史的方式和社会的方式被限定的，那蚕食了形而上学理念的知识进程，也不能通过什么“何人受益”（cuibono）而被阻挡。

四、幸福与徒劳的等待

形而上学经验是什么，对那种拒绝将其还原（abziehen）为所谓宗教的原初体验的人来说，就立刻变得像普鲁斯特的追忆，例如对那种诸如奥特巴赫（Otterbach）、瓦特巴赫（Watterbach）、罗伊恩塔尔（Reuenthal）和蒙布伦（Monbrunn）等村庄名字所预示的幸福的追忆。人们相信，如果他们到那里去，那么他们就会如愿以

偿，仿佛那就是存在的一样。而如果人们实际到了那里，所许诺的东西就将如彩虹一般消退。尽管如此，人们并不失望；毋宁说他们感到，现在他们离它太近了，并因此而看不到它。在此风景与市区的区别——后者决定着一个孩子的图画世界——大概根本就没有多大。普鲁斯特关于伊利耶（Illiers）在心里油然想起的东西，与许多同样社会阶层的孩子关于其他地方想起的东西类似。但是如果人们必须神往于那一个地方，而不用垂涎于普遍之物，那么这种普遍之物，即普鲁斯特的陈述的本真的东西就借此形成了。对于孩子来说，如下这点是不言自明的，即他喜爱的小镇让他着迷的东西，唯独只有在那里能找到；他弄错了，但是他的错误建立了经验的模式，一个概念的模式，这个概念最终是事物本身的概念，而不是从事物还原而得的贫乏的东西。作为普鲁斯特的讲述者的少年，首次望见盖尔芒特公爵夫人（Duchesse Guermantes）[1] 的那场婚礼，可能完全以同样的方式，可能借助掌控他后来生活的同一种强制力（Gewalt），在其他地点和其他时间已经发生过了。唯有考虑到那被绝对地、不可消解地个体化之物，我们才能希望，恰恰是这个体化之物已然发生，并且将要发生；遵照这个希望，才能满足概念的概念。但是，这概念附着于对幸福的承诺，而拒绝这个幸福的世界，即统治性的、普遍性的世界，则顽固地（entêtiert）对抗着普鲁斯特对经验的重 367
构。幸福这个形而上学经验中唯一的东西，比无力的渴望更多，它将诸对象的内在之物作为同时从它们那里剥除之物提供给我们。谁若是天真地欣赏这类经验，好像其诱发的东西尽在其双手掌握之中似的，那么他便屈从于他想要超脱的经验世界的条件，而这也正是

[1]　盖尔芒特公爵夫人是布鲁斯特的小说《追忆似水年华》第三卷“盖尔芒特家那边”中的人物形象，此卷记叙了少年布鲁斯特对盖尔芒特公爵夫人从一开始的迷恋而不得，到相见再到厌倦的过程。阿多诺借此来说明少年的理想一旦实现便会发现不过如此这种情形。——中译者注

唯一为他提供超脱可能性的世界。形而上学经验的概念是二律背反的，但并不像康德的先验辩证论所宣扬的那样是二律背反的。形而上学事物中，不援引主体经验的东西，不被宣布为其直接在此存在（Dabeisein）的东西，在面对自律主体的如下要求时是无助的，即这主体不允许任何对他本身来说不透明的东西强加于他。但是对他来说直接明见的东西却有着可错性和相对性的缺陷。

由未被打碎的主观直接性的希望图景所激发的物化范畴，不再具有歉疚思维在吸收了快乐的唯物主义思维之后，过分热情地赋予它的那种关键特征，这个事实反过来影响到了在形而上学经验这个概念下运行的所有东西。自青年黑格尔以来，被哲学攻击为物化的客观神学范畴，无论如何都不仅仅是辩证法从自身中切除掉的废料。它们是唯心主义辩证法之虚弱性的补充；这种辩证法作为同一性思维抱怨那些不落入思维中的东西，后者一旦变成单纯的他者与这思维相对照，便失去了任何可能的规定。在形而上学范畴的客观性中沉淀下来的不仅仅是硬化的社会（正如存在主义想要的那样），而且同样有作为辩证法因素的客体优先性。所有物性的东西毫无剩余的液化倒退为了纯粹行动的主体主义，将中介实体化为直接性。纯粹的直接性与拜物教都同样是不真的。就像黑格尔的制度主义所识破的那样，坚持直接性以反对物化，是武断地摆脱了辩证法之中的他性（Andersheit）因素，恰如按照晚期黑格尔的练习课（Übung），辩
368 证法反过来拘泥于某个超越于它的固定物是武断的一样。但是，主体形而上学的经验不愿将其说出来的那种超出主体的剩余，以及物性的东西的真理因素，乃是触碰到真理之理念的两个极端。因为，离开挣脱假象的主体，真理便不能存在，正如离开不是主体的东西，离开真理在其上获得原型的东西，真理不能存在一样。——纯粹的形而上学经验在世俗化进程中明确无误地变得愈加苍白和散乱，这

个进程瓦解了更为古代的实体性。在那个最可能在徒劳等待中实现的疑问，即“这难道就是一切?”这个疑问中，它以否定的方式保持自身。艺术已经描绘了这个疑问；阿尔班·贝格（Alban Berg）在《沃采克》(*Wozzeck*）的高潮处提出了那个表达徒劳等待的小节，正如只有音乐能做到的那样，并且它的和声参考了决定性的休止和《露露》(*Lulu*）的结尾。[1] 但是这样的神经分布（Innervation），布洛赫所称的象征意图（Symbolintention），无不是得到保护以免得跟单纯的生活相混合的。徒劳的等待并不确保其期待涉及的是什么，毋宁说它反映出那种拥有拒绝的尺度的状态。生命所剩越少，那么对意识来说，将这匮乏和草率的余生视为显现着的绝对者就越有诱惑力。尽管如此，被经验为真实的有生者的东西无不同时预兆着某种超越于生活的东西；任何概念的努力都没有超出这一点。超越者存在又不存在。对存在的事物的绝望，蔓延到了曾一度制止这个绝望的先验理念之上。无限痛苦的有限世界，被一种神性的世界规划（Weltplan）所包围，这一点对任何不关心世界事务的人来说，都变成了那种与积极的普通意识和谐相处的疯狂（Irrsinn）。神学的悖论观念、被饿困的最后堡垒的不可拯救性，被世界进程所批准，这个世界进程让克尔凯郭尔所凝视的那种丑闻过渡为公然的渎神。

[1]　阿尔班·贝格（Alban Berg，1885—1935)，维也纳作曲家，与勋伯格和韦贝恩一道被称为“新维也纳乐派”，《沃采克》和《露露》(*Lulu*）是贝格的两部歌剧。——中译者注

下篇

辩证批判的社会模式

阿多诺论社会科学的逻辑

——从“实证主义争论”切入[1]

阿多诺最重要的社会身份是哲学教授和社会学家，法兰克福大学社会研究所所长，并于1963年当选德国社会学学会主席。这在一定程度上标志着其理论贡献的主要领域。作为哲学家的阿多诺自不待言，而对于社会学家阿多诺，除了音乐社会学、意识形态理论等特定的主题之外，我们首先想到的应该就是其与波普之间的“实证主义争论”，或者说关于社会学的方法论之争。与实证主义的争论，包含着阿多诺对批判的社会理论的诸多自我理解和自我界定。法兰克福学派作为“学派”的形成，与此有莫大的关系。作为批判理论

[1] 这里我们将社会学、社会科学、社会理论和社会研究并列且不加严格区分。由于涉及不同学派之间的分歧和争论，这几个概念的各自侧重和角度有所不同，但意义又相互重叠。就学科定位的意义上，我们将其统一于社会科学这个宽泛范畴之下来讨论。这些术语在当时的社会学讨论中往往也是被混用的。“实证主义争论”主要指20世纪五六十年代，以阿多诺、哈贝马斯为代表的法兰克福学派与波普等人就社会科学研究方法在德国社会学和社会哲学领域展开的争论，此争论向前可追溯到霍克海默30年代对实证主义的批判，阿多诺之后则在哈贝马斯和实证主义社会学家之间展开。其中阿多诺与波普之间的争论影响最为深远。波普其实很难说是典型的实证主义者，但由于其思想源于经验主义传统，并且与实证主义共享着诸多观念，所以阿多诺和哈贝马斯等人将其处理为实证主义。

的奠基人之一，阿多诺理论工作中的“社会”要素体现在不同的层次：首先在最宽泛的意义上，社会是批判理论的底色，无论涉及哪个学科的主题，阿多诺始终会以社会作为其逻辑的最终支撑点和归宿；其次在研究主题上，阿多诺也对诸多社会问题和社会现象做了正面研究，其主要成果汇集在“阿多诺文集”的第八和第九卷；最后是在研究方法上，阿多诺在战后对其社会研究本身做了一系列的反省和自我界定。尤其是在“实证主义争论”中，阿多诺就研究对象和研究方法等勾勒出批判的社会理论的基本特征，明确了社会批判理论与其他社会学学派之间的区别和界线。最后一方面的工作因为涉及学派的自我理解，因此尤其具有理论价值。与霍克海默在20世纪30年代区分传统理论与批判理论，界定批判理论任务和工作方式遥相呼应[1]，但二战之后的阿多诺却更需要考虑批判理论与政治形势的关联，同时也要更具体地面对其他学派尤其是波普的批判理性主义对马克思主义的挑战。

一、经验的批判还是辩证的批判

二战后的社会科学家都必须面对一个迫切的政治任务，即反思集权主义统治。一般而言，哲学家会将现实的统治与封闭体系以及构成这个体系的概念总体关联起来，而这些又往往集中体现在某些哲学家如柏拉图、黑格尔等人的思想中。为了祛除这种总体的统治，除了像阿伦特等人那样尝试寻找前现代的解救资源，更多的哲学家还是试图以某种方式恢复近代哲学中的批判性和理性主义精神，以炸开思想和现实中的统治性结构。在这一点上，波普和阿多诺之

[1] 参见霍克海默：《霍克海默集》，上海远东出版社1997年版，第167—211页。

间是一致的。阿多诺在1961年德国社会学大会的报告中说，他与波普之间有着“有如此大量的、客观上的一致，简直令人惊奇。我常常不必针对他的论点提出相反的论题，而能够先接受他所说的内容，并努力继续反思”[1]。波普将柏拉图、黑格尔和马克思列为开放社会的“敌人”，因为社会的统治性已然根植于他们的决定论体系，归根到底则是对理论及其使用的概念本性的“偏见”。柏拉图和黑格尔作为阿多诺那里的“传统的”“肯定的”辩证法的作者，其哲学努力最终旨在建立一个无所不包的总体体系，将经验事物囚禁于其中，而这种统治乃是由概念的拜物教所导致的。而波普所理解的马克思哲学，与当时流行的正统马克思主义哲学，也就是辩证唯物主义（Diamat）相差无几，而对此阿多诺的确也是持激烈的批评态度。所以初看起来，波普与阿多诺在关于现实问题与哲学之间的看法是一致的。但是对于这两个层面之间的关系以及解决问题的路径，二者的立场却大相径庭：波普试图借助一种修改过的康德式批判来破除概念体系的统治，而阿多诺则试图到黑格尔-马克思辩证法中去发掘解救的资源。

如前所述，波普不是一个严格意义上的实证主义者，而通常被称为一个理性批判主义者，但他却共享着实证主义的诸多基本信条。而这些都可回溯到波普推崇的哲学家康德那里。康德说：“我所理解的纯粹理性批判，不是对某些书或者体系的批判，而是对一般理性能力的批判，是就一切可以独立于任何经验而追求的知识来说的，因而是对一般形而上学的可能性和不可能性进行的裁决，对它的根源、范围和界限加以规定，但这一切都是出自原则。”[2] 康德的理性

[1] Theodor W. Adorno, Zur Logik der Sozialwissenschaften, in *Gesammelte Schriften*, Bd. 8. Suhrkamp Verlag, Frankfurt/M 1997, S. 547. 以及本书第269页。

[2] 康德：《纯粹理性批判》，邓晓芒译，杨祖陶校，第3—4页。

批判对象是人类理性独立于任何经验而追求知识的能力，因而也就是形而上的理性能力。其结果便是形而上学的可能性以及不可能性，也就是说理性的批判具有消极的和积极的两方面的结果。积极方面在于康德试图通过批判，从特定的原理出发而对形而上学及其根源进行奠基，而消极的方面则涉及人类理性的尺度，其针对的不仅是漫无边际的形而上学独断论，也包括认为人类不可能获得理性知识的怀疑论。我们知道，康德为理性知识奠定基础，关键在于自我意识（我思、先验统觉）的原理，而展示这一原理，本身就是对怀疑论的驳斥，但是其对独断论的驳斥，则要借助于人类理性有限性的一面，直言之就是其依赖经验的一面。用我们熟知的方式表述，康德认为凡是科学知识都是先天综合命题，都必须拥有处于时间和空间之中的经验对象，而对于任何超感官对象，我们均不能获得知识，反过来说任何对超感官对象的知识主张，都是虚妄的。相对于之前强大的唯理论传统，这个独断论批判是革命性的，康德本人甚至将其与哥白尼在天文学领域中的革命相提并论。

康德通过经验批判形而上学的方法源远流长，向前可以追溯到唯名论传统，而往后则延续到20世纪的逻辑实证主义。逻辑实证主义者认为，面对形而上学必须重新启用“奥卡姆剃刀”，将没有经验对应物的概念剔除。这其中包含着康德式的批判精神，但是这个批判却已经将康德的哲学概念纳入其对象范围。实证主义者认为，知识中只有两个部分是可靠的，一是形式逻辑，一是直接经验，而康德那里归属于“我思”的范畴则是不可靠的，黑格尔、海德格尔等形而上学家使用的概念就更是如此。因此科学知识本质上就是逻辑的正确和经验的证实的组合。但是波普看到了这种经验主义学说的缺陷，即直接和有限的经验其实无法保证知识的普遍有效性，这其实也是康德早就考虑到的。所以波普将证实的理论做一个翻转，认为科学理论的科学性，本质上在于其能够被证伪，而非证实。直接经验不能保证知识的有效性，但是却足以否定知识的有效性诉求。而如果立足于证伪，那么这种批判便只能得出否定的结论，任何对知识的正面主张就至多是暂时性主张，普遍的逻辑是纯形式的，而经验又不能支撑有效的知识，所以批判在波普尔这里不过是表明，“到目前为止，我们解决问题的尝试似乎还能承受我们的最尖锐的批评。超越这一点的实证主义的证实是不存在的”[1]。这样知识活动就被理解为一个试错的过程，任何知识都是不能被证明证实的，而对它的批判不过是证明它暂时还有效。显然波普的理性批判主义实质上是一种改装过的实证主义，而其基本精神则是经验论传统中一贯的形而上学批判，这的确构成了康德理性批判的一部分。

波普的确在不止一个地方表达了对康德批判哲学的推崇，但是正如阿多诺直接指出的，其批判概念恰恰是“十分非康德”的[2]。我们知道，康德的理性批判不仅仅意味着对理性的批判，也意味着这个批判的主体是理性自身，这意味着批判是理性主体的自我批判，而且被揭露的幻象恰恰是理性要为之负责的。这就是说，理性的批判并不是像波普那种“质检”工作一般的活动，而其最终目的是要为知识提供基础和可能性条件。在波普看来，理论不过是一系列假说，而且很多是脱离经验的形而上学假说，与事实本身没有本质上的联系。基于外在性，波普就将批判理解为一种外在操作，其理论方法或者工具是随时可以放弃和更换的。这就使得批判者与被批判者之间相脱离，知识被理解为各种“尝试”。这种尝试是必须要经得住批判的，本质上就是暂时经得住批判。但是这种无法自证为永远

[1]　K. 鲍波尔：《社会科学的逻辑》，载《哲学译丛》1985 年第 1 期，第 21 页。Karl Popper 旧译作“鲍波尔”。——作者注

[2]　Theodor W. Adorno, Zur Logik der Sozialwissenschaften, S. 556. 以及本书第 278 页。

经得住批判的尝试，其两端却是同样无法证伪的前提，一是客观的逻辑，一是客观的经验。这两端对于波普来说是不可再深究的，也正因此而成为批判知识的工具。这就与康德的知识论相去甚远了，因为在康德那里，逻辑与经验之间如何统一以构成知识乃是知识论的核心问题，这两者都不是不可穿透的最终标准。所以在康德那里，批判才将“我思”这个中间环节引入进来，使其成为知识的“至上原理”。这个我思既是构成知识的机关，也是进行知识批判的机关。所以，批判在康德那里是一种自我反思的行动，主体从不置身事外。阿多诺说：“批判主义就是战斗性的启蒙。但是，若批判的思考在现实面前止步，在工作中满足于自身，那么作为启蒙就很难获得进步。因为它剪除了自身的动机，那么它必定也会漠不关心——将受管制的研究与社会的批判理论做对照就鲜明地揭示出这一点。时下应该正是社会学反抗这种藏匿在无形的方法背后的漠不关心的时候。”[1] 的确，康德在探讨启蒙和批判等概念时始终强调主体对谬误和蒙昧状态负有责任，而波普在截取康德批判的激进一面之后，却设定一个外在的批判者和批判方法，对于知识的构成前提也不做检查。

要理解阿多诺对波普的批评，首先要将其与康德剥离开，但是并不意味着阿多诺是站在康德的立场之上。阿多诺说：“批判的道路并不是单纯形式性的，而且也是质料性的；批判的社会学，如果真有这个概念的话，按照其概念必然同时也是对社会的批判，如霍克海默在他关于传统理论与批判理论的论文中提出的那样。康德的批判主义某种程度上说也是这样。”[2] 宽泛而言，阿多诺的意图是捍卫社会科学领域中的德国古典哲学传统，甚至是“思辨”的传统，这个传统的开端当然是康德。但是康德仅仅是开端而已，其开启的内

[1] Theodor W. Adorno, Zur Logik der Sozialwissenschaften, S. 557. 以及本书第 279 页。
[2] Ibid., S. 557. 以及本书第 279 页。

在批判和自我反思的传统，在黑格尔那里走向更加彻底的立场，而这种彻底化本身就包含着康德批判。尽管康德的理性批判在一定程度上是涉及内容的，但是仍然保持一个工具论的基本结构。康德的认识批判有这样一个假设，即我们的认识活动本质上是通过工具或者媒介去认识对象，而检查这种追求真理的行为首先要从检查工具和媒介开始。他假定着“绝对站在一边而认识站在另外一边，认识是自为的与绝对不相关联的，却倒是一种真实的东西，换句话说，认识虽然是在绝对以外，当然也在真理以外，却还具有真理性——这样的一种假定，不禁使人觉得那所谓害怕错误，实即是害怕真理”[1]。康德的知识批判尽管是主体的自我批判，但是他假设了主体之外的自在的真理却又无法达到，从而从康德那里开始同一性理想就无法实现。

黑格尔的康德批判导向一种总体范畴，即不仅将真理理解和表述为实体，而且要理解和表述为主体。[2] 这个主体与客体的统一，最终就是绝对精神。阿多诺显然并不认同绝对精神为绝对真理，但是他却不否认社会甚至整个人类生活已经发展为一个总体。这个总体正是社会学研究和批判的对象，批判者不仅始终处于这个总体之中，而且也试图超出这个总体之外。“其实没有任何实验能令人信服地说明任何一种社会现象对总体性的依赖，因为形成可把握社会现象的总体，本身并不进入任何特殊的尝试程序。但是有待观察的社会事物对整体结构的依赖，实际上要比任何单个事物中不可辩驳地可证实的发现要有效得多，而所有一切不过是精心编造的思想谎言。如果人们不想最终将社会学与自然科学模型相混淆，那么尝试的概念就必须也要延展到这种思想，它饱含着经验的力量，超出经验，

[1] 黑格尔：《精神现象学》上，贺麟、王玖兴译，第 53 页。
[2] 同上书，第 10—11 页。

以把握经验。”[1] 这里阿多诺理解的社会学批判处于一种矛盾的境地之中，一方面他必须接受社会总体这个事实，而这个总体事实在今天又带有虚假性。也就是说，批判理论也将统治性与总体性关联起来，其根源乃是概念的拜物教化，但是祛除这种拜物教的方式必须是概念自身的“祛魅”，必须是黑格尔的否定性之后的再次否定。显然辩证法并不完全反对康德式的批判，但是这种批判是从概念活动内部发出的，其结果就是新形态的辩证法。

二、社会学问题与社会学事实

批判方法的不同选择，并非出于阿多诺与波普之间的主观分歧，因为方法最终要依赖于它的研究对象。波普认为，社会学批判产生于其遇到的“问题”：“如果能说科学或者认识从何开始的话，那么认识并非开始于感觉或者观察或者资料及事实的收集，它开始于问题。没有问题，就无所谓知；同样，没有问题就无所谓无知。这就是说，认识开始于知与无知的矛盾：没有知识就无所谓问题；没有无知就无所谓问题。这是因为，每一种问题的产生都是由于发现了我们的不可靠的知识中有不对头的地方；或者逻辑地认为，由于发现了我们的不可靠的知识与事实的矛盾；或者更确切地说，由于发现了我们的不可靠的认识与不可靠的事实之间的矛盾。”[2] 问题在科学中处于优先地位，波普这个主张阿多诺是同意的。但是其中的问题是什么样的问题，却需要进一步深究。在波普尔看来，问题就是发现了我们的知识有不对头的地方，发现了认识与事实之间存在矛

[1] Theodor W. Adorno, Zur Logik der Sozialwissenschaften, S. 556. 以及本书第 277—278 页。
[2] K. 鲍波尔：《社会科学的逻辑》，载《哲学译丛》1985 年第 1 期，第 20 页。

盾。这是一种相对朴素的说法。这个问题本质上是主观的问题，即知识与事实之间产生了矛盾。因此，知识的批判自然地就是检查我们的主观知识，批判活动中的各个元素其实是相互独立的：批判的对象、批判的标准和批判主体在本质上没有关联。但如果这样的话，知识与事实之间的对应关系就首先成为一个非反思的预设前提。波普的批判方法的一般结果是命题与事实的对应关系是可以，但却仅仅是暂时有效的，但是这个批判本身却已然预设了这种对应是当然的，正如其质疑概念的使用但却又只能首先运用概念来提问一样。[1]波普不得不纠缠于知识与事实之间的区分。应该说这种区分是符合我们的常识的，但是如果作为一条原则来坚持的话，就会导致扭曲科学观。如阿多诺所说："在波普那里，问题仅仅是认识理论的问题，而在我看来它同时也是某种实践的问题，最终乃是世界的成问题状态。但是对此做这样的区分也是有道理的。如果人们将内在的问题与现实的问题极端地割裂开（这些现实问题在它们的形式主义中纯粹地反映出来），那么就会将科学拜物教化。"[2]事实上这种科学的拜物教化，普遍地存在于哲学的唯心主义之中，而这种唯心主义又不过是社会过程的一个表征。这其中包含着两个层次的含义，首先对社会学而言，这种区分的合理性是有限度的，社会学在认识论层面的任务乃是要寻求两者的统一性；但是阿多诺的理论却不满足于像康德那样为社会学知识奠定基础，他力图将这种二分扩展为整个近代哲学尤其是唯心主义哲学的基本结构，并指出必须将这个基本结构放回社会过程的总体之中，以最终将这种科学观念鉴别为一种拜物教观念。所以阿多诺的理论中包含着批判和"元批判"两个

[1]　参见，《阿多诺论马克思与社会学理论的基本概念——整理自 1962 年夏季研讨课的课堂记录》（未刊稿），汉斯-格奥尔格·巴克豪斯整理，蓝江、李乾坤译。

[2]　Theodor W. Adorno, Zur Logik der Sozialwissenschaften, S. 551. 以及本书第 273—274 页。

层面，就为社会学知识奠定基础的意义上，阿多诺会认为指出社会过程的总体性就已足够，而就这种科学观念的社会根源来说，则是对古典时代知识批判的二阶批判，阿多诺将这一工作视为其核心任务。这两个层次的工作在阿多诺那里是一个总体性的工作，但是若力图理清两者的关系便可能出现问题，元批判的成果在何种意义上影响到知识奠基工作。

显然，阿多诺这个计划恰好与那个时代最重要的哲学家之一胡塞尔的纯粹逻辑和严格科学的理想相对立，而阿多诺又恰好是从对胡塞尔的批判走向社会研究的。我们知道，阿多诺大学时代的导师是新康德主义者的柯内留斯，他也是胡塞尔当时一个主要论敌。当然，阿多诺对胡塞尔的批判最终超出了新康德主义的范畴，也就是从柯内留斯的经验论走向了社会研究。阿多诺对胡塞尔的批判主要集中在关于物的问题，如其学生内格特所说，“非同一物的问题域在阿多诺那里首先是锁定在物的问题上。胡塞尔现象学从其最早期著作一直到晚年始终陪伴着阿多诺，这是绝非偶然”，“是否成功地挣脱唯心主义且不牺牲哲学，还是停留在位于伪具体的半透明状态中那种现象世界的经验杂多性，全系于物的问题”。[1] 当然，阿多诺尽管认为胡塞尔哲学是德国唯心主义之后的最重要努力，但是这个努力仍然是局限在唯心主义内部的，并未真正超出唯心主义的问题框架。“直观给予物中的最初的东西不应该与自然主义的、经验的自在部分有任何关系。所以阿多诺最终得出的结论是，最终意识对象物根本不应该被划归位置和空间性的外部世界。胡塞尔已经清除了唯心主义的任何思辨的残余，并达到了他所可能的最大程度的实在性，但是并

[1] Oskar Negt, Der Soziologe Adorno, in: *Soziologie im Spätkapitalismus: Zur Gesellschaftstheorie Theodor W. Adornos*, Wissenschaftliche Buchgesellschaft Darmstadt, 1995, S. 10, 11.

没有挣脱唯心主义。”[1] 要真正走出唯心主义，便意味着达到真正的实在性，而这就必须放弃传统的物的问题，揭示认识问题的真正起源。

在最一般的意义上，阿多诺将认识中的思维和概念理解为一种人类活动，其原型乃是劳动和社会生活：“思维本身已是对所有特殊内容的否定，是对强加于它的东西的反抗；这一点是思维从劳动与其质料的关系，从它的原型那里继承下来的。”[2] 所以，社会学研究的社会，就不是外在地规划而来的研究对象，而是已然内在于思维和认知逻辑之中的。“真实的社会生活过程，不是某种通过分配而运进哲学中的私货，相反，这个过程是逻辑内容本身的核心。”[3] 但是，这种社会内容对于普通科学来说却是妨碍其有效性的不纯粹的起源，因此越是纯粹的真理要求就越是排斥其逻辑的起源，这种矛盾事实上支配着整个的认识论历史。在近代自然科学的典范数学之中，数本身的本质和发生却是不能进一步追问的，而是首先被接受为先天和普遍的，这种先天和普遍，则同样源于社会过程中的排他性程序。所以在科学取得长足发展的今天，一般的科学就转变为一种统治性的力量，或者对社会权力产生程序的单纯接受。“数学通常会将数是什么这类问题当作数学之外的而打发掉那样，哲学应当只关心普遍有效的东西的结构及其条件。然而，因为这些主题是已经准备好了的，是由社会工厂所提供的，所以科学思想并不依赖于这些主题所自发获得的东西，而是使它们服从于由社会所要求或打磨的程序。”[4] 如果说具体科学对其社会起源的接受和认同还是不自觉的，那么传统的知识批判则试图以某种方式巩固这个过程所取得的

[1] Oskar Negt, Der Soziologe Adorno, in: *Soziologie im Spätkapitalismus: Zur Gesellschaftstheorie Theodor W. Adornos*, S. 11.

[2] Theodor W. Adorno, *Negative Dialektik*, S. 30.

[3] Theodor W. Adorno, *Zur Metakritik der Erkenntnistheorie*, in: *Gesammelte Schriften*, Bd. 5. Suhrkamp Verlag 1997, S. 34.

[4] Ibid., S. 50.

成果，也就是试图割断认识形式与社会过程之间的发生关系，从而将认识形式获得一种永恒性。

如果说波普的批判方法的问题在于其与问题的外在关系，那么阿多诺则是要试图表明其内在关系，而这种内在关系最终又是整个理论认识与社会过程的内在关系。因此阿多诺对波普的态度是从形式上的认同走向进一步的反思，而进一步的反思所得出的是一般性的哲学前提，最后这个哲学前提又要反过来为社会学提供作为一门普通学科的合法性和有效性根据。笔者认为阿多诺的工作更多地是在前一个环节，而反思所获得一般性前提如何统摄和支持作为一门具体科学的社会学却是不够有说服力的，甚至按照波普的见解来说是含混的。不难理解，对于何为社会学研究的问题，阿多诺是站在黑格尔—马克思的传统中的："社会学的对象本身，即社会，它和它的成员维持其生活并同时经受着毁灭的威胁，这才是重要的问题。"[1] 这样理解问题的话，社会这个整体本身就是问题的根源，而批判者也这个整体的一员，而且批判的标准也必须处于这个整体之内。

在阿多诺的著作中，这个整体性往往是作为其论述的起点，被认定为一个社会现实，而其构成机制则很少被主题化。阿多诺只是在很少的地方提到，理论的同一性原则与现实的统一性之间存在着对应的关系，而且应该被理解为一种"同源的"(urverwandt)，这里他援引的是马克思的经济学成果："交换原则，也就是将人类劳动向平均劳动时间的抽象的一般概念的还原，与这种同一化原则是同源的。在交换中，这种原则便有了它的社会模式，离开这种原则这种模式便不能存在；通过它，非同一的、单个的东西和劳动成果

[1] Theodor W. Adorno, Zur Logik der Sozialwissenschaften, S. 551. 以及本书第 273 页。

(Leistungen）就变得可以通约，变成同一的。这一原则的扩展将整个世界变成了同一的东西，变成了总体性。”[1] 社会存在与思维之间的这种同源性，是社会理论以及社会批判有效性的基础，它不同于唯心主义将社会仅仅视为逻辑的应用（黑格尔），也不同于实证主义将社会视为一个非反思的事实集合，在批评了唯心主义的同时又坚持了必要的同一性。

如前所述，笔者认为阿多诺的这个理论基础在解释理论逻辑本身的来源方面是有优势的，但是这个来源如何能够作为一门科学的规范而起作用，也就是说阿多诺的这个解释如何承担类似康德认识论上的奠基功能，却仍然是值得我们进一步深究的。因为按照阿多诺的解释，社会过程之抽象化为理论规则，是通过意识形态机制实现的，而作为必然的虚假意识，意识形态的内在限度却还不能说已经得到确定的说明。当然，阿多诺这一思想的认识论意义在其理论战友和追随者索恩-雷特尔那里得到更进一步的展开，但是如果将社会抽象理解为一个综合过程，那么至多只是获得历史学意义上“演绎”，而不可能具有真正的认识论效果。[2]

三、批判的社会科学与改变世界

辩证批判的认识论功能未得到突出，与阿多诺社会理论的实践取向有很大关系。事实上从先验的批判到辩证的批判，再到后来立足于社会实践的元批判，也可以视为一个从理论走向实践的过程。从阿多诺以及批判理论第一代理论家所处的社会背景和实践需要看，其

[1]　Theodor W. Adorno, *Negative Dialektik*, S. 149.
[2]　参见谢永康：《综合的社会起源——马克思主义认识论的两个方案》，载《教学与研究》2015 年第 2 期。

强调元批判作为意识形态批判，强调其直接作为实践，是可以理解的。但是从后来的理论发展来看，类似波普的经验主义路向在社会学学科领域中更容易被接受，以至于实证研究仍然可以说统治着今天的社会学。而辩证的社会理论，则很难说成果丰富，或者确切地说只是经过哈贝马斯等人的改造才得以继续，但是阿多诺和霍克海默主张的诸多命题已经被替换，尤其是其中黑格尔—马克思的要素，即关于社会对象的同一性基础，已经不再被认为是商品交换，而被替换为以语言为基础和模型的交往行为。哈贝马斯更多地采用了康德式的理论模型，从学派的层面上说，也可以理解为是对实证主义社会理论的务实的退让。这一退让正是为了相对突出社会批判理论的认识论功能。而与之相对照，阿多诺晚年坚持的辩证的社会理论，则更加强调理论的实践功能，这正是马克思主义哲学传统的核心部分。

如前所述，二战后的理论家大多有很强的实践意图，阿多诺和波普均是如此。尽管波普强烈地批判过 20 世纪的极权主义，但是他并不认为现时代有多么糟糕。甚至在提到他本人与阿多诺的立场差别时，波普认为我们生活在有史以来最好的世界，而阿多诺显然认为这个世界是最糟糕的。阿多诺评论说："为了使争论针锋相对，波普的确有点夸张了；在不同时代社会的糟糕之间进行比较，着实有些棘手；说再没有什么社会比孵化出奥斯威辛的社会更好，我是难以接受的，而在这点上波普先生对我的描述毫无疑问是正确的。我只是不将对立理解为单纯的立场，而是理解为可判定的东西；就立场哲学而言我们两人可能是同等程度地否定的，就立场社会学而言也是如此。从对充满矛盾特征的经验出发，这并不是什么主观偏好的出发点，而是构成社会学之可能性的动机。"[1] 提到奥斯维辛，我们自然会想到阿多诺的两个著名的说法，一是说奥斯维辛之后写诗

[1] Theodor W. Adorno, Zur Logik der Sozialwissenschaften, S. 564. 以及本书第 285 页。

是残忍的，一是说希特勒强加给我们一个新的绝对命令，即着眼于奥斯维辛之不再发生而去思考和行动。[1]就第一方面而言，显然波普的话显得有些“口无遮拦”，因为纳粹和奥斯维辛是当代社会中最突出的事件，而阿多诺在此又一次提起奥斯维辛似乎是认为波普轻浮态度伤了受害者的感情，而且对于如此严肃的事情其态度有些不负责任；就学理而言，阿多诺认为只有对现实有如此判断，才可能认识到批判的社会学发生的真实动机，即以否定的方式改变世界。

其实波普并不反对改变世界，其批判包含着很明显的实践旨趣。波普试图通过对工具即方法的批判来消除虚假社会科学理论，从而避免极权主义，走向开放和自由的社会。而阿多诺则认为外在于研究对象的方法本身是可疑的，理论方法与理论对象至少在社会科学领域是一体的，这是内在批判的基础。而这一意义上的内在批判，本身已经是理论家对其批判对象（包括被批判的理论以及其研究对象）的参与，从而也就是一种实践性的理论。显然，波普那里还预设一个理论方法“运用”于对象的环节，而阿多诺则认为批判本身已经就是实践。这两种批判在一定程度上都可以理解为意识形态批判，波普意在通过方法论的探讨，消除虚浮的社会科学，走向务实的经验研究；而阿多诺同意这个意图，但是认为波普不仅在研究对象上有非批判的预设，而且其通向实践的道路过于间接，因为社会对象本身已经有概念性，而理论的批判直接就是现实的批判。

波普的批判主要着眼于主观的方面，也就是检验一种理论或者观念的可反驳性，因为在他看来，“可反驳”或者可以“经验地反驳”是科学理论的标准，而空洞的不可检测的形而上学观念则容易成为当权者的工具。按照波普的理解，任何科学都是做预测的科学，

[1] Theodor W. Adorno, *Negative Dialektik*, S. 358.

但是不是所有的预测都是科学的预测，因为只有可检测的预测才是科学的预测。而历史主义那种绝对的预测则是不可检测，黑格尔、马克思对历史发展的整体性论断就属此列。科学的预测都是在特定经验条件下的预测，而关于历史进步、自然的进化的预测则是无条件预测，因此不是科学预测。所以在波普看来，关于国家、阶级等整体性的理论，进化论和各种进步学说，都是非科学的。科学预测的意义就在于其可以被证伪，以及经受住证伪。波普将这种试探和清除错误的方法理解为最为普遍的科学探索方法，以此为标准来检查黑格尔的逻辑学以及马克思主义者对黑格尔的运用，便发现辩证法乃是一种糟糕的研究方法。[1] 马克思主义者主张辩证法为一种逻辑同时又是一种关于世界的一般理论，为波普所不容，因为在他看来这是含混不清的，尤其是其坚持矛盾与一般的科学精神相违背。

针对波普而提出“可反驳”或者可以“经验地反驳”是科学理论的标准，阿多诺认为，只有作为内在批判，反驳才是富有成效的。[2] 而这个观念又要追溯到马克思的批判，马克思对黑格尔法哲学以及后来的政治经济学批判，无不同时将其视为现实批判的一部分。而这种观点又可以追溯到黑格尔：“真的驳斥必须在对手方强有力的范围内，和他角力较量；在它以外的地方去攻击它，在他不在的地方去主张权利，对事情是没有助益的。”[3] 辩证法强调的是反驳应该深入到事情本身之中，在事情本身中内在的矛盾力量驱动否定的进程。而波普则认为反驳应该立足于事实所提供的经验，不符合事实理论是错误的，而无法找到相应事实的理论本身就是虚假的。两者所主张的可反驳标准可谓大异其趣，就此阿多诺抓住的并不是这个经验标准在

[1] 参见卡尔·波普：《猜想与反驳：科学知识的增长》，傅季重等译，上海译文出版社2005年版，第486页。

[2] Theodor W. Adorno, Zur Logik der Sozialwissenschaften, S. 555. 以及本书第276—277页。

[3] 黑格尔：《逻辑学》下卷，商务印书馆1976年版，第244页。

认识论层面的意义，而是其在实践层面意义的匮乏。因为在波普的反驳概念中，经验提供的信息可以被视为知识错误与否的标准，这就隐含着对于这个通常被视为事实的部分，波普的批判方法是无法反思的，而这又可以扩展到这种批判方法对现实社会秩序的屈从。从实践旨趣的角度，辩证法对波普的证伪方法的批评应该是有其道理的。但这是否意味着社会理论必然地走向辩证的社会学，却是一个值得我们深入思考的问题。尤其是，社会理论不仅是一种批判性的理论，而且也应该包含着具体科学的成分，因此其方法论中就不仅包含着导向实践的部分，而且也应该包含着为经验的社会科学奠基的功能。甚至其实践的部分，也应该尤其是理性的尺度。也就是说，如果科学，包括社会科学的原则本质上乃是社会过程中的意识形态部分，但是这个意识形态的真实与虚假的尺度却从来都是不明确的。我们一般会说，一个思想原则都有其社会生活来源，如果将其绝对化并孤立于社会实践，便成为了虚假的意识形态。但这仍然是模糊的标准。甚至阿多诺提到的新的绝对命令，似乎可以说是阿多诺提到的关于人的行动的最为确切的依据，但是人们仍然无法依据这一条来采取行动，因为“奥斯维辛不再发生”这个否定性的标准与实际的行动之间仍然没有直接的关联。所以阿多诺在面对学生运动的“行动主义”时，他一再地主张其理论与实践之间的关系是“非常间接的”。[1] 然而这又似乎退回到其批判对象的立场上去了。当然，我们并不认为阿多诺的立场与思辨的唯心主义者或者实证主义者是一致的，但是这至少表明，批判的社会理论未来所面对的最重要问题，或许应该是意识形态批判的理性尺度的问题，这也是该理论如何展开自身的问题。

---

[1] Theodor W. Adorno, »Keine Angst vor Elfenbein«: Ein »Spiegel« -Gespräch, in: *Gesammelte Schriften*, Bd. 20.1. Suhrkamp Verlag 1997, S. 403.

“晚期资本主义还是工业社会？”

——阿多诺与达伦多夫关于当代社会本质的争论

自1954年开始，阿多诺长期领导法兰克福大学社会研究所，直到60年代末，阿多诺以其高产理论创作和丰富的教学活动，为法兰克福“学派”奠定了基础。同时阿多诺作为著名的社会哲学家，频繁地介入当时德国主流社会学界的讨论，并于1963年至1967年间担任德国社会学协会（DGS）主席，一度主导着当时的社会学争论。这些争论中，除了我们熟知的与波普展开的实证主义争论之外，阿多诺在1968年德国社会学年会上与自由主义社会学家拉尔夫·达伦多夫（Ralf Dahrendorf）之间关于“晚期资本主义和工业社会”的争论也具有重要的意义。[1]就理论方面而言，大会的这个主题涉及对当时社会现实的一个根本性判断：“资本主义体系是否还以其原来的以及修正了的模式起着统治作用，工业发展是否使得资本主义这

[1] 关于这个争论，流行的“法兰克福学派史”和阿多诺传记均没有涉及，只有多姆（Stefan Müller-Doohm）的《阿多诺传》专门将其作为“阿多诺的当代分析”来论述。参见Stefan Müller-Doohm, *Adorno: Eine Biographie*, Suhrkamp Verlag 2003, S. 669–679。

个概念本身、资本主义和非资本主义国家的区别甚至对资本主义的批判失去效力。换言之，这涉及当今社会学界如此广为传播的论题，即马克思是否过时了。”[1] 这个论题在马克思诞辰 150 周年之际被突出出来，意义就显得更加特殊。就实践方面而言，大会的讨论早已超出了学术争论的范围，其影响延伸到此起彼伏的左派学生运动之中。阿多诺坚持马克思对资本主义社会的基本论断，但结合西方社会在 20 世纪的新发展，对马克思的论断作了修正，并勾勒出了新的社会条件下阶级斗争的形式。尽管这场争论因为各种原因没有完全展开，而且已经过去了半个世纪，但对我们理解当下的资本主义社会，仍然具有启发意义。

一、达伦多夫："工业社会"与"后资本主义社会"

正如阿多诺所说，马克思的资本主义理论是否已经过时，在当时是一个广为讨论的问题。其中，达伦多夫就是"过时论"的最重要代表之一。达伦多夫在 1957 年发表的著作《工业社会中的阶级与阶级冲突》中，就鲜明地以马克思资本主义理论为批判对象，主张将近代以来的社会理解为工业社会，而资本主义不过是工业社会的一个阶段；马克思之后，特别是二战之后，西方社会发生了一系列重大变化，马克思的资本主义理论模式已经不合时宜，当下社会已经进入"后资本主义社会"。

我们知道，马克思将资本主义理解为人类历史的一个特定阶段，一个特定的生产方式。这个生产方式又包括两方面的内容：生

[1] Theodor W. Adorno, Spätkapitalismus oder Industriegesellschaft? Einleitungsvortrag zum 16. Deutschen Soziologentag, S. 354.

产力和生产关系。就生产力而言，资本主义的出现意味着机器大工业代替工场手工业，这在近代是“蒸汽和机器引起了工业生产的革命”的结果[1]；就生产关系而言，资本主义则意味着资产阶级占有生产资料，而无产阶级则不占有生产资料，只能出卖自身的劳动，并依赖于资产阶级。资产阶级通过雇佣劳动，榨取无产阶级的剩余价值，推动资本主义经济的发展。经济上的对立，造成了阶级压迫，随着资本主义的发展，无产阶级的地位“并不是随着工业的进步而上升，而是越来越降到本阶级的生存条件以下”。同时，大工业使得工人不再处于“由于竞争而造成的分散状态”，“革命联合”成为可能，资本主义造就了自身的“掘墓人”。[2] 因此，资本主义的生产方式将由于生产力和生产关系的矛盾而不能继续维持，必将通过经济危机和无产阶级革命而结束，走向新的社会形态。在达伦多夫看来，西方社会后来的发展恰好与马克思的预期相反，20 世纪的一系列重大变化足以动摇马克思的理论基础。首先是资本的解体（decomposition），其典型案例就是股份公司的普遍出现。事实上，马克思在《资本论》第 3 卷中已经分析了这个现象。马克思在股份公司中看到了资本的集中以及资本所有权和使用权的分离，达伦多夫强调，这种变化并不会导致马克思所预期的那种阶级斗争的激化，相反会导致社会结构以及阶级冲突性质的变化。资本的所有者与管理者分离之后，社会冲突就只会在劳动者和资本管理者之间发生，而这已经不是马克思所描述的社会两大阵营的冲突了。[3] 其次是劳动的解体。达伦多夫认为，在现代企业中，已经不能像马克思那样将劳动者严格地归为一个同质的集团，无产阶级因其“工作、

[1] 《马克思恩格斯选集》第 1 卷，人民出版社 1995 年版，第 273 页。
[2] 同上书，第 284 页。
[3] Ralf Dahrendorf, *Class and class conflict in industrial society*, Stanford University Press 1959, pp. 47–48.

技能、收入和声誉”的不同而被区分开来。无产阶级不再是一个单数，而是由诸多技能和地位不同的群体构成，不同群体的利益也不尽相同。[1] 资本和劳动的解体的一个重要结果就是“新中产阶级”的出现，他们可以是“白领”，也可以是公务人员。这个概念由他们的收入、社会地位等诸多要素规定，旧的工人阶级概念已经不再适宜。[2] 资本和劳动的解体，导致社会的层次越来越复杂，角色更加丰富，从而层次间的流动、角色的变换也就变得更加频繁。这种流动性的结果是，人在社会中的地位和角色不再是固定不变的，人们可以通过努力改变职业从而改变自己的地位。那么阶级之间的冲突就不再如马克思所说的那样激烈，也不像马克思说的那样最终导致矛盾的总爆发，导致革命。相反，达伦多夫认为，当代社会中的阶级冲突将会制度化、常规化，这恰恰意味着这个社会能够驾驭这种冲突和矛盾。[3] 当然，达伦多夫也认为有很多因素是近代以来就没有改变的，如韦伯指出的经济合理性、平等价值观，等等。但从马克思的观点看，这些并不是资本主义的本质性要素。

达伦多夫认为，所有这些变化，都表明马克思的预见是错误的，其原因不仅在于马克思的时代局限性，更在于马克思考察社会的方法。我们知道，马克思的哲学、经济学和社会学是融为一体的，因此社会学的考察必然不仅仅是经验事实的研究，而是要以诸多一般性的概念为前提。达伦多夫认为，这种抽象正是马克思方法上的问题。例如马克思将阶级的概念与生产关系直接勾连，就成为马克思阶级理论的桎梏，无法容纳新的经验内容。[4] 我们不难看出，达伦多夫提出的“后资本主义社会”，仅仅是对马克思的资本主义概念的

[1] Ralf Dahrendorf, *Class and class conflict in industrial society*, p. 51.
[2] Ibid., pp. 56–57.
[3] Ibid., p. 66.
[4] Ibid., p. 118.

否定，而他却拒绝在这个层次上对新的社会形态进行勾勒，而是满足于经验层次的描述和分析。放弃生产关系这个概念，达伦多夫的经验分析必然依托于工业和技术的直接事实，将这些事实视为规定着社会本质的唯一可靠的要素。从他对马克思的如上批评中不难看出，他将社会关系（阶级分化和阶级冲突）直接依附于生产技术的分化和结构之上，当然这些又都体现为各种具体的数据。如果说对经验事实的强调是达伦多夫的社会学方法的话，那么对生产技术的直接依赖则是这个方法所必然导致的理论立场。无论是达伦多夫的方法还是立场，都受到了阿多诺的批判。

二、经验事实与辩证的社会理论

由于达伦多夫的论点在当时的社会学界已经产生了广泛的影响，所以尽管他在社会学大会上的发言是在阿多诺之后，但毫无疑问他已经提前出场了。[1] 阿多诺在大会上做的开场报告，便可以被视为站在马克思立场上对达伦多夫的回应。阿多诺并没有直接对达伦多夫所列举的经验事实提出质疑，而是首先从研究和对待这些事实的方法入手。正如在之前的实证主义争论中那样，阿多诺主张一种辩证的社会理论。

在他看来，这种辩证的社会理论无疑来自马克思，但是却绝不像达伦多夫所说的那样，已经成为一种僵化的、不合时宜的理论；其辩证的特点，说明这种理论具有相当的弹性，可以容纳达伦多夫所列举的新的事实。阿多诺说："一种辩证的理论探索结构

[1] 阿多诺这时已经专门就当代社会的冲突问题组织过研讨班，其中主要涉及达伦多夫和科赛尔（Lewis A. Coser）。Theodor W. Adorno, Anmerkungen zum sozialen Konflikt heute, in: *Gesammelte Schriften*, Bd. 8, S. 177.

性规律，这个规律为事实提供条件，它在事实中表现，并为事实所调整。它将这种规律理解为趋势，这些趋势或多或少都传递着总体体系的历史连续性。马克思为此提供的模式是价值规律、积累规律和危机规律。辩证理论的结构指的并不是一种秩序的模板(Ordnungsschemata)，将社会学的结论尽可能完全地、连续地、无问题地规整入内；因此，结构不是体系化，而是对科学知识的数据进行预先整理的社会体系。这种理论允许最终抽出事实，但不允许按照一个已证主题（thema probandum）将这些事实扭曲。否则它就会陷入教条主义之中，彻头彻尾地重复这种思想，就像东方帝国的稳固政权利用'辩证唯物主义'的工具所干的那样；那无非是将自身的概念理解为运动之物。"[1] 与其说阿多诺在正面主张一种辩证的社会理论，不如说是在达伦多夫面前为马克思进行辩护。阿多诺强调的是，马克思的抽象范畴不能等同于教条主义，它是一个允许调整和修改的理论。这就为阿多诺主张的"晚期资本主义"提供了空间。

进而，阿多诺也对达伦多夫的研究方法进行了批评。如前所述，由于阶级这个概念从马克思开始已经形成了一个问题背景，所以达伦多夫还沿用这个概念。但是达伦多夫抛弃了所有制和生产关系等一般性概念，选择用经验的事实和数据来作为分析阶级的依据。在他看来，这样才能摆脱主观的理论预设，贴近社会的现实。然而阿多诺却说："阶级关系的标准，例如社会分层的经验研究喜欢用的标准，即根据收入、生活条件、教育等进行划分，乃是结果在单个个体身上的一般化。在这一意义上，可以说它是主观的。相反，旧的阶级概念则是客观的，它试图独立于从主体的生活

[1] Theodor W. Adorno, Spätkapitalismus oder Industriegesellschaft? Einleitungsvortrag zum 16. Deutschen Soziologentag, S. 356.

中直接获得的指数，表达出社会的客观性。”[1] 对此，达伦多夫指责阿多诺“完全不负责地”使用了“客观”和“主观”的范畴，因为在他看来，直接的经验事实是客观的，反倒是一般性的范畴是主观的设定。阿多诺反驳道，所谓客观的社会学意味着它可以追溯到社会的结构，但是这个结构又不是出于科学的需要而造出的模板。而主观则一方面可以意味着分类科学放弃了“知识的媒介”，“丧失了事情的结构”，一方面则意味着将事情归结为主观的数据，如收入、地位意识和角色意识，等等。[2] 显然，达伦多夫社会学的主观性主要属于后一种情况。这里涉及一个根本问题，即到底什么才是社会的现实，是直接的事实还是间接、中介的东西。我们知道，阿多诺在哲学上致力于对形而上学的绝对中介的批判，突出概念体系所不能容纳的非同一物，然而在这里可以看出，他并没有放弃中介和抽象。他主张的社会现实是一种开放的一般性范畴所表达的东西。阿多诺显然是在两线作战，一方面要反对形而上学的封闭性，另一方面又要反对实证主义对直接经验的过分依赖。针对这种辩证理论的抽象性和其历史哲学的一般性，达伦多夫从另一个角度展开批评。他认为，“对社会发展的总体的稳妥的分析”本身就是“一个僵化世界的一部分，它使得这个世界加倍地僵化”[3]。满足于这种一般性的框架，就会错失改变生活境况机会，因为这种改变只能是通过具体的社会政治实践来实现的。有趣的是，这正是早期中国马克思主义受到的来自自由主义的批评：“多研究些问题，少谈些主义”。我们知道，批判理论之成为批判理论，就在于摒弃传

[1] Theodor W. Adorno, Spätkapitalismus oder Industriegesellschaft? Einleitungsvortrag zum 16. Deutschen Soziologentag, S. 355.

[2] Theodor W. Adorno, Diskussionsbeitrag zu »Spätkapitalismus oder Industriegesellschaft?«, in: *Gesammelte Schriften,* Bd. 8, Suhrkamp Verlag 2003, S. 581.

[3] Stefan Müller-Doohm, *Adorno: Eine Biographie*, S. 678.

统理论的静观态度，积极地介入社会现实，以从事一种实践的理论，所以就不难想象阿多诺对达伦多夫的这个指责感到吃惊。阿多诺指出，达伦多夫批评的前提是，“总体社会概念必然卷入总体社会的实践中”，而改变现实的有效实践必定是具体和单一的。[1] 这种理论与实践的直接连接本身是危险的，它往往会以实践之名清除理论的分析，然而没有理论的实践是非理性的、盲目的，而盲目的实践必定要犯错。阿多诺在其他地方曾说：“错误的实践根本不是实践。”[2] 更重要的是，阿多诺认为，改变现实意味着改变单个人的现实生活，“然而这个改变现在必然不是对人们生活的直接改变，因为他们的生活不是直接的，而是长久以来被总体社会的要素决定了的。”[3] 要改变个人的生活就要首先认识到生活的本质，而这个被总体社会决定的本质离开总体社会的概念自然又是不能被认识到的。如果对生活的本质无法认识，那么改变这个生活的实践便没有可能。

总之，在阿多诺看来，辩证的社会理论主张事实与结构的相互中介。因此经验研究应该是被一个一般性的结构所中介，尽管经验研究的结果可以对这个结构进行调整。这正是法兰克福学派的社会理论区别于一般的社会学的关键。在阿多诺看来，普通的社会学固执于中性化的事实和指数，这才真正失去了批判性和实践的维度。

---

[1] Theodor W. Adorno, Diskussionsbeitrag zu »Spätkapitalismus oder Industriegesellschaft?«, S. 579.

[2] Theodor W. Adorno, Marginalien zu Theorie und Praxis, in: *Gesammelte Schriften*, Bd. 10. 2, Suhrkamp Verlag 1997, S. 766.

[3] Theodor W. Adorno, Diskussionsbeitrag zu »Spätkapitalismus oder Industriegesellschaft?«, S. 580.

三、阿多诺的“晚期资本主义”观念

在这样一种辩证法的社会理论的视野下，达伦多夫突出的这个问题本身就成问题了。如前所述，尽管达伦多夫并没有将工业社会作为与资本主义对等的另一种社会形态，而是将其理解为近代以来的一种普遍社会状态。但如我们前面所指出，他的主张实际上意味着，在马克思的生产关系范畴失效之后，工业生产过程中的各项指数成为理解社会的根据。如果参照马克思的资本主义理论，达伦多夫最终还是将生产力和生产关系对立起来。在阿多诺看来，这种非此即彼的选择本身在方法上就是有问题的：“所有的辩证法家都不会让晚期资本主义和工业社会的对立成为必然的对立，正如其不能满足于非此即彼。”[1] 换言之，辩证的理论不仅不会通过简单的立场选择来回避矛盾，更要能够包容和正视矛盾。在阿多诺看来，这种理论的矛盾是有其社会根源的：“晚期资本主义还是工业社会”并不是“依照科学的立场或口味在这两个形式之间进行选择，这二者的关系表达出了当前这个时代显著的矛盾，这个矛盾又以理论的形式表现在社会学之中”[2]。

这种社会的矛盾，可以理解为生产力和生产关系的矛盾，而这种矛盾就为一种辩证的社会理论提供了基础。与马克思一样，阿多诺试图从这对矛盾出发对当前的社会本质作判断：“按照当前社会的生产力状况说，它根本上是一个工业社会。随处是工业的劳动，它超出了政治体系的所有界限而成了社会的模式。与工业的操作方式，

[1] Theodor W. Adorno, Spätkapitalismus oder Industriegesellschaft? Einleitungsvortrag zum 16. Deutschen Soziologentag, S. 356.

[2] Ibid., S. 358.

以经济的方式强制地扩展到了物质生产的领域、管理的领域、分配的领域以及所谓的文化领域，借此这个社会就发展为一个总体性。而与此相对，这个社会就其生产关系而言又是资本主义。人们往往还是如马克思在19世纪中叶所分析的那样，是机器的附属物，但远不仅是简单地依据其所服务的机器的属性来组织的劳动者，他们被迫深入到机器最核心的运行过程中，作为一个角色承担者被规整到社会机制之中，遵守它的模式而全无反抗。今天的商品像以前一样也是为了营利的目的而被生产的。”[1] 阿多诺认为，这两个方面是相互包含、相互制约的。与马克思一样，阿多诺坚持以生产力和生产关系的矛盾来理解当代西方社会的本质：一方面是生产力的高度发展并引起了社会各领域的变化，另一方面则是资本主义生产关系的基本形式的稳定性；换言之，容纳了新生产力内容的资本主义生产关系。

但是，正是在这种生产关系给定的前提下，人们往往会将社会问题归结为生产力的最新发展，似乎它所表现出的新特征构成了社会的本质，而生产关系却被忽略了，甚至在达伦多夫那里一样，被认为是过时了的范畴。的确，在20世纪科学技术高度发展的情况下，技术的形式的影响已经渗透到了社会各个领域，使社会成为一个总体。阿多诺说：“对此，霍克海默和我在十年前用技术的面纱来指称。对世界的建构和它的成员之间的虚假的同一性通过技术的扩张到达生产关系的证明上，按照它的受益者，人们立即徒劳地研究，无产阶级是如何变得不可见了。体系的独立化在所有人，包括它的操纵者面前都达到了一个极致。”[2] 在这样一种情况下，似乎马克思

[1] Theodor W. Adorno, Spätkapitalismus oder Industriegesellschaft? Einleitungsvortrag zum 16. Deutschen Soziologentag, S. 357.

[2] Ibid., S. 369–370.

意义上的阶级统治消失了，人对人的统治演变为了一个抽象的、总的主体对所有人的统治。这似乎已经成了20世纪流行的观念。以往我们对阿多诺和霍克海默的理解，也往往停留在这个层次。通常我们将“启蒙的辩证法”理解为对工具理性或技术理性的批判，似乎这一批判就意味着阿多诺和霍克海默认为技术统治构成了现时代的本质，马克思的经济学诊断似乎已经失效了。然而，如果考虑到阿多诺的社会学，那么这就不难发现，这种流行的看法正是他所要批判的一种错误。

阿多诺还指出，这种研究以及其关于阶级消失的论证，恰恰是符合其代理人的利益的。因为这恰恰是对真实的人与人之间的统治关系的遮蔽。他说：“灾难并不是技术，而是其与社会关系的纠缠，它是被囊括入这个关系之中的。请回忆一下，对利润—统治的兴趣引导着技术的进步：它在此跟灾难性的与控制的需要相互协调。破坏性手段的发明不会徒劳地成了新技术的典范。相反，这些技术荒废了其远离统治、集权主义和自然控制的潜力，荒废了其治愈那些被技术彻底毁坏了的东西的潜力。”[1]阿多诺力图说明，技术并不是独立的，并不是匿名的神秘力量，而是始终受到利益驱使。从另一个角度说，技术在当代条件下成了生产关系的一个维护者和支持者。技术的手段一方面使得生产关系中隐含的统治关系变得更加牢固，同时还遮蔽了真实的统治关系。这种统治使社会静止下来，似乎静止无非就是在技术的体系内部寻找更好的就业机会。所以达伦多夫所谓的社会流动性，事实上表达了对这种静态统治的一种确认。所以阿多诺说：“马克思的期望太过乐观，他认为生产力在历史上具有优先性，并必然会打碎生产关系。在这个意义上，马克思这

[1] Theodor W. Adorno, Spätkapitalismus oder Industriegesellschaft? Einleitungsvortrag zum 16. Deutschen Soziologentag, S. 362.

位德国唯心主义的死敌还是忠实于唯心主义的肯定性历史建构的。而对世界精神的信任又是有利于那种按照费尔巴哈提纲第十一条所要改变的世界秩序的辩护的。生产关系出于其单纯的自身持存的目的，通过七拼八凑以及个别的措施继续屈从于那被释放出来了的生产力。”[1] 在阿多诺看来，生产力的发展的确没有像马克思所预期的那样，成为革命的力量，反而成为了生产关系的“共谋”，成为现有统治的维护者。然而，这并不等于说，生产力或者技术获得了独立，并单独构成了社会的本质。在坚持资本主义性质的前提下，阿多诺充分考虑了生产力发展给生产关系带来的影响。这些是马克思没有充分预料到的，但这些新的事实并不能像在达伦多夫那里一样成为否定马克思资本主义理论的理由，反而可以理解为资本主义得到延续的表现。首先是需求在经济和社会结构中发生的角色变化。在早期资本主义社会中，商品的生产一方面是为了满足消费者的需求，一方面则是为了资本家获取利润。二者通常是不冲突的，因为匮乏始终存在。然而 20 世纪特别是二战之后，西方社会出现了商品空前丰裕的状况，匮乏的状态在一定程度上被克服。但是，为了商品生产的后一种要求，也是为了维持资本主义的生产关系，需求和匮乏就必须要以其他方式存在下去。阿多诺说，需求“早先潜在地是生产装置的功能，而现在已经完全成了生产装置的功能，而不是朝相反的方向发展。这些需求是完全被操纵的。尽管在这个变迁中，需求被固定并适应设备的兴趣，但它还是携带着人类的兴趣，从而设备就能够唤起这种人类的兴趣。但在这种需求之下，商品丧失了其最后的‘天然的’自明性（Selbstverständigkeit）。需求不仅是单纯间接地满足交换价值，而是在经济的重要环节中，出于营利的需要

[1] Theodor W. Adorno, Spätkapitalismus oder Industriegesellschaft? Einleitungsvortrag zum 16. Deutschen Soziologentag, S. 363.

才被生产出来的，也就是说牺牲了消费者的客观需求”[1]。阿多诺对需求和消费环节的突出，对后来的资本主义研究具有很重要的启发性。笔者认为，德波的“景观社会”理论以及鲍德里亚的“消费社会”理论，均是在这个方向上的发展。然而阿多诺并不认为这种新的现象，足以标志一个新的时代或者一种新的社会类型的到来，它仍然在马克思资本主义概念的适用范围之内。因为如前所述，这种现象正是资本主义生产关系的一种维持。其次，阶级关系尽管不像达伦多夫主张的那样消失了，但是在新的社会条件下也发生了变化。阿多诺说：“阶级的概念既是固定的，又是变化的。说它是固定的，是因为它的基础，即社会分化为剥削者和被剥削者，不仅得到了继续，而且其压迫性和牢固性得到增强。说它是变化的，是因为被压迫者，用今天的理论说法就是绝大多数人，不能意识到自身为一个阶级。”[2] 这显然也是对达伦多夫的一个回应。按照达伦多夫的标准，没有阶级的意识，是马克思意义上的阶级消失的一个根据。阿多诺认为这个理由是一种主观的理由，而且不充分。“在标准的资本主义国家中说不上一种无产阶级意识，这与阶级的存在并不矛盾（与普通意见相反）：阶级是通过其对生产资料的地位来确定的，而不是通过它的所属者的意识。关于阶级意识的缺失并不缺乏令人信服的原因：工人不再贫困；他们越来越被整合入资产阶级社会，逐渐接受其观念。这在工业革命期间以及其后的一段时间，也就是产业无产者从赤贫状态被招募进来并处于社会的边缘的时候无法预料的。”[3] 工人不再贫困，并认同了资产阶级的意识形态，并不能改变其被剥

[1] Theodor W. Adorno, Spätkapitalismus oder Industriegesellschaft? Einleitungsvortrag zum 16. Deutschen Soziologentag, S. 361.

[2] Theodor W. Adorno, Reflexionen zur Klassentheorie, in *Gesammelte Schriften*, Bd. 8, S. 377.

[3] Theodor W. Adorno, Spätkapitalismus oder Industriegesellschaft? Einleitungsvortrag zum 16. Deutschen Soziologentag, S. 358.

削的事实，而这正是阶级概念的基础。

与此相关的是，虽然在西方国家内部阶级关系的表现发生了如上变化，但在一个更为宽泛的范围内看，原来的形态却在国际对抗中被保存了下来。“国际对抗现在才升级为真正的总体战争，与最严格意义上的生产关系之间存在这昭然若揭的关联。一种灾难的恐怖通过另一种灾难的恐怖而被延伸。”[1] 阶级关系表现为国家间的关系，意味着剥削与被剥削呈现出了国际的形态。即使当时的苏联在国内清除了市场经济，但是其在国际范围的角色也属于全球资本主义体系。阿多诺的这个分析与当时的政治形势紧密相关。我们知道，除了反抗社会的总体控制和资产阶级意识形态之外，美国在越南的战争也是当时左派学生反对的重大目标。阿多诺关于国际对抗的分析显然与学生运动是一致的。如今，这种国际范围内的剥削和压迫，可以说仍然处于阿多诺的分析的有效范围之内。

[1] Theodor W. Adorno, Spätkapitalismus oder Industriegesellschaft? Einleitungsvortrag zum 16. Deutschen Soziologentag, S. 366.

从教育到伪教育

——黑格尔和阿多诺对近代教育观念的批判

在阿多诺的思想中，教育或者教养（Bildung）是一个很少被触及的论题，其在阿多诺哲学中的地位以及在哲学史方面的穿透力还没有得到充分的认识。阿多诺晚年曾在一系列的文章和广播讨论中谈及具体的教育问题，以及一般意义上的文化教养问题。这个问题直接延伸到德国古典哲学以及更早的启蒙运动之中。如果我们将近代思想粗略地界定为主体性思想，那么在一般的意义上说，这个主体性的形成便是教育，同时是文化（Kultur）和启蒙。教育与文化、启蒙以及近代主体的内在关联，势必使之成为阿多诺无法绕开的问题。阿多诺对启蒙时代以来的教育观念的反思与黑格尔遥相呼应。阿多诺和黑格尔都将近代以来的教育成果诊断为“异化的精神”，同时又将这种异化的精神之克服诉诸一种真实的教育。当然，阿多诺对教育的社会学考察与黑格尔的思辨哲学大异其趣，但二者对近代教育都采取了一种辩证的态度，由此我们也可以看出他们对待启蒙的辩证态度。

一、教育与启蒙

首先需要说明的是，黑格尔和阿多诺等哲学家所谓的教育问题并不仅限于通常理解的教育学（Pädagogik）问题。阿多诺的“伪教育理论”(Theorie der Halbbildung）一开始就强调，“教育危机不单纯是教育学这个专业学科的对象，也不是某种亚社会学(Bindestrichsozialogie)，即教育社会学所能够克服的……孤立的教育改革总是必要的，但也无所助益。”[1] 在他看来，具体的教育问题从属于一个更为深刻的社会文化背景，教育的危机必然导向一种社会文化的批判。黑格尔更是主要在文化的意义上谈论教育，不过时代的文化乃是时代精神的一种体现。在最宽泛的意义上说，教育乃是主体的塑造，而这个主体既是形而上学层次的主体，也是人类学和社会学意义上的主体。教育问题的特殊性在于它乃是一个综合性的问题，形而上学、人类学和社会学的内容交错于其中。因此，通过教育问题，我们至少可以获得近代精神的一个相对完整的切面。

如果在这种意义上理解教育，那么其与启蒙运动的内在关联就显而易见了。康德说：“启蒙运动就是人类脱离自己所加之于自己的不成熟状态，不成熟状态就是不经别人的引导，就对运用自己的理智无能为力。……要有勇气运用你自己的理智！这就是启蒙运动的口号。”[2] 人类从不成熟状态走向成熟状态，实质上就是近代主体的诞生，就是主体性内容的建立。康德总结的启蒙运动的口号并没有说明，人如何从不成熟走向成熟，而这正是一个教育的问题。从另

[1] Theodor W. Adorno, Theorie der Halbbildung, in: *Gesammelte Schriften*, Bd. 8, Suhrkamp Verlag 1997, S. 93.

[2] 康德：《历史理性批判文集》，何兆武译，商务印书馆 1990 年版，第 22 页。

一个角度说，未受教育就意味着主体的内容还没有被建立起来。按照洛克的说法，未受教育的灵魂，实质上是一个白板，而教育则是要在这个白板上刻写内容。他说："我们碰到的人中十有八九是通过教育而成为其自身的，或者善或者恶，或者有用或者无用。"[1] 其实，教育在卢梭、蒙田、伏尔泰和狄德罗这些启蒙时代的哲学家那里都占据着非常重要的位置，而且这些哲学家大多以人类的"教师"自居。这一观念自然也延伸到德国唯心主义之中。不仅是席勒的《美育书简》、费希特的《论学者的使命》和《论人的使命》，甚至黑格尔的《精神现象学》都可以被视为重要的教育著作。

教育对于近代精神的意义可以从两个方面来理解。一方面，教育被认为是改造人类灵魂、实现社会进步的根本途径。教育所主张的理性不仅能使人们从封建时代的神学禁锢中解脱出来，在精神上将自身塑造为一个新的阶级，即资产阶级，而且还能按照自身的尺度建立一个资产阶级的社会。资产阶级将自身标榜为"有教养"的阶级，与其说他们是受过某种训练，毋宁说是借助理性塑造了自身。这种有教养的主体构成的社会便是所谓的文明社会，文明社会乃是教育的一个结果。这一思想在中国产生的影响，便是教育救国论。另一方面，由于近代哲学的精神乃是围绕主体和人展开的，因此作为主体之塑造的教育显然深入到近代精神的本质性一维之中。这样，不仅是教育成为哲学的一个重要领域，倒是哲学的根本问题被引向主体的形成问题，也就是广泛意义上的教育问题。例如费希特和黑格尔这样的哲学家将自我、精神等形而上学的概念理解为一个自我形成的过程，而这个过程就是最抽象意义上的教育过程。无论从哪个方面说，我们都可以将启蒙运动所确立的时代称为教育的时代。

[1] John Locke, *Some Thoughts Concerning Education and Of the Conduct of the Understanding*, Hackett Publishing Co., Inc. 1996, p. 10.

既然教育本质上乃是近代主体的形成，那么它必然能够反映出近代主体的处境和状况，而这些处境和状况也反映出教育的具体内容。这些内容体现为不同层次的矛盾，即理性与权威的矛盾、个人与社会的矛盾、知识与人性和谐的矛盾。事实上，德语中的“教育”（Bildung）一词最初就是一个神学概念，表示神在灵魂中的出场，或者说神在灵魂中的图像化。在此，教育不过是神性的一种派生，是从属于神的权威的。而到了启蒙哲学家这里，人的自由和理性得到强调，教育成为主体自身的事情，被认为是一种以主体自身为目的的实践。康德说：实践的教育“是指那种把人塑造成生活中的自由行动者的教育。……这是一种导向人格性的教育，是自由行动者的教育，这样的自由行动者能够自立，并构成社会的一个有机组成部分，而有意识到自身的内在价值”[1]。这里康德表述出了近代教育的核心价值，即自由。无论如何理解自由的具体内涵，通过教育摆脱传统的权威，学会自由并拥有自由，这一点是不可动摇的。

自由的追求必然使个体与社会条件之间产生矛盾。资产阶级的教育还有一项重要的内容，即将人们教育为资产阶级社会的合格的成员。洛克就主张教育使人获得自决的能力，而这是参与社会生活的必要条件。在费希特看来，参与社会生活就意味着人的角色化、行业化，因此教育必须培养人们职业活动的能力。但是，如果将自由理解为以自身为目的的活动，那么职业活动便必然有损人的自由。针对这个问题，费希特和威廉·洪堡主张区分职业教育和大学教育：前者的任务在于培养合格的职业者，以在社会分工中找到合适的位置，而后者则旨在促进以自身为目的的学术活动，构筑精神的象牙塔。尽管这一思想在 19 世纪德国的高校教育中获得极大成功，但不

[1]　康德：《论教育学》，赵鹏、何兆武译，上海人民出版社 2005 年版，第 15 页。

可否认的是，它维持了精神自由与社会条件的分裂。

这种分裂在个体内部便体现为知性与人性和谐的矛盾。按照康德的说法，启蒙运动的实质乃是使人能够独立使用自己的知性。的确，知识以及知识的运用，是启蒙教育对抗传统权威的手段。因此，启蒙的教育曾一度被理解为知识的积累。但如席勒所指出的，知性的片面突出危及人性的和谐。席勒说，现代社会的发展突出“把一切分离开的知性”，从而失去了希腊人所体现出的那种“把一切联合起来的本性”，“而正是教养本身给现代人性造成了这种创伤”。[1] 席勒承认知性是人类的一种惊人的力量，知性的教育在现代社会的发展中扮演着关键性的角色，但“为了培养个别能力而必须牺牲它的整体，这样做肯定是错误的。抑或当自然规律还力图这样做时，我们有责任通过更高的教养来恢复被教养破坏了的我们的自然（本性）的这种完整性”。[2] 席勒所谓的更高的教育，就是美育。

显然，近代的教育观念乃是一个矛盾的综合体。尽管各种教育体系的建设和教育改革取得了巨大的成功，但并不意味着近代教育的内在矛盾得到了解决。席勒和费希特等人表达出了解决这些矛盾的要求，而这种要求将会因教育的进一步实现而变得愈加迫切。

二、知性文化与异化的精神

黑格尔并没有直接投身 19 世纪初德国的教育改革，因此不像费希特和洪堡等人那样对教育学作出重大贡献，然而他的哲学工作却可视为对近代教育传统的批判性延续。黑格尔肯定了教育是启蒙时

[1] 席勒：《美育书简》，徐恒醇译，中国文联出版社 1984 年版，第 50 页。
[2] 同上书，第 50、56 页。

代以来的时代精神的内核，并将这个时代的哲学体系称为“教育的体系”，但由于这些体系固执于有限的主体性，因此无法占据绝对的真理。在这个意义上，教育在黑格尔这里乃是一个否定的概念。但他同时又将精神的形成过程称为教育，这个过程从自然意识开始，经过意识的诸多形态最终达到绝对精神。在这个意义上，我们可以说黑格尔将近代的教育观念扩展到其思辨的体系之中，因此是在一种肯定的意义上使用教育概念的。

黑格尔在其1802年的长文《信仰与知识》中对近代“主体性的反思哲学”做了一个系统的批判。他说，在“反思的形而上学”那里，“心灵作为自我之中的事物，世界则作为主体的现象和感知的体系”，“但是绝对者却作为理性的对象和绝对的客体转移到了理性知识的一个绝对的彼岸”，这种哲学的形式在康德、雅克比和费希特的哲学中达到了彻底的完成，并且“那些被所作教育一方的东西，即将总体的单个维度绝对化以及将其加工为体系的过程被完全地呈现出来了，从而也就完成了这种塑造（Bilden）”[1]。在黑格尔看来，“按照教育的体系的固定原则，有限者是自在而自为的、绝对的，是唯一的现实”[2]。这里黑格尔并未讨论具体的教育问题，但在他看来，教育作为一种模式深刻地决定着那个时代的反思哲学。这一模式的关键在于将一个有限者，也就是主体和主体性视为唯一现实的东西，并将其绝对化和体系化。的确，主体性哲学的论证过程，实质上就是主体性自身的建构过程，而这实质上就是一种教育的过程。

在黑格尔看来，哲学是时代精神的精华，与反思哲学相应的是近代的反思文化。与席勒一样，黑格尔也是从“分裂的知性”来理

[1] Hegel, Glauben und Wissen, in: *Jenaer Schriften 1801–1807, Werke 2*, S. 430–431.
[2] Ibid., S. 293.

解近代文化的。但在他看来，启蒙的知性所破坏的不是古希腊人所代表的那种完美的人性，而是启蒙的对立面即中世纪的宗教神学中那种神圣和绝对的东西。在他看来，启蒙理性对宗教信仰的胜利，就像野蛮的日耳曼人对有教养的罗马人的胜利那样，虽然在武力上取胜，但在精神上却只能屈服于对方。至少是信仰与知识的对立并没有因为启蒙运动而真正消除，相反，这种对立以另外的方式被保存下来。他说："启蒙理性对信仰（即被启蒙理性按其宗教理解的贫乏尺度理解为与自身相对立的那个信仰）这个光辉的胜利，无非是，无论是它所与之抗争的实证者、宗教，还是获得胜利的它本身，都没有存留下来，并且在这些尸体上浮现出来的新生儿，即他们共同的、把他们统一起来的和平的新生儿，本身既不拥有理性，也不拥有真正的信仰。"[1] 也就是说，启蒙对宗教信仰的胜利是虚假的，启蒙的理性仅仅停留在有限的知性层面，因此也没有获得真正能够战胜和替代宗教神学的理性。启蒙所带来的这样一个"新生儿"，便是近代的知性文化或反思文化。

黑格尔将知性文化的特质概括为无处不在的分裂和对立，如"精神与物质、灵魂与肉体、信仰与理智、自由与必然"以及"理性与感性、心智与自然"之间的分裂和对立。[2] 当然，这种分裂在席勒、费希特以及早期浪漫派那里早已受到批判，但是在黑格尔看来，这些批判的努力要么是将有限的主体性改造为一种绝对化的主体性，要么预感到绝对真理，却囿于有限的主体性，只能将其置于彼岸，认为唯有通过神秘的方式才能达到。因此，这些努力非但没有克服知性文化的分裂，反而由于其建立了更为精致的教育的体系，阻塞

[1] Hegel, Glauben und Wissen, in: *Jenaer Schriften 1801–1807, Werke 2*, S. 287.
[2] 黑格尔：《谢林与费希特哲学体系之间的差别》，宋祖良、程志民译，商务印书馆 1994 年版，第 10 页。

了超越知性文化、达到绝对真理的通道。因此这些努力并不是启蒙的教育模式的克服，而是它的深化和扩展。而“教育扩张得越广，分裂本身可以交织进去的生命变化就越多样化，分裂的力量就越强大，分裂的地区性的神圣性就越坚固，对文化的整体来说就越陌生，生命的重新分娩自身达到和谐的努力就越无意义”[1]。在黑格尔看来，尽管时代的文化已经表现出克服分裂的“需要”，但是不成功的努力反倒维持着这种知性文化。

明了了黑格尔对近代文化的这个“诊断”，我们就不难理解《精神现象学》中作为“异化了的精神”的教育。近代主体性的实质是纯粹的自我意识或者说对自身的纯粹洞见，“这种洞见，作为自己把握其自己的自我，就达到和完成了教育；它不把握任何别的，只把握自我，并且它将一切都当作自我来把握，即是说，它对一切都进行概念的理解，剔除一切客观性的东西，把一切自在存在都转化为自为存在”[2]。但是，主体的教育并不仅仅意味着它停留于自身之中，也包括它的异化。因为有限的意识也有无限性的渴求，因此它便将自身绝对化和普遍化，在它曾经反对的信仰的“王国完成异化”[3]，从而形成了一个被固定下来的“人工世界”。这个人工的世界，就是基于主体的自我意识而建构起来的文明世界，但是这个文明世界却显得是主体必须接受的现实，成了自我意识的“否定物”[4]。作为自我意识的否定，有教养的文明世界不仅表现出了自在的性质，同时也处于与主体的自然存在相对立的位置上。基于此，我们就不难理解启蒙时代教育的另外一面，即将个体培养为资产阶级社会的合格成员。这样的个体被要求接受有教养的文明世界的固定要求，从而

[1]　黑格尔：《谢林与费希特哲学体系之间的差别》，第 11 页。
[2]　黑格尔：《精神现象学》下，贺麟、王玖兴译，第 40 页。
[3]　同上。
[4]　同上书，第 44 页。

成为一个有教养的个体，一个现代人，即一个经济人、一个公民或其他。

在黑格尔看来，近代的教育以及教育的世界都基于有限的主体性，因此仅仅是贫乏的自我意识的颠倒。这个颠倒的世界似乎获得了实在的和普遍的存在，但其实质乃是一个欺骗和假象。当然，摆脱颠倒的世界不意味着“重新放弃它自己所已经达到了的那种精神的、有教养的意识，使它的诸环节的已展开的财富重新沉入自然心灵的简单性，退回于也可以称之为天真的那种动物性意识的野蛮状态；相反，这种瓦解，只能要求于有教化修养的精神本身，要求精神摆脱它的混乱而重新返回于它作为精神的自身，要求它这样地获得一种更高的意识”[1]。黑格尔强调超越近代教育的世界必须依靠有教养的精神本身，这就要涉及教育概念的肯定意义。事实上黑格尔并没有完全抛弃近代的教育概念，而是试图克服其主观性，并用以描述精神的运动和“一般的科学或知识的这个形成过程”[2]。并且黑格尔还强调一般意义上的精神的形成与特殊个体教育之间的内在关联，考察“普遍的个体”，即“有自我意识的精神”的形成过程，就像“引导一个个体从未受教育的状态变为有知识”一样。[3] 精神的教育过程，包含着意识的所有经验，并导向作为这些经验之总体的绝对精神。在这一意义上，黑格尔坚持了近代的教育观念，不过他不再固执于有限的主体性，从而也就能够克服知性文化的各种分裂，并走向一种思辨的具体性。这种具体性与席勒要求的人性的和谐具有某种形式上的相似之处，不过其思辨哲学的立足点却是席勒等人无法把握的。

[1] 黑格尔：《精神现象学》下，贺麟、王玖兴译，第 69 页。
[2] 黑格尔：《精神现象学》上，贺麟、王玖兴译，第 17 页。
[3] 同上书，第 17—18 页。

三、伪教育与走向成熟的教育

在黑格尔看来，教育问题终究仅仅是一个思辨形而上学的问题，并且会因为思辨体系的建立而得到解决。但事实恰恰相反，黑格尔之后的资产阶级文化并没有循着绝对精神的教育过程前进，最终克服分裂并达到和解，反倒是类似于黑格尔所面临的教育危机一再出现，而在后来的批判家看来，黑格尔的哲学也属于这个危机的一部分。例如阿多诺认为，黑格尔教育理论中的异化学说的确对人文主义构成了实质性的批判，但是这种学说并没有带来作为教育的最初价值取向的自由和独立，思辨的体系反倒是对这种自由的威胁。与黑格尔不同，阿多诺从精神与物质、个体与社会的矛盾来考虑近代教育的问题。

阿多诺也将教育的危机理解为“异化的精神”，认为它从教育的概念中引导出来，却成了“伪教育”。阿多诺说：“从教育中产生出的，现在作为一种否定的客观精神（不仅仅是在德国）沉淀下来的东西，本身应当是从社会的运行法则中，也就是从教育的概念中引导出来的。它变成了社会化了的伪教育，变成了无处不在的异化了的精神。按照其起源和意义，它不在教育之前，而在其后。其中的所有东西都被社会化的手段所囊括，不再有未被赋形过的自然。”[1] 应该说，阿多诺的时代是资产阶级社会发展成熟的时代，资产阶级社会的结构囊括一切，未被教育的自然状态已不存在，因此可以说教育得到了实现。与黑格尔类似，阿多诺在教育的实现中看到了否定的结果，即伪教育从教育中产生出来，并“成为当代意识的统治

[1] Theodor W. Adorno, Theorie der Halbbildung, S. 93.

形式”[1]。

如前所述，在黑格尔那里，近代教育属于反思文化，其造成的分裂来自知性的有限性，而克服这种有限性的途径只能是无限者，即绝对精神自身的教育。阿多诺并没有试图在形而上学的层面上思考和解决问题，而是从社会学的角度来看待教育以及教育的危机。阿多诺认为，启蒙时代的教育的根本问题在于其固执于个人的自由和纯精神的培养，没有充分考虑到教育的物质的和社会的前提。这种分裂一方面似乎突出了教育的自由和独立的品格，表明其外在于物质性的现实逻辑，另一方面，这种与现实逻辑表面上的外在性又遮蔽了其与现实的真实关系，导致对现实逻辑的漠不关心或盲目顺从。在阿多诺看来，这尤其能够解释德国文化传统中的矛盾现象。在德语中，文化和教育可以等量齐观，被认为是与现实实践相对立的精神领域。但正是“那些有热情和理解力参与所谓文化事业的人，能够毫无阻力地投身于国家社会主义的杀戮实践之中”[2]。在这里，自由的教育与现实生活的距离，直接转换为对现实问题的冷漠。

在阿多诺看来，近代教育观念对其与现实社会的真实关系的遮蔽，还体现在主体与社会的矛盾关系上。近代教育观念有一个设定，即教育是在主体自身之中自由地被奠定的，但他又能够在社会中继续发生作用：“个体越光明，整个社会就越光明。”[3]资产阶级的教育试图通过个体的自由来实现社会的自由。通过教育来改造社会这种观念甚至体现在空想社会主义者那里。[4]然而，这种教育又以脱离社会的实用目的为内容，所以，“教育的理念中必然预设了一种人性的状态，并且一旦它有一点贬值，卷入了作为社会有用的工作而被

[1] Theodor W. Adorno, Theorie der Halbbildung, S. 93.
[2] Ibid., S. 94.
[3] Ibid., S. 97.
[4] 《马克思恩格斯选集》第 1 卷，人民出版社 1995 年版，第 55 页。

兑现的特殊目的的实践，那么它本身就是犯罪了”，“人们沉迷于从一开始就具有欺骗性的希望，哲学教育本身能够给予人们现实所拒绝给予的东西。教育的迷梦，从工具的统治的解放，从乏味和吝啬的有用性的统治的解放，被歪曲为对这个按照那种统治所建立起来的世界的辩护”。[1] 其实，资产阶级的教育从来就没有脱离现实的目的。“教育这个名称后来所接受的那些性质，使得出于上升之中的阶级能够完成其在经济和统治上的任务。教育不仅仅是资产阶级解放的符号，不仅仅是其在少数人面前，在农民面前所先拥有的特权。若没有教育，资产阶级，作为企业主，作为中产阶级，作为官员等等，就不可能成功了。”[2] 所以，资产阶级的教育从其概念的矛盾性中就注定是一种“伪教育”。

“伪教育”出现于 19 世纪末，指的是一种一知半解、附庸风雅的文化，最初主要被用来描述那些来自下层的暴发户的虚假文化状况，阿多诺则用它来表达当代社会中占统治地位的文化状况，即文明社会中一个有教养的人所“应当”拥有的文化，这个应当完全服务于一个物化的逻辑。启蒙时代的教育观念的矛盾，也就是自由和独立与社会现实之间的张力，似乎一下子得到了解决，因为高雅的精神教育完全服从于社会的物化的逻辑。“一个按照传统的标准还是一个未被教育的电台主持人或者一个关车门者，为了能够进行职业培训，需要一些知识和技能，这些知识和技能离开数学和自然科学知识是无法获得的，这些知识离所谓的下等阶级更近，甚于以学术的傲慢来担保。”[3] 在费希特这样的古典思想家那里，纯粹的学术乃是教育之自由的标志，但是如果学术仅仅是实用目的的一个准备性

[1] Theodor W. Adorno, Theorie der Halbbildung, S. 97.
[2] Ibid., S. 98.
[3] Ibid., S. 100.

环节，那么费希特所谓的“运用知性的艺术”就无从谈起。所以，伪教育的特点在于，它具有教育观念的外表，实质却是教育的反面；具有独立和自由的外表，实质却是彻头彻尾的顺从。在这一点上，伪教育与文化工业的内在逻辑是相似的，只不过伪教育更多地表现在小资产阶级、自由职业者这样的阶层中，而这正是启蒙时代教育理想的“目标人群”。

按照通常的逻辑，对一知半解、附庸风雅的教育的批判，应当站在一个本真的教育立场之上。伪教育的问题在于其篡改了自由教育的理想，将其形式化和庸俗化。但阿多诺的批判显然不在于此。他试图将伪教育的批判推进到对教育本身的批判，使伪教育的矛盾延伸到教育本身的矛盾，因为资产阶级的教育其实就是一种伪教育。当代的各种文化危机，可以理解为教育的伪教育要素的全面实现。不过阿多诺并没有完全否定启蒙时代的教育观念，因为在他看来，对伪教育这种意识形态的克服，只能诉诸彻底的批判。这种批判的能力，也来自某种教育。阿多诺将这种教育称为“走向成熟的教育”(Erziehung zur Mündigkeit)，这不仅意味着独立运用自身的知性，更多地意味着能够批判和驾驭自身的知性。

何处为象牙塔？
——阿多诺与批判理论的政治悖论

一

1969年5月5日，阿多诺在接受《明镜周刊》的采访时说，“对‘象牙塔’这个说法，我毫不畏惧”：他坚决否认其社会批判包含着任何直接的行动纲领，在声称改变世界的抗议活动面前主张冷静的理性思考，从而成了学生运动攻击的对象。“不畏‘象牙塔’”，这篇访谈的标题也成为阿多诺的一句固执的口号。在此时的三个月之前，阿多诺领导的法兰克福大学社会研究所被学生运动占领，他不得不叫来警察，后来又为起诉他最有天赋的学生、抗议活动的领导人克拉尔（Jürgen Hans-Krahl）出庭作证；在半个月前，几名女学生在他的讲座过程中突然冲上讲台，袒胸露乳，对这位穿西装的哲学教授进行羞辱，导致他不得不提前结束教学生涯的最后一门课程——“辩证思维导论”。阿多诺曾说：“我建立了一个理论模式，但我无法预料到，人们会用燃烧瓶来实现它”[1]！学生们对辩证思维的实践和运用，同时捣毁了这种思维的栖身之所。阿多诺不得不逃离被吵嚷的学生占领的大学，躲避到瑞士的疗养地，并在三个月之后郁郁而终。阿多诺的去世以一种让人意想不到的方式突然结束了这个批判理论领袖与学生运动之间的紧张关系，却让其纠缠于其中的理论与实践的悖论、教育与政治的悖论悬而未决。阿多诺与其学生的紧张关系，后来被视为左派思潮的内在矛盾，被视为否定辩证法之不可能性的现实证据，进而成为知识界抛弃这个思潮的理由。一般认为，70 年代之后，随着西方知识界的兴趣转移，这些悬而未决的矛盾一并被划归某个过时的范式，阿多诺的去世也就具有了某种划时代的象征意义。

在政治和文化的层面我们也许可以说，阿多诺的时代因为突发事件（除阿多诺本人的突然去世之外，还有克拉尔于 1970 年 2 月的意外死亡）或者兴趣转移而结束了，但是若将这个事件等同于批判理论，准确说是第一代批判理论的逻辑终结，则无疑是草率的。因为外在的突发事件恰恰会阻碍我们对事情内在逻辑的挖掘和展开，将其暂时悬置起来，但真实的问题却不应该因兴趣转移而消失，并不意味着逻辑的结束。如果这样，那么我们就有理由认为，阿多诺的这句口号留给我们的仍是一个悬空的问题：一个批判的、实践的社会理论家，如何能够独立地进行理论思考，而独立的理论思考又如何具有实践意义和政治意义；一个身处高校改革和“告别象牙塔”大潮中的大学教育者，如何能够捍卫象牙塔的独立性和纯洁性，对象牙塔本身的维护，又应当具有怎样的政治意义。这两个问题相互纠缠，而且无论从批判理论自身的发展还是从大学教育的发展来看，都是未完成的。我们今天面临的理论困境和现实困境，与晚年阿多

[1] Theodor W. Adorno, »Keine Angst vor dem Elfenbeinturm«: Ein »Spiegel«-Gespräch, in: *Gesammelte Schriften*, Bd. 20.1, Suhrkamp Verlag, Frankfurt/M 1997, S. 402.

诺并无本质上的差异，甚至本就与阿多诺的困境直接相关。阿多诺的这句口号，表明了一种理论态度和政治态度，这是一种不放弃立场的态度，更是一种不放弃问题的态度。阿多诺曾说过，一个人格之伟大并不在于其排除了矛盾或者回避了矛盾，而在于包容了矛盾，承载着矛盾。阿多诺始终试图在矛盾中运作理论的批判，其空间也许本就是一个狭窄的“无人地带”（Niemandsland），而按照阿多诺的说法，这其实乃是古典哲学家和马克思主义留下来的“无人地带”：“哲学承诺与现实合二为一或者主导现实的构建；在违背了这个承诺之后，它必需严厉地批判自身”，“这被指为无用的思想却是改变【世界】的实践所必需的”。[1]“无用的”哲学自我批判是阿多诺的“象牙塔”，如果我们承认阿多诺的问题还没有过时，那么这个“象牙塔”就仍是值得认真考虑的。在这个意义上，阿多诺的去世可以说标志着一个时代的结束，但他留下的固执口号却可以被视为延续这个时代的可能性。

二

阿多诺的这句口号有我们不得不考虑的特殊教育史背景和意义。20 世纪中期，“告别象牙塔”成为德国高校改革的口号，无论是出于教育政治化的要求还是出于教育实用化的要求，这一批评性口号都指向“洪堡时代”的大学理想，独立的象牙塔已经成为众矢之的。事实上，正是在同一时期，阿多诺也对古典时代教育理想和德国教育体系进行了深入的反省和批判，他曾在一系列的文章和广播讨论中涉及过具体的教育问题，以及一般意义上的文化教养问题，其中

[1] Theodor W. Adorno, *Negative Dialektik*, S. 15.

最为深刻的莫过于其对资产阶级“伪教育”的批判。然而，相较于现实的改革和学生运动，阿多诺的反思要深入得多，也要复杂得多，其结论并不像激进的学生们主张的那样简单。学生运动的目的在于捣毁古典时代的象牙塔，将理论的批判直接转化为实践上的抵抗，所以在阿多诺表达自己的结论，主张理论思考的独立性时，不可避免地被学生划到他的保守主义论敌那里去，而阿多诺也不得不背负起“象牙塔”的“罪名”。如果不将阿多诺的态度解释为政治上的退缩，那么就有必要认真考虑这个问题本身的复杂性，尤其是阿多诺的教育批判与教育理想之间的内在张力。

“象牙塔”这个出自圣经的词汇，历来被视为高贵圣洁的象征。而在世俗文化中，象牙塔则被用来表达艺术和科学的远离物质、不被俗务干扰的理想空间。正是在这个意义上，古典唯心主义的哲学思想空间和相应的现实空间，也就是大学，通常被称为“象牙塔”。应该说，远离物质生活的象牙塔气质本就是哲学的气质，古希腊哲人亚里士多德就认为哲学得以产生的必要条件乃是远离俗务的闲暇，而类似的观念在近代则成为德国古典哲学灵魂和新人文主义教育的理想。可以说自由是近代实践哲学和教育的最终目标，而这个自由往往是以远离外在物质性为条件的。康德曾经说，实践的教育“是指那种把人塑造成生活中的自由行动者的教育。……这是一种导向人格性的教育，是自由行动者的教育，这样的自由行动者能够自立，并构成社会的一个有机组成部分，而又意识到自身的内在价值”。[1]自由不仅仅是康德实践哲学的首要价值，而且是整个康德哲学体系的“拱顶石”。费希特更是将自由作为自身哲学的创造性原则、演绎其知识学体系的基础。这一点也体现在他的教育思想和教育规划

[1] 康德：《论教育学》，赵鹏、何兆武译，上海人民出版社2005年版，第15页。

之中。费希特在 1807 年写就了《对一所将在柏林建立的高校的演绎性规划》，“这个大学新章程的细致入微的规划，必须从一个原则演绎出来，也就是从事情的一个‘清晰的概念’‘完全地导出’，并且凝结为一个‘有机的整体’”[1]。根据科学自由的观念，费希特对大学学习进行了规定。他要求的大学的学者追求一种以科学本身为目的的生活，“从所有其他的生活方式隔绝开来，要求完全的孤寂”[2]。费希特的自由思想被洪堡运用于其教育改革的实践中。洪堡说，“自由是必需的，寂寞是有益的；大学全部的外在组织即以这两点为依据。”[3] 为了实现这两点，大学一方面必须避免政府的行政干预，因为任何政治的组织形式与科学研究的生活都是格格不入的；另一方面，大学学者必须摆脱经济生活的实用性要求，因为那样教育就会为物所蔽，影响科学研究的纯粹性。费希特和威廉·洪堡主张区分职业培训和大学教育，前者的任务在于培养合格的职业者，以在社会分工中找到合适的位置，而后者则旨在促进以自身为目的的学术活动，以培养人的精神和情趣，达到内外和谐。

尽管洪堡时代的教育改革取得了巨大的成功，但洪堡的新人文主义教育理念和体制很快就受到来自各方的批评。批评者普遍认为，这种教育由于过度重视个人的自我完善人格和优美的灵魂，导致与现实实践的脱节，象牙塔甚至成为小资产阶级逃避严酷现实的避难所。但是按照黑格尔和阿多诺这样的辩证哲学家的分析，事情并非如此简单。黑格尔将他之前的近代哲学称为“教育的体系”，其核心是主体的自我意识和自我洞见：“这种洞见，作为自己把握其

[1] Birgit Sandkaulen, Knowing how. Ein Plädoyer für Bildung jenseits von Modul und Elfenbeinturm, in: *Bildung als Kunst*, de Gruyter 2010, S. 214.

[2] Ibid., S. 219.

[3] 威廉·洪堡：《论人类学与教育》，转引自陈洪捷：《德国古典大学观及其对中国大学的影响》，北京大学出版社 2002 年版，第 39 页。

自己的自我，就达到和完成了教育；它不把握任何别的，只把握自我，并且它将一切都当作自我来把握，即是说，它对一切都进行概念的理解，剔除一切客观性的东西，把一切自在存在都转化为自为存在。”[1] 可以说，象牙塔就是这样一个内向的、孤独的主体的现实空间。但是，当这个内向空间获得了资产阶级的认同，那么它就不再局限于自身的范围之内，在追求绝对性的过程中异化为一个“有教养的”世界，成了自我意识的“否定物”。[2] 作为自我意识的否定，有教养的文明世界不仅表现出了自在的性质，同时也处于与主体相对立的位置上。从这个角度看，资产阶级教育的目的就不再是人格的独立与和谐，而是要将个体培养为资产阶级社会的合格成员，从而有教养的个体就必须是接受文明世界的固定要求的个体。阿多诺也将这种教育理解为“异化的精神”，它从教育的概念中引导出来，却成为了“伪教育”。阿多诺说：“从教育中产生出的，现在作为一种否定的客观精神（不仅仅是在德国）沉淀下来的东西，……变成了社会化了的伪教育，变成了无处不在的异化了的精神。”[3] 教育的异化就意味着其独立品格的丧失，成为价值中立的社会机制的附属品和装饰品，其结构是有教养的个体对现实逻辑的漠不关心或盲目顺从。在阿多诺看来，这尤其能够解释德国文化传统中的矛盾现象，即大量有教养阶层中的文化人，“毫无阻力地投身于国家社会主义的杀戮实践之中”[4]。

按照黑格尔和阿多诺的分析，新人文主义的象牙塔不过是资产阶级教育的一个方面，其批判性和理想性并非与资本主义时代严酷的现实格格不入。由于这种复杂性，对新人文主义批评就可以分为

[1] 黑格尔：《精神现象学》下，贺麟、王玖兴译，第 40 页。
[2] 同上书，第 44 页。
[3] Theodor W. Adorno, Theorie der Halbbildung, S. 93.
[4] Ibid., S. 94.

两个方面，一是来自实用观念的批评，其目的是消除洪堡和费希特所主张的职业教育与哲学教育的分离，使大学成为获取实用知识的场所。一种是来自激进的行动主义的批评，其目的是要用现实的行动来捣毁现行的教育体制和社会体制。第一种批评事实上是资产阶级教育的内部斗争，并不能真正毁掉象牙塔，至多是不断通过经济和技术的扩张来压缩纯粹精神的空间，但始终会有保守的力量来捍卫这个资产阶级教育的基本元素，这种力量在任何时代都会发出其固执的声音。而第二种批评则是要取消象牙塔的价值中立，用马尔库塞的话说，"教育的目的就是要把理论与实践，而且是政治实践紧密地结合起来，因此，教育远不仅仅是讨论，也不单纯是教学与写作"，因此"要提出一种反政治，用以对抗统治政治"[1]。但在阿多诺看来，这却是一种非理性的虚假革命，其导致的只可能是无政府的虚无状态。阿多诺早就看出了这种破坏行动的非理性和暴力特征，其危害要甚于资产阶级教育的异化。如果说伪教育导致的结果可能是对野蛮行为的漠不关心，那么非理性破坏则本身就是一种野蛮。

面对这两种捣毁象牙塔的可能性，阿多诺是无法做出选择的。相反，在政治形势的危急时刻，阿多诺选择了"不畏象牙塔"，以捍卫冷静的理性思考空间。当然，批判理论家阿多诺不可能像保守主义者那样一味地怀念古典大学中的自由与寂寞，而是要寻求一种以冷静思考介入实践的可能性。当然这是一个矛盾性的努力，正如洪堡在设计大学与政府的关系时所做的那样，一方面要求政府不干预大学的学术事务，同时又预期大学的非功利学问会带来更大功用。在这个宽泛的意义上，阿多诺的出路只能是在新的历史形势下重建象牙塔，重新回答科学研究与社会实践的关系问题。阿多诺早就预

[1] 转引自曹卫东：《法兰克福学派与学生运动》，载《视界》第四辑，河北教育出版社2001年版，第225页。

见到，“大学的确有沦为专家培训所的危险……随着实证主义科学观念日渐深入人心，科学也出现了非政治化的趋向，这在大学的繁荣时期（1800 年前后）是难以想象的”[1]。阿多诺的预言通过又一个世纪之交的“博洛尼亚进程”变为现实，大学被构想为着眼于劳动市场的职业培训场所。如果我们仍处于阿多诺的诊断的有效范围之内，那么一种新象牙塔的构筑就是一件值得认真考虑的事情。

三

正如洪堡时代的象牙塔建构乃是以德国古典哲学的纯粹观念为支撑，阿多诺重建象牙塔的努力也需要一种独立的哲学。不同的是，洪堡所面对的是康德和费希特等人现成的唯心论体系，而阿多诺面对的则是唯心论被拆毁之后的废墟。阿多诺身处于一个连续的唯物论和实践哲学的传统之中，从青年黑格尔主义和马克思的时代开始，象牙塔的哲学观念空间就不断地受到这个哲学传统的颠覆。因此阿多诺对象牙塔的坚持和重建，不仅是对抗实用教育和实证主义，更为根本的是在一个唯物主义和实践传统中分离出理论沉思的独立地位。可以说，阿多诺的象牙塔的可能性，根本上就是实践传统中一种独立的理论思考的可能性。马克思在《关于费尔巴哈的提纲》的第十一条中说，“哲学家们只是用不同的方式解释世界，而问题在于改变世界”[2]。这句话有两种可能的解释：一是认为马克思主义扬弃了哲学，余下的事情就只是通过行动来改变世界，而理论则不过是一个附属的工具；一是认为马克思扬弃了旧的哲学理论，而一种新

[1] 转引自曹卫东：《法兰克福学派与学生运动》，载《视界》第四辑，河北教育出版社 2001 年版，第 230 页。
[2] 《马克思恩格斯选集》第 2 版，第 1 卷，人民出版社 1995 年版，第 56 页。

的哲学理论则必须具有改变世界的功能，至少要具有一种实践的取向。显然，阿多诺的否定辩证法作为一种批判理论是属于后者的。应该说，在霍克海默为批判理论制定的纲领中就已经包含了对理论和实践关系的特殊理解，并且一直被贯彻到阿多诺的哲学之中。

按照第一种解释，实践成为绝对优先的原则，理论至多是实践的附属，并且必须遵循实践的标准。阿多诺分析了两种实践优先的模式。一是实用主义，“它将知识的标准解释为实践上的有用性，那么它便向现存的秩序宣誓效忠；而知识的应用效果却从不受到检查”[1]。实践“从不接受检查”，这便又造就了一种新的神话，即实践的神话。其实，阿多诺在这里针对的不仅仅是实用主义，一切具有“实证”倾向的哲学都应该接受这一反思：实用效果或实际的经验如何能成为一种“标准”，在其成为标准的过程中，实践是否排除了所有的理论？阿多诺认为，如果没有理论的预先参与，那么实践标准的有效性也是可疑的。另一种是马克思主义传统中的行动主义（Aktionismus）和实践主义（Praktizismus）。这种“对理论和实践相统一的要求，不断将它（理论）贬低为一个仆从；这清除了本该在这个统一中能给出的东西。人们要求所有理论交出实践的‘签证’(Sichtvermerk)，这种‘签证’成了检查部门的签章(Zensurstempel)。但是，由于在备受夸奖的理论—实践框架中，理论失败了，从而它便成为非概念的，成为政治的一部分——而它应该是从这个政治中延伸出来的；它被让渡给了权力”[2]。这种行动主义源于对马克思实践概念的错误解释，而当时的年轻学生却将其与法兰克福学派的批判理论等同起来，得到理论与实践的一种虚假的统一。所以阿多诺在1967年1月6日给马尔库塞的信中表达了他对

[1] Theodor W. Adorno, Marginalien zu Theorie und Praxis, S. 759.

[2] Theodor W. Adorno, *Negative Dialektik*, S. 146.

这种实践的忧虑。他说："我坚信，今天对最先进和最具反思性的理论的强调处于理论与实践统一的地方。许多青年学生倾向于将他们的那种实践与一种未成熟的理论结合起来，这种实践看上去是一种决断主义，并令人想起可怕的东西。"[1]是什么可怕的东西呢？说抽象一些，就是单一性逻辑的统治，说具体一些，就是阿多诺在第三帝国时期经验到的所有非理性和暴力。阿多诺认为，实践的对象都是通过社会的中介的，同时也是被理论的思考中介的，因此，"没有理论的实践，低于最先进的知识阶段的实践，必定是要失败的，并且按照实践的概念，它会将这种失败现实化。错误的实践根本不是实践"[2]，缺乏冷静的理性思考的行动，也必定是"伪行动"(Pseudo-Aktivität)。阿多诺多次强调，行动其实是对马克思的误解，马克思的《资本论》作为经济学批判，从没有给出任何行动的计划，他的理论本身也不是屈从于实践的。[3]

而按照第二种解释，那么就需要建构一种不同于传统的脱离实践的理论，也不同于各种屈从于实践的理论。这正是霍克海默提出的批判理论的纲领。阿多诺在《否定辩证法》中从一个更为抽象的层面上探讨了这个纲领，即"哲学的可能性"："一度过时了的哲学，由于实现它的时机一再耽搁而生存了下来。……理论的批判所依赖的时机，是不能理论地被拖延的。被无限期延误的实践，不再是审判自我满足的思辨的法庭，而主要是将批判的思想作为空虚之物加以扼杀的借口，而改变世界的实践需要批判的思想。"[4]阿多诺有意识地与马克思《关于费尔巴哈的提纲》遥相呼应，但他的处境已经

[1] Theodor W. Adorno, Kritik der Pseudo-Aktivität: Adornos Verhältnis zur Studentenbewegung im Spiegel seiner Korrespondenz. Ein Dokumentation, in: *Frankfurter Adorno Blätter VI*, edition text+kritik, München 2000, S. 44.

[2] Theodor W. Adorno, Marginalien zu Theorie und Praxis, S. 766.

[3] Ibid., S. 781.

[4] Theodor W. Adorno, *Negative Dialektik*, S. 15.

与马克思迥然不同。马克思面对的是一个头足倒置的思辨唯心论体系，因此他强调的重点是改变世界。而阿多诺的时代的最大现实就是，理论向实践的过渡、改变世界的实践失败了，哲学要改变世界的誓言被打破；在这个过程中，独立的、批判性的理论思考却受到了压制。然而，无论是在马克思还是阿多诺这里，对现存世界的批判都得到强调。不过这在阿多诺这里，批判不再有高歌猛进的形象，而获得了一个消极和退守的形象。因为“正是有关于实践受到阻碍的这一绝望的事实使得思想有了喘息之机，这个机会不应被实践的罪行所利用。今天，具有讽刺性的是，思想的概念不应被绝对化，这对思想有好处：作为行为，它依然是实践的一部分，不管这种实践是多么隐蔽”[1]。显然，阿多诺认为理论的批判也是实践的一种形式，在目前则是唯一可取的一种形式。这便是对霍克海默的“批判理论”观念的认同。在霍克海默那里，批判理论本身就是一种“批判性的行为”，它以理论的方式介入实践之中。

联系阿多诺对理论与实践、概念与社会之间统一性的论断，我们就不难理解，这个理论的批判同时应该是一个对现实的有效批判。因为在他看来，概念的总体与社会的总体是同源的。阿多诺说：“交换原则，也就是将人类劳动向平均劳动时间的抽象的一般概念的还原，与这种同一化原则是同源的。在交换中，这种原则便有了它的社会模式，离开这种原则这种模式便不能存在；非同一的单个的东西和成果就变得可以通约，变成同一的。这一原则的扩展将整个世界变成了同一的东西，变成了总体性。”[2] 阿多诺强调，商品交换中的等价原则与概念范畴中的同一化原则共同的源头就是同一性。“同一性是意识形态的原形式（Urform）。”[3] 所以阿多诺的哲学始终致力

[1] Theodor W. Adorno, *Negative Dialektik*, S. 243.
[2] Ibid., S. 149.
[3] Ibid., S. 151.

于对同一性的批判，在他看来，这个批判不仅作用于思辨的唯心主义哲学，而且也作用于资本主义现实本身。

就此，阿多诺的哲学不仅与马克思连贯起来，而且深入到了德国古典哲学的深处，因为在康德以来的唯心论者看来，批判乃是主体理性的基本能力。阿多诺对象牙塔的坚持回应了洪堡时代的教育理想，与此相应的是，阿多诺对批判的坚持也要回到德国古典哲学家那里。阿多诺想要的，无非是理性的、独立的自我批判，而这恰恰也是康德想主张的，是古典哲学家所必需的，也是哲学本身所必需的。如霍克海默所说，批判理论不仅仅是德国唯心主义的后代，而且是哲学本身的传人。哲学最基本的能力，就是自我批判。这种自身指涉的反身性，造就了哲学基本部分的自足性，而自足性正是象牙塔的全部的正面意义。尽管如此，到阿多诺为止，哲学家却没有为哲学的批判能力找到一个合适的承担者。阿多诺曾批评康德的理性批判介于经验和超验之间，处于某个真空地带，而阿多诺的自我批判，又何尝不是某种“无处为家”（Nirgendwo）的动作。阿多诺探讨了哲学的可能性，但他没有找到真正的答案，因为唯有充实这个无人地带，才能真正发现哲学的可能性条件。

附译文三：论社会科学的逻辑*

阿多诺 / 著　谢永康 / 译

补充报告人一般要么选择扮演迂腐的学究，要么就做主报告人 547
的附庸。首先我要感谢波普先生，让我能避免这种尴尬的处境。我要接着他的话说[1]，但又不用从头说起，也不用逐字逐句地大量重复他的报告，尽管我本来是必须依赖于他的报告的。在拥有如此不同的知识背景的作者之间，有如此大量客观的一致，简直令人惊叹。我常常不必针对他的论点提出相反的论题，而能够先接受他所说的内容，并努力做进一步反思。当然，我理解的逻辑概念要比他的更宽泛，在我看来，这个逻辑更多地是社会学的具体操作方式，而非一般的思想规则、推论法则。在此我不愿切除社会学中特有的问题。

我就从波普对完全的知识和无界限的无知之间的区分开始。在

---

* 本译文根据 Theodor W. Adorno, Soziologische Schriften I, in: *Gesammelte Schriften*, Bd. 8, Suhrkamp Verlag 2003, S. 547–565 译出。

[1] Vgl. Karl R. Popper, Die Logik der Sozialwissenschaften, in: *Kölner Zeitschrift für Soziolobie und Sozialpsychologie* 14 (1962), S. 233 ff.; auch in: Theodor W. Adorno u. a., *Der Positivismusstreit in der deutschen Soziologie*, Neuwied, Berlin 1969, S. 103 ff. (Anm. d. Hrsg.)

社会学领域中，这是有足够说服力的，完全确定的。但是我们也不断地提醒，直到今天，这个区分还没有成为一条被类似于自然科学的学科门类所承认的法则。而且这个区分包含着一种成问题的可能性，当然这属于一种流行观点，肯定不是波普思想中的。按照这种区分，社会学由于其众所周知的遗传特性，就在精确科学的后面亦步亦趋，首先安于收集数据，阐明方法，而不是要求提出有说服力
548 同时也是至关重要的知识。那么，对社会及其结构的理论思考往往就被视为一种不被允许的未来预测而遭到禁止。但是如果我们从圣西门，而非其受洗神父（Taufvater）孔德那里开始考虑社会学，那么它就已经有一百六十多岁了，它就再也用不着以其年少无知而扭捏作态了。在它那里表现出的曾经的无知，是不能在不断进步的研究和方法论中直接得到解决的，用一个令人不快的、不甚恰当的术语来说就是通过“综合”而得到解决。而毋宁说，事情是与由命题连接成的光鲜体系统一性相对抗的。我的目的并不在于自然科学和人文科学之间的传统划分，正如李凯尔特的自然科学与人文科学方法（nomothetischer und ideographischer Methode）一样，这在波普看来比我还更加实证一些。但是事情本身，即社会并非一贯，也非简单，对现有的范畴赋形来说也绝不中性，而是如其推论性逻辑的范畴体系对它的客体预先期待的那样，在此一贯地、尽可能简单地、如数学上简洁地阐明这种知识的理想便落空了。社会是充满矛盾的，但的确是可规定的；是一个理性和非理性的统一，体系和断裂的统一，既是盲目的自然又是通过意识中介了的。对此，社会学的运作方式应当尊重。否则，出于反对矛盾的纯粹主义热情，它便会陷入充满灾难的境地：在它的结构与客体的结构之间。社会很少能逃脱的理性知识；它的矛盾以及其条件越是透明，那么它就越不是通过思想前提用变戏法变出来的，这些前提被扣减为与知识相对的

无差别的质料，这个质料不设定任何对那种常常与认知意识相协调的科学运用的反抗。社会科学的运作永远受到这种威胁，即它出于对清晰性和精确性的偏爱，会错失它想要认识的东西。波普批评这种陈词滥调，即认识经历一个逐级上升的过程，从观察到组织、整理和材料系统化的过程。这种陈词滥调在社会学中变得如此荒唐，因为它无法支配脱质化了的数据，而仅仅是处理被社会总体性背景构建出的材料。所谓社会学的无知，在宽泛意义上标志着作为对象 549
的社会与传统方法的分歧；因此这也不能由这样一种知识来弥补，这种知识倾向于从自身的方法论出发否认其对象的结构。但另一方面，对理论的经验主义禁欲，却又是无法贯彻的——波普却是毫无疑问地承认这一点的。离开对那个结构性要素的预期，对整体的预期——这种整体在单个观察中几乎不可能适当地转换，那么单个的观察就具备任何地位。从而，类似的东西，如文化人类学中，某些原始社会中央集权和总体特征通过选出的西方文明的坐标系来进行转述，这种趋势就得不到拥护。如果人们像我一样感到总体形式的向心力以及个体的败落并非幻象，一个前个体社会和后个体社会之间的诸区别便判然明确。在以民主的方式治理的工业社会国家中，总体性是一个中介范畴，并非直接的统治和屈服。这包含着，在工业化的交换社会，绝不是所有社会性的东西无一例外地要从它的原理中演绎出来。在它之中包含着不计其数的非资本主义飞地。需要考虑的是，在当前的生产关系条件下，为了自身的永久化，它是否并不必需这样的飞地，例如家庭。家庭特殊的非理性似乎在量上补充了结构的总体性。社会的总体性并非在它所掌握的东西之上过着属于它自身的生活，它就是由它所掌握的东西组成的。通过它的诸多单个环节，它生产和再生产着自身。这些环节中的许多环节维持着一种相对独立性，这种独立性是原始的总体社会所不知道的，也

是其所未经历的。但是那个生活的整体不能与其要素的合作和对抗隔离开来，同样，任何要素也不能单纯就其功能，不顾对整体的洞
550 见而得到理解；这个整体本身的本质在于诸要素的运动之上。系统与单一性是交互的，并且只有在其交互性中二者才能被认识。即使是那些飞地本身，那些不同时的社会图景，那种想摆脱社会概念（一如其想摆脱十足的思辨哲学一样）的社会学的宠儿，其所是将不是自在的，反而是处在与其所背离的统治性总体的关系当中的。在今天最为人所喜爱的社会学观念，即中产阶级理论中，这一点被严重低估了。

与自孔德开始引进的观点相对，波普主张问题相较于知识与无知之间的紧张的优先性。关于波普反对自然科学方法的错误转换，反对“错误的和误导性的方法自然主义或科学主义”所说的全部内容，我都是同意的。如果他批评社会人类学的教义，即他通过可避免的更高的客观性，就是那些从外部来思考社会现象的人的客观性，取消了追问真理和非真理的问题，那么他是一个好的黑格尔；在《精神现象学》的“前言”中，有些人就被黑格尔嘲讽，因为他们超乎事物之上，而没有在事物之中。我希望柯里希[1]先生不要生我的气，也批评一下波普的报告，他这是哲学，而非社会学。在我看来，一个将辩证法视为诅咒的学者，发现自己被迫走向根植于辩证思想中诸多表述，这是有说明价值的。另外，被波普签准的社会人类学与方法对事情的独立性思想密切相关。一个发达资本主义国家的叠床架屋的更多（mores）与特罗布里恩群岛落后的仪式相比起来，它肯定是有它的优点的，像一个野蛮文化的苍白的理论那样。但是对

[1] 柯里希（René König，1906—1992），德国经验社会学家，其奠基的“科隆学派”（Kölner Schule）与法兰克福学派和莱比锡学派并列为德国战后三大社会学流派，主张经验的、量化的研究。——中译者注

坐标系选择的臆想的自由却突变为对客体的伪造，因为关于现代国家的任何一个成员，说出其对这个经济体系的从属性，要比那些死亡和禁忌的漂亮类比实际上说出的内容丰富得多。

在我对波普批评科学主义和问题的优先性命题的赞同中，或许 551
我必须再进一步，如果他同意的话。因为社会学的对象本身，即社会，它和它的成员维持其生活并同时经受着毁灭的威胁，这才是重要的问题。但这就是说，社会学的问题并不总是通过发现而产生的，"我们的不可靠的知识中有不对头的地方，……我们的不可靠的知识与不可靠的事实之间的矛盾" [1]。矛盾，如波普在此至少会猜想的那样，必定是一个单纯出现在主体和客体之间的东西，对主体来说它仅仅表现为应该进行的判断的不充分性。而毋宁说，它在事情中有其高度现实的位置，而根本不是由于增长了的知识和更加清晰的表述在世界之外创造出来的。这样一种在事情中必然地发展出的矛盾的最早的社会学模型，是变得著名的黑格尔"法哲学"的第 243 节："人们通过他们的需要而形成的联系既然得到了普遍化，以及用以满足需要的手段的准备和提供方法也得到了普遍化，于是一方面财富的积累增长了，因为这两重普遍性可以产生最大的利润；另一方面，特殊劳动的细分和局限性，从而约束于这种劳动的阶级的依赖性和匮乏，也日益增长。" [2] 有一个模糊的地方需要稍微指出一下：在波普那里，问题仅仅是认识理论的问题，而在我看来它同时也是某种实践的问题，最终乃是世界的成问题状态。但是对此做这样的区分也是有道理的。如果人们将内在的问题与现实的问题极端地割裂开(这些现实问题在它们的形式主义中纯粹地反映出来)，那么就会将

[1] Karl Popper, Die Logik der Sozialwissenschaften, 译文见 K. 鲍波尔：《社会科学的逻辑》，载《哲学译丛》1985 年第 1 期，第 20 页。

[2] 黑格尔：《法哲学原理》，第 243 节，商务印书馆 1961 年版，第 278 页。

科学拜物教化。没有任何一种逻辑绝对主义，塔斯基的或者胡塞尔的，能够颁布法令，让事实数据臣服于逻辑原则，这些逻辑原则的有效性要求得益于清除所有事实内容。我必须满足于此，回忆一下
552 《认识论元批判》中对逻辑绝对主义的批判，在那里这是与对社会学相对主义的批判结合起来的，当时我对波普先生还不太熟悉。另外，社会现实的矛盾性的观念，并不破坏其知识，交付给偶然事件，这是由于这个可能性，即甚至将矛盾理解为必然的，并从而将合理性扩展到其上。

方法并非依赖于方法论理想，而是依赖于事实。在问题优先性命题中，波普怀有隐秘的算计。他断言社会科学成就的质量与其问题的意义和兴趣之间存在着确然的关系，那么接下来无疑就是对这种无关联性的意识，按照这种无关联性，无数的社会学研究就会被这样来评判，它们屈从于方法上的第一性，而非对象的第一性；它们为了自身之故而继续提出方法，事先挑选出对象，以让那些已经掌握的方法能够处理之。波普关于意义或者兴趣的谈话内容指出了有待研究的事情本身的分量。对它唯有以这种方式才能定性，即其与对象的关系也不能先天地来进行判断。范畴之网结得如此紧密的地方，即某些处于网络下的东西被意见的惯例遮蔽，即使是科学的对象，那么这张网所没掌握住的那些偏离现象就会获得有时意想不到的分量。对其特性的这种洞见也会解释那被视为核心领域的东西，但绝非向来如此。这个科学理论的动机可能与弗洛伊德致力于研究“现象世界的剩余”的决心曾经不无关系；在齐美尔的社会学中，它恰恰表明自身是成果丰富的，当他质疑体系性的总体，沉浸到社会学的详细研究，例如对敌人或者是演员的详细研究之中。即使是对问题的关联，人们也不必变得教条化；对研究对象的挑选的合法性获得，在很大范围内是按照社会学家在他所挑选客体上能看出什么；

而不是为了那些无数的、仅仅为了学术升迁而乐于进行的项目提供 553
借口，在这些项目中，课题的不相关性与研究技术家们的枯燥乏味幸运地结合到一起。带着些许谨慎，我也想揣摩一下，在问题相关性之外，波普赋予真实方法的那些特征。诚实，即不虚构，即表达出一致的东西而不拐弯抹角，这应该是不证自明的。但是在实际的科学活动过程中，这条规范常常被可怕地误用。从而，一个人纯粹地沉浸于事情之中，就意味着他没有将自身的任何东西带到事物之上，而是将自身等同于一个记录装置；取消想象力或者创造性的缺乏，被作为科学的伦理强加下来。我们不应该忘记，坎特里尔和艾尔波特[1]在美国给对诚实理想的批判带来了什么；包括在科学当中，诚实被视为纯粹虚荣的浮华，即想要看出某种特别的东西，并且因此已经开始一道附和了。同样爽直和简单在事情复杂的地方并不是无可置疑的理想态度。健康的人类知性的答案在这样一个广度上让它的范畴涉及现存事物，即它倾向于增强现存事物的面纱，而不是穿透它的面纱；就爽直的方面说就是，人们通向知识的道路是难以预期的。就当前社会学的现状，我想在波普先生所谓的科学品质的标准下，强调其推荐的答案中的大胆和魄力，这本身当然也仍是被反复批判的。最后是问题的范畴也不应该被物化。谁想在某种程度上不偏不倚地掌控自身的问题，就会碰到如下情况，即承认只会加强所谓无前提性的禁忌。不少人都已经有了答案；它涉及某个东西，而人们接下来事后构建出问题。但这不是偶然的：社会作为一个概括性和汇总性的东西，相对于其诸多单个表现的优先性，通过这样
一些洞见表达出来，这些洞见源于社会的概念，并且通过已然被接 554
受了的东西与特定素材的对抗才转化到单个的社会学问题之中。或

[1]　坎特里尔和艾尔波特（Cantril and Allport），美国心理学家，曾合作完成《广播心理学》。——中译者注

许一般地说，知识论问题，被培根和笛卡尔以来的伟大哲学独立地提出并流传下来的知识论问题，即使是在经验主义者那里，也是自上而下地被构想出来的。相对于新鲜地完成的知识，它们在多方面仍显得不相称；从这些知识看来，它们已经将一套陌生和外在的科学规划裁剪为归纳或者演绎的连续性。在知识论已经完成了的任务中，尤其需要反思的是［如柏格森（Bergson）注意到的那样］，这究竟是怎样被认识到的，而非按照一个逻辑或者科学模型来描述知识成就，而创造性的知识根本就是不符合这个模型的。

在波普的范畴框架中，答案的概念是归属于问题概念的。答案被建议提出并接受批判。借助于批判的这个关键特征，朴素且远离知识的观察第一性学说，便取得了一个关键性的位置。社会学知识事实上就是批判。但是在这里却付诸阙如，正如科学立场与此的决定性差异毋宁说常常变得微妙，即它似乎应该带来了宏伟的世界观概念。波普说，如果一个答案尝试不能得到事实性的批判，那么就应该被作为非科学而被排除，即使可能仅仅是先行排除。这至少是有歧义的。如果这种批判指的是回溯到的所谓的事实，即将思想完全兑换为观察到的东西，那么其所期望得到的不过是将思想拉平为假设，并且社会学便被夺走了那种本属于它的预测因素。存在着这样的社会学定理，它作为对表面背后的统治性社会机制的洞见，本身是出于社会的根据与诸多表象相矛盾，即它从这些表象出发不可能充分地得到批判。它们的批判是坚持不懈的理论，是持续思想的
555 责任，而非（如波普先生没有说出的那样）跟笔记条文相对抗。因此，在社会中，事实并不是最终的东西，以让知识可以附着于其上，因为事实本身就是通过社会而被中介了的。并非所有的理论原理都是假设；理论是最终目的，并不是社会学的工具。

在将批判与反驳努力相等同这一点上似乎还需要停留一下。反

驳只有作为内在批判，才是富有成果的。黑格尔已经意识到这一点了。在关于“概念的判断”问题上，“大逻辑”第二卷写下这些句子，它们可以抵得上后来对价值的大部分语言：“善、劣、真、美、正确等宾词表示事情在其普遍概念里，即在全然事先建立的‘应当’里，得到衡量，是与概念一致或不是。”[1] 从外部出发，所有事情都是可反驳的，同时也没有什么事情可以反驳。怀疑主义者适合这种讨论游戏。它见证了对有组织的科学这个真理主管机关的信任，面对怀疑主义社会学家都应该是很脆弱的。考虑到科学性的思想控制拥有特别的分量（社会学本身也要承认其为条件），波普要为批判的范畴留出中心位置。批判的冲动与对向来流行的意见的固化的一致性的反抗是一回事。这一动机在波普那里也出现了。在其第十二条论纲中，他将科学的客观性与批判的传统严格地等同起来，这个传统“总是不顾任何反对，使批判占统治地位的教义能够进行”[2]。像不久前的狄尔泰和更早的黑格尔一样，他呼吁开放的、非固化的和非物化的思想。对这种思想来说，实验性的因素，如果不说是游戏性因素的话，是必不可少的。但我无论如何都不能不怀疑，是否能将其与尝试的概念毫无保留地等同，并引其为颠扑不破的原理。在其所产生的语境中，“尝试”这个词是有歧义的；它恰恰携带着自然科学的联想并且转而将矛头指向这种自身无法检验的思想的独立性。但是某些思想，并且最终是本质性的思想取消了这种检验，并占据真理的内容：因此与波普是一致的。其实没有任何实验能令人信服 556
地说明任何一种社会现象对总体性的依赖，因为形成可把握社会现象的总体，本身并不进入任何特殊的尝试程序。但是有待观察的社

[1]　黑格尔《逻辑学》第二卷，商务印书馆 1976 年版，第 333 页。

[2]　Karl Popper, Die Logik der Sozialwissenschaften, 译文见 K. 鲍波尔：《社会科学的逻辑》，载《哲学译丛》1985 年第 1 期，第 23 页。

会事物对整体结构的依赖，实际上要比任何单个事物中不可辩驳地可证实的发现要有效得多，而所有一切不过是精心编造的思想谎言。如果人们不想最终将社会学与自然科学模型相混淆，那么尝试的概念就必须也要延展到这种思想，它饱含着经验的力量，超出经验，以把握经验。在社会学中不同于在心理学中，狭窄意义上的尝试没有什么创造性。——在社会知识中，思辨的因素并不缺乏，反而是社会知识不可或缺的因素，即使曾经使得思辨大获繁荣的唯心主义哲学已经成为过去了。当然也可以转变一下，即批判与答案之间不应该割裂开。答案有时候是优先的、直接地以及暂时地是批判，通过批判它才得以被中介到知识的进步过程中来；但首先批判的形象也是反之亦然，如果它显而易见地成功了，那么答案已然被隐含在其中了；二者向来都不可能是从外部进入的。这就涉及规定了的否定这个哲学概念，波普距此其实已经不远了，尽管他声称对黑格尔没有什么好感。由于他将科学的客观性与批判方法等同起来，他就强调将这种方法提升为真理的机体。今天的辩证法家没有谁能走得更远。

由此我很担心一个后果，波普的报告没有说出来，而我也不知道他是否预见到了。他将他的立足点称之为批判的——一个十分非康德意义上的批判。但是一旦我们像波普那样看重方法对事物的依
557 赖性，如他规定的对事物的关联和兴趣是内在于社会知识的尺度，那么社会学的批判工作就不仅限于对其命题、原理、概念框架和方法的自我批判和反思。它同时也是对对象的批判，而所有主体方面的东西，所有被囊括进组织化的科学的主体，所有有确定位置的因素都依赖于这个对象。如果可以将操作方式定义为工具性的，那么它在对象上的对应物总还是被要求的，也应该是隐藏着的。如果它缺少这样的对应物，那么操作就是非创造性的。事物还是应该按照

自身的分量在方法中发生作用，否则即使最精致光鲜的方法也是坏的方法。这里涉及的无非是，事物必须表现在理论的内涵之中。何时社会学范畴的批判仅仅是对其方法的批判，何时在事物与概念之间的差异成为事物的负担，即事物并不是概念声称其是的东西，是由有待批判的理论的内容所决定的。批判的道路并不是单纯形式性的，而且也是质料性的；批判的社会学，如果真有这个概念的话，按照其概念必然同时也是对社会的批判，如霍克海默在他关于传统理论与批判理论的论文中提出的那样。康德的批判主义某种程度上说也是这样。他针对上帝、自由和灵魂不死的科学判断提出的东西，反对这样一种状态，即人们考虑通过歪曲事实的方式挽救那些已然损失掉其神学约束力的理念。康德的术语，欺诈，在思维错误中就是自身负有责任的撒谎。批判主义就是战斗性的启蒙。但是，若批判的思考在现实面前止步，在工作中满足于自身，那么作为启蒙就很难获得进步。因为它剪除了自身的动机，那么它必定也会漠不关心——将受管制的研究与社会的批判理论做对照就鲜明地揭示出这一点。时下应该正是社会学反抗这种藏匿在无形的方法背后的漠不关心的时候。因为知识存活于与其自身不同的东西的关联中，与他者的关联中。但是如果这种知识只是在批判的自身反思中单纯 558
间接地执行，那么它就能不满足于这种关联；它必须过渡到对客体的社会学批判。如果社会科学——我在此不预先断定这些命题的内容——一方面将自由社会理解为自由和平等，另一方面由于决定着人与人之间不平等关系的社会权力而反驳自由主义观念中的这些范畴的真理内涵，那么它涉及的就不是通过更加正确的定义来清除的逻辑矛盾，或者为了事后添加上经验限制，限制其定义出发点上的差异，而是社会本身的结构性特征。但是如果这样，批判就不仅仅是为了科学关系的一致性而重组矛盾命题的问题了。这种逻辑性会因为推脱现实的分量而变成错误的。我想要补充的是，这个转向刺激到了社会学知识的概念手段；社会的批判理论将社会学知识那持久的自我批判指向另一个维度。我在此只想回忆一下，我将对组织化的社会科学的天真的信任称为真理的担保人，究竟暗示了什么。

所有这一切无论如何都预设了真理与非真理的划分，这是波普牢牢地坚持的。作为怀疑论相对主义的批判者，他如此激烈地批判了尤其受到帕累托和曼海姆影响的知识社会学，正如我重复做过的那样。但是所谓总体意识形态概念，以及真与不真的模糊化，并不是经典的意识形态学说的题中之义（如果可以这么说的话）。它表现的是这个概念的一种衰落的形式。它与这一尝试是结合在一起的，即让那种学说接受尖锐的批判，并且在科学运作中将其中性化为一个科学分支。曾经，意识形态被称为社会必然的假象。意识形态批判在具体的证据上与一个定理或者一个教条的非真理性结合在一起；
559 单纯的意识形态猜测，如曼海姆所说，是不够的。马克思曾经以黑格尔的方式嘲笑其为抽象的否定。意识形态从社会必然性之中推导出来，并没有减轻对其真理性的判断。将它从商品拜物教特征（被称为第一的假象 proton pseudos）这样的结构性法则中推导出来，正是要将其置于科学客观性的尺度之下，波普也着意于这种客观性。人们习以为常的关于上层建筑和经济基础的谈论，已经将这一点简化了。知识社会学（它将正确意识与错误意识之间的划分软化）做出的举动，好像它是科学客观性意义上的进步似的，但通过这个软化，它却倒退到马克思那里被彻底客观地理解的那种科学概念的后面去了。只有借助于视角主义这样的胡扯和造新词，总体意识形态概念才能跟世界观上空洞无物的粗陋相对主义保持距离。从而，对于知识社会学的公开或者秘密的主观主义，波普的批判是有道理的，并且在其批判中，宏大的哲学与具体科学的工作是一致的。这种一致是绝不能与所有人类知识的相对性的普遍一致相互混淆的。如果波普批判的是科学的客观性被科学家的客观性污染，那么他击中的是一个完全被矮化了的意识形态概念，而非真正的意识形态概念。真正的意识形态概念指的是，虚假意识之客观的、与单个主体以及其多重立场相独立，在社会结构分析中可以被证实的规定；另外这一思想，即使不是回溯到培根也是要回溯到爱尔维修。热衷于考虑与单个思想家的立场捆绑起来，产生了一种虚弱，即固执于曾经获得了的关于真理的客观的扭曲洞见。它与这些思想家以及其整个的心理学之间了无关系。简言之，我与波普先生对知识社会学的批判是一致的。但从而也是与那种未注水的意识形态学说是一致的。

在波普那里，正如曾经在韦伯的著名论文中那样，关于社会科学之客观性的问题是与价值中立问题结合在一起的。在他那里，这
个问题仍未被忽略，即这个时下被教条化的范畴，这个只有借助于 560
实用主义的科学运作才能更好理解的范畴，必须得到重新思考。客观性与价值的分离并非如其在韦伯那里读出的那么令人信服；在韦伯的文本中，这个论点当然被评价得比它的啦啦队所期望的都要高。如果波普将无条件价值中立的要求称为悖论性的，因为科学的客观性和价值本身也是价值，那么这个洞见就并非如波普所估计的那样不重要。从其中是可以引出科学理论后果的。波普强调，科学家的价值是不可能被禁止或者被毁掉的，除非他作为一个人类也作为一个科学家被毁灭。但这说的不仅仅是某种单纯知识实践的东西；“他作为科学家而被毁灭”涉及的是科学的客观性本身。价值行为与价值中立行为的分裂是虚假的，一旦价值和价值中立都被物化的话——的确，一旦精神的行为不能按照偏好逃离物化的立场。被称为价值问题的东西，只是在这一阶段中才成立，在其中目的与手段为了顺利实现自然统治的目的而被撕裂开；在这个阶段，手段的合

理性获得了急剧增长，而且非理性非但不减少，可能还增加了。康德和黑格尔也还没有使用在政治经济学中安家落户的价值概念。价值概念只是到了洛采（Lotze）才挤进哲学术语表的；康德在实践理性中关于尊严与价格的区分与它应该是不兼容的。价值概念形成于交换关系之中，一个为了他人的存在。在这样一个社会中，所有东西都已经变成了这种功能性的东西——被波普觉察到了的对真理的否认公开了这同一个事实状态；当“为他”这个概念变得不真实之后，当其逐渐习惯于随心所欲地以流行的兴趣填充经验的真空之后，这个“为他”就自身妖魔化为“自在”，妖魔化为实体性的东西。那些后来被人们认可为价值的东西，并不处于事情的外部，并
561 不是事情对面的分离者（Choris），而是其内在的东西。事情，作为社会知识对象的事情，并不是一个没有应当的东西（Sollensfreies），并不是单纯的定在者，它只有经过抽象的削减才能成为这个单纯的定在，正如不能将价值牢牢钉在理想天空的彼岸。对事情的判断肯定需要主观的自发性，它总是会同时被事情预先规定，并非如韦伯想象的那样，形成于主观的非理性决断之中。用哲学的语言说，这种判断就是事情关于自身的一个事情；事情的脆弱性在此也得到见证。这判断在与这个总体的关联中形成自身，这个总体藏在其本身之中，而不是直接给出的，不是事实性；这样就过渡到这个命题，即事情应该用其概念来衡量。总的价值问题，是社会学以及其他学科所携带的负担，但由此看乃是以错误的方式提出来的。装作价值中立的关于社会的科学意识，忽略了这样一个事情，即它是建立在或多或少地被预先规制并武断地确立的价值之上的；如果人们屈从于这一选项，那么他便会陷入悖论之中。即使是实证主义也无法摆脱这些悖论；涂尔干，尽管他的物本主义（Chosisme）尤其在实证主义思考上要胜过韦伯，但这在他的宗教社会学中仍是一个待证主

题（thema probandum），他并不承认价值中立。波普在这个意义上对此悖论是有所贡献的，即他一方面拒绝知识与价值之间的划分，另一方面又希望，知识的自我反思将本内涵于其中的价值内在化；就是说，其真理内涵并不为了证实什么东西而被歪曲篡改。其所期望的两个方面均是合法的。这个意识仅仅是将其悖论纳入了社会学之中。存在与应当的二分法就像历史的强制一样是虚假的；并且因此而不能简单地忽略。只有通过社会批判透视到其强制性，它才会变得清楚明了。事实上，价值中立行为不仅在心理学上，而且在事实性上也是不可能的。社会学最终的目标指向乃是关于社会的知识，这个社会如果想超出一种单纯技术的话，总的来说，都会围绕一个正确社会的观念结晶出来。这个正确的社会不应该被抽象地证实为现存之物，被证实为所谓的价值而是发源于批判，也就是发源于关 562
于社会矛盾和社会必然性的意识。波普说，“因为尽管我们不能合理地证明我们的理论，而且甚至连它是或然的也不能证明，但是我们能够合理地批判它”[1]，这不仅是对社会，而且对于关于社会的理论都是如此。这就会导出一种态度，它既不仅仅抓住价值中立（这会蒙蔽社会学的本质兴趣），也不会从抽象和静止的价值教条主义中推导出来。

波普看透了那种价值中立的知识社会学的天真的主观主义，知识社会学尤其得益于其在科学上无偏见性。顺理成章地，他还攻击了社会学的心理主义。在此我同意他的意图，但或许我可以参引一下在霍克海默的纪念文集中的那篇文章，在其中两者的不一致性在人的科学这个稀薄的种概念下被概括为几条。但是，驱使我和波普走向同一个结果的动机，并非同一个动机。在我看来，将人与社会

[1]　Karl Popper, Die Logik der Sozialwissenschaften, 译文见 K. 鲍波尔：《社会科学的逻辑》，载《哲学译丛》1985 年第 1 期，第 27 页。

周遭区分开来是有些外在化了，尤其是过于倾向于上述科学蓝图，而波普是从根本上拒绝这种科学的假设的。心理学承诺要研究的主体，并不是如人们所说的被社会影响，而是其最内在部分都是通过社会而被构型了的。人的自在的基底，即被存在主义再次复活的跟周围环境相对立的人的基底，始终是一个空洞的抽象物。反过来，以社会的方式发生影响的周围世界，则是由人，由社会所产生的，尽管是以如此间接和匿名的方式。尽管如此，心理学不能被视为社会科学的基础科学。我想简单地回忆一点，即社会化的形式，使用英语研究机构的语言说，已经借助于其内在动力独立于活生生的人类以及心理学，作为人类的如此陌生同时又超强力的对立面出现，
563 以至于回溯到原初的行为方式，如心理学所研究的那样，也就是回溯到典型的、有说服力地普遍化的行为模式，都无法到达在人们头上发生的社会过程。无论如何，由于社会相对于心理学的优先性，我不会像波普那样得出两种科学之间彻底互不依赖的结论。社会是一个总体过程，在其中被客观性所包围、操纵和赋形的人也反过来对客观性施加影响；心理学本身很少进入社会学，正如单独个体之很少进入生物学种类及其自然史一样。完全可以肯定的是，法西斯主义是不能用社会心理学来解释的，正如人们有时候会误解“权威主义人格”那样；但是如果那些与权威主义相结合的特征没有出于以社会学方式透视的原因而如此广泛传播的话，法西斯主义无论如何是没有大众基础的，而离开这个基础，它就不可能在一个社会中，如魏玛民主共和国中成功掌权。社会过程的自律因此就不是自在的，而是奠定在物化之中的；即使是与人类相陌生的过程也仍然是人类的。因此这两个学科之间的界限是如此的不绝对，正如社会学与经济学之间一样，或者社会学与历史学之间一样。社会作为总体性，这个洞见还隐含着，所有人都在总体性中起作用，并且根本不必须

是毫无保留地相互还原的因素而进入知识；它们不能被科学分工区域化。社会性的事物相对于个人性事物的优先性由事实得以澄清，即个人在社会面前的无力，而后者在涂尔干看来直接的就是社会事实（faitssociaux）的标准；但是社会学的反思也必须愈加针对科学史的遗产，这个遗产诱使人们对这个后来的、在欧洲还总是不为“知识的总和”(universitas litterarum）[1] 公平接受的科学的自给自足过分夸张。

女士们、先生们，波普尔先生在一次早于我的报告的通信中是这样描述我们立场之间的差别的，即他相信我们生活在有史以来存在的最好的世界，而我并不这么认为。至于他，为了使争论针锋相 564
对，他的确有点夸张了；在不同时代社会的糟糕之间进行比较，着实有些棘手；说再没有什么社会比孵化出奥斯威辛的社会更好，我是难以接受的，而在这点上波普先生对我的描述毫无疑问是正确的。我只是不将对立理解为单纯的立场，而是理解为可判定的东西；就立场哲学而言我们两人可能是同等程度地否定的，就立场社会学而言也是如此。从对充满矛盾特征的经验出发，这并不是什么主观偏好的出发点，而是构成社会学之可能性的动机。用波普的话说，只有对现存社会能够进行另一种思考的人，社会才会成为问题；只有通过其所不是的东西，才能揭开其所是的面纱，而就此果真到达了这样一种社会学，正如其大多数计划那样，不满足于为公共的或私人的统治目的服务。或许这就是社会在社会学这个个别学科之中不具有任何地位的原因。如果说孔德那里提出这个新学科规划是出于如此目的，即在毁灭性的潜力面前保护时代的创造趋势，保护生产力之解放，那么从那时候开始，社会学在这个出发点立场上就没有

[1] universitas litterarum，即“知识的总和”，是洪堡对大学本质的理解，这里指大学的学科体系。——中译者注

做出任何改变。有所改变的是，它将这个出发点推向极端。社会学本应该明确这一点的。孔德这位十足的实证主义者认识到那种社会的对抗性特征是决定性的因素，而实证主义后来的发展却想将其戏变为形而上学的思辨，从而实证主义后来的诸阶段上的愚蠢行为后来再次证明，社会现实是如何沾染了它们的诉求。它的职业就是认识这个现实。其中就有社会学必须越来越多地揭示的危机，它并不仅仅是市民社会秩序的危机，而且也直接威胁到社会机体的总体存
565 在。鉴于社会关系那种赤裸裸地出现的强力统治，孔德的希望，即社会学可能掌握社会权力的希望，被表明是天真的，它可能只是，为总体的权力拥有者提供计划。社会学取消社会的批判理论就是退却：人们不敢冒险去思考整体，因为人们必须怀疑改变这个整体的行动。但是如果社会学因此就在服务现存事物的过程中对知识的准确信息宣誓效忠，那么在不自由中的这种进步也会越来越多地损害那种细节洞见，并完全地堕入漠不相关性，据说它以这种漠不相关性超越了理论。波普的报告是以色诺芬的一句话结尾的，这象征着他像我一样在哲学与社会学之间几乎不区分，这对今天来说有助于心平气和。但是色诺芬，尽管其有爱利亚学派的本体论，也是一个启蒙者；甚至在他那里还发现了后来被阿那拖勒·弗朗士（Anatole France）[1]复兴的观念：如果动物也有上帝观念的话，那么它与其本身的形象是相同的。这种类型的批判是整个欧洲启蒙运动从古代流传下来的。今天这个遗产在一个宽泛的意义上移交到社会科学手里。它意味着去神话化。这不仅仅是单纯的理论概念，也不是不加选择的偶像破坏——这种破坏行为将正确与错误之间的区别，将合理与虚假之间的差别打得粉碎。向来启蒙在祛魅这方面所实现的东

[1] 阿纳托尔·法朗士（Anatole France，1844—1924），法国作家、文学评论家、社会活动家。——中译者注

西，就其本义来说就是将人类从魔法中解放出来；过去是从魑魅魍魉的魔法中解放出来，而今天则是从人类关系给人施加的魔法中解放出来。启蒙，忘记这一点的启蒙，漠不关心地维持魔法原状并为生产实用的概念框架而费尽心机的启蒙，自己破坏了自己的真理概念，而波普还是将其与知识社会学对立起来的。在本来的真理概念中，社会的正确建构是一道被考虑的，但不应该将其作为未来图景勾画出来。以人为本，这点激励着所有批判性的启蒙，对这个人来说已然成了实体，这个人只是在一个自身具有强力的社会中才得以产生出来。但是在当今社会，社会性的不真是其唯一的索引。

1962 年

说　明

收入本书的论文和译文，大部分已经公开发表，具体信息如下：

1.《启蒙辩证法与理性批判的潜能》，载《中国社会科学》2016年第7期。

2.《自由与罪恶：康德、萨德与启蒙辩证法》，载《现代哲学》2019年第7期。

3.《〈香水〉的形而上学意蕴：以启蒙辩证法为视角》，写作于2022年，中文版首次发表，英文版发表于 *Interculturalites Chine-France*, Décembre, 2022。

4.《启蒙的概念》，选自《启蒙辩证法》，霍克海默、阿多诺著，谢永康、李菲译注，首次发表。

5.《经验的客观内涵：阿多诺对黑格尔唯心主义的阐释》，载《哲学研究》2021年第7期。

6.《被遗忘的理性精神：阿多诺对海德格尔哲学批判的客观逻辑》，谢永康、陈源，载《马克思主义与现实》2022年第2期。

7.《形而上学的经验还是否可能》，载《社会科学战线》2022年第 7 期。

8.《对形而上学的沉思》，选自《否定的辩证法》，“模式三”，阿多诺著，谢永康译，首次发表。

9.《阿多诺论社会科学的逻辑》，载《当代国外马克思主义哲学评论》2021 年卷。

10.《晚期资本主义还是工业社会：阿多诺与达伦多夫关于当代社会本质的争论》，载《南京社会科学》2013 年第 6 期。

11.《从教育到伪教育：黑格尔和阿多诺对近代教育观念的批判》，载《高校理论战线》2013 年第 1 期。

12.《何处为象牙塔?》，载《黑龙江社会科学》2014 年第 5 期。

13.《论社会科学的逻辑》，译自 Theodor W. Adorno, Sozologische Schriften I, in: *Gesammelte Schriften*, Bd. 8, Suhrkamp Verlag 2003, S. 547–565，发表于《当代国外马克思主义哲学评论》2021 年卷。

作者在此对相关的期刊和出版单位表示衷心的感谢!

2022 年 12 月

图书在版编目(CIP)数据

理性的悖谬与潜能:阿多诺辩证法研究/谢永康著
.—上海:上海人民出版社,2023
ISBN 978-7-208-18169-4

Ⅰ.①理… Ⅱ.①谢… Ⅲ.①阿多诺(Adorno,
Theodor Wiesengrund 1903-1969)-辩证法-研究 Ⅳ.
①B516.59 ②B015

中国国家版本馆 CIP 数据核字(2023)第 031690 号

责任编辑 于力平
封面设计 零创意文化

理性的悖谬与潜能
——阿多诺辩证法研究
谢永康 著

出　　版 上海人民出版社
(201101 上海市闵行区号景路 159 弄 C 座)
发　　行 上海人民出版社发行中心
印　　刷 上海商务联西印刷有限公司
开　　本 635×965 1/16
印　　张 18.5
插　　页 4
字　　数 221,000
版　　次 2023 年 4 月第 1 版
印　　次 2023 年 4 月第 1 次印刷
ISBN 978-7-208-18169-4/B·1679
定　　价 78.00 元